구약에서 듣는 하나님의 말씀 5

사무엘상하

박창환

2009

비블리카 아카데미아

머리말

우리 개신교도들은 구약성경과 신약성경을 정경(正經)으로 가지고 있으며, 그것들을 유일한 권위로 삼고 신앙생활을 한다. 우리가 성경을 하나님의 말씀으로 알고 귀하게 여기면서도, 많은 경우 그 성경을 개인이나 가정이 한 개 이상 가지고 있을 뿐, 거기서 들려오는 하나님의 음성을 듣지 못하고 있다. 그 이유는 여러 가지일 것이다. 우선은 성경이 오랜 옛날에, 그리고 문화가 전혀 다른 곳에서 기록된 것이기 때문에 이해하기 어려운 점이 많다. 어떤 경우에는 우리가 읽는 성경 번역이 어려운 문구나 지난 시대의 언어로 되어 있기 때문에 이해하기 어렵다. 또는 우리가 성경을 열심을 가지고 공부하지 않기 때문에 이해되지 않는 경우도 있을 것이다. 그리고 성경을 알고 싶어도 참고서나 길잡이가 없어서, 마음은 있어도, 그리고 열심히 공부를 해도 이해하기 어려운 경우가 있을 것이다.

하나님은 인간에게 꼭 필요한 말씀을 하셨고, 그것을 성경에 수록하셨는데, 우리가 성경을 가지고만 있던가, 읽어도 이해할 수 없다면 매우 슬픈 일이 아닐 수 없다. 1980년대 초에 대한예수교장로회 총회교육부가 그때까지 적당한 성경교재를 가지고 있지 않았기 때문에, 그것을 만들기로 작정하고 필자에게 그 작업을 위촉한 일이 있다. 여러 가지 사유로 그 일이 지연되어 오다가 1990년에 "신약성경해설"이라는 이름으로 신약성경 교재가 먼저 출판되었다. 그러나 그 후에 계속 바쁜 스케줄 때문에 구약성경 교재 만들기를 연기해 오다가, 이제야 비로소 그 작업에 착수한 것이다.

이 교재를 펴내면서 몇 가지 독자들에게 일러둘 것이 있다. 우리는 사물을 판단하고 이해할 때, 직관을 가지고 또는 표면만을 보고 판단하기 쉽다. 그러나 사실을 검토하고 살펴보면 매우 깊고 복잡하고 신비스러운 것이 숨어 있는 것을 알게 된다. 우리가 성경을 이해하는 데 있어서도, 직관적으로 그리고 표면만 보고 판단하는 경우가 많다. 과거에 어떤 사람들이 직관적으로 성경에 대해서 말한 것이 하나의 전통이 되어 대대로 내려오면서, 그것이 절대적 진리인 양 취급되었다. 이러한 전통적 견해를 절대화하고, 그것과 다른 말을 하는 사람들을 단죄하는 예들이 비일비재했다. 다시 말해서 성경에 대한 학문적인 연구를 무시 내지는 적대시해 온 경향이 있다. 소위 고등비평이라는 역사적 연구를 배척하고, 과거의 전통적 견해를 고집하면서, 성경의 겉만을 핥고 있었다는 말이다. 그래서 필자는 성경학자들의 말을 전통적 견해보다 앞에 두려는 방침을 가지고 이 교재를 썼다. 다시 말해서 역사비평적인 연구의 결과를 토대로 하였으며, 그것을 바탕으로 하고, 겸손히 하나님의 음성을 듣는, 그러한 방법을 택했다.

그리고 이것은 필자가 앞에서 말한 역사비평의 결과를 전제로 하고, 기도하면서 주관적으로 듣는 하나님의 말씀을 정리한 것뿐이고, 많은 사람들이 듣고 적은 글과 나란히 또 하나의 책에 지나지 않는다는 것을 밝힌다. 그러므로 독자들은 이 책을 또 하나의 참고 자료로 삼고, 각각 자기 나름으로 하나님의 음성을 듣는 노력을 해야 할 것이다.

2008년 1월
지은이 박창환

선생님의 구약해설서를 펴내면서

이 책은 한평생 성서번역자로, 또 신약학교수로 성경을 읽으신 박창환 선생님이 구약성경을 공부하고 싶어 하는 사람들을 위해 팔순의 연세도 아랑곳하지 않고 집필하고 계시는 구약성경해설의 다섯째 권입니다. 2008년에 율법서가 세 권으로 다 나왔고 넷째 권인 여호수아·사사기가 곧 나옵니다. 2007년 5월에 『신약성경』(서울: 도서출판 코리아엠마오) 사역을 내신 선생님은 그전부터 계획하신 대로 히브리어 성경의 순서를 따라 구약해설서를 집필하고 계십니다. 이 소식을 같은 해 12월초에 잠시 집안 일로 국내에 다니러 오신 선생님으로부터 듣고 우선 써 놓으신 원고부터 출판하기로 했습니다. 그동안 선생님은 예언서(여호수아, 사사기, 사무엘상하, 열왕기상하, 이사야, 예레미야, 에스겔, 12 작은 예언서) 해설 원고도 다 쓰셨습니다. 얼마 전부터는 성문서 해설 원고를 쓰고 계십니다.

반세기가 넘는 오랜 동안 선생님께 헬라어와 신약학을 배운 숱한 사람들 가운데 지극히 작은 자인 저로서는 무엇보다도 신약학자이신 선생님이 구약성서를 어떻게 읽고 이해하시는지 궁금했습니다. 선생님은 1950년대에 미국에서 공부하실 때부터 신약학자로서는 보기 드물게 구약성경에 깊은 관심을 두시고 신약학과 아울러 기회 있는 대로 구약학도 공부하며 가르쳐 오신 것으로 알고 있습니다. 이리하여 선생님의 구약해설서는 우리 한국교회의 성서해석사의 한 부분을 차지합니다. 이 해설서를 통해서 후학들은 지난 120년 동안 한국교회에서 구약성서를 어떻게 읽고 이해하며 가르쳐 왔는지를 돌이켜볼 뿐만 아니라 앞으로는 구약성서를 어떤 식으로 읽어나가야 할지 그 길을 함께 찾는데 도움 받을 수 있으리라 생각합니다.

이 책은 무엇보다도 선생님의 초고를 최대로 존중하여 만든 책입니다. 그리하여 초고는 한글 맞춤법의 문제가 있는 경우를 비롯하여 다음 경우에만 다듬었습니다.

1. 각 단락을 두 부분으로 나누어 그 앞부분과 뒷부분에 각각 '해설'과 '교훈'이라는 소제목을 붙였습니다. 이는 선생님이 구약해설서 첫째 권 창세기 서론의 마지막 부분(31-32쪽)에서 밝혀놓으셨고 지금은 이 책 8쪽에도 옮겨 적어둔 '일러두는 말'의 (2)와 (3)을 따른 것입니다.

2. 선생님은 1989년에 미국교회협의회 기독교교육부에서 번역해낸 새개정표준역 영어성경(New Revised Standard Version, 보통 NRSV로 줄여 씁니다)을 중심으로 히브리어 성경과 헬라어 구약성경 칠십인역을 참고하면서 각 단락의 내용을 풀어서 해설하십니다. 그 과정에서 내용이 우리나라의 일반 그리스도인들에게 익숙한 개역성경과 크게 다를 경우에는, 읽는 이들을 위해서 엮은이가 각주에서 이 부분이 개역성경의 어느 부분에 상응한다는 점을 밝혀 놓았습니다. 그런 각주에 나오는 '개역성경'은 개역한글판과 개역개정판을 한데 묶어 부르는 이름입니다.

3. 다른 한편으로 이전과는 달리 이번 사무엘상하 해설에서는 헬라어 구약성경 곧 칠십인역(삼상 6:19; 7:12 등)이나 사해사본(삼상 11:1)의 내용을 받아들여 본문 해설 내용이 개역성경 본문과 달라지고 뒤이어 제시한 교훈도 달라진 본문 해설에 근거한 경우가 몇 군데 있습니다. 이런 점도 각주에 간단히 밝혀 놓았습니다.

4. 선생님은 히브리어 성경의 고유명사 표기도 될 수 있으면 원음에 가깝게 하려고 애쓰셨습니다. 따라서 선생님의 고유명사 표기가 개역성경과 다를 경우에는 그 고유명사 뒤에 *를 붙이고, 그에 상응하는 개역성경의 표기는 목차 뒤의 '고유명사 표기 대조표'에서 찾아보게 했습니다.

5. 히브리어나 헬라어나 다른 외국어의 한글 음역은 〈 〉 안에 적어 넣었습니다. 선생님이 손수 적어두신 음역은 될 수 있는 대로 그대로 두었습니다. 그렇지만 선생님이 히브리어만 적어두신 경우에는 이 책을 읽으시는 분들의 편의를 생각하여 졸고, "개역한글판의 히브리어 고유명사 한글 음역 방식과 히브리어 한글 음역 시안,"「성경원문연구」 8 (2001.2) 106-157쪽에서 제안한 방식을 따라 음역했습니다.

선생님의 구약해설서 첫 권인 창세기가 나온 뒤에 선생님이 제게 거듭 강조하여 부탁하신 일이 하나 있습니다. 다름 아니라 **이 해설서가 교역자들을 위한 책이라기보다는 평신도 성경공부에서 쓸 교재**라는 점을 널리 알려 달라는 것입니다. 그런 만큼 이 해설서를 읽으시는 분들도 이 점을 늘 염두에 두시면 좋겠습니다.

마지막으로 여러모로 어려운 가운데서도 이 책의 출판을 기꺼이 맡아주신 「비블리카 아카데미아」 원장 이영근 목사님에게 깊이 감사드립니다. 이 구약해설서를 통해서 우리나라의 그리스도인들이 구약성경을 통해 말씀하시는 하나님의 목소리를 이전보다 더 잘 들을 수 있기를 간절히 바랍니다.

2009년 2월
장로회신학대학교 구약학교수
박동현 삼가 아룀

일러두는 말

　필자는 이 교재를 사용하시는 분들에게 사용법을 일러두려고 한다. 소그룹이 모여서 성경공부를 하는 것을 전제로 한다.

　매 책을 문단으로 나누어서 공부하려는 것이기 때문에,

　⑴ 개인이든지 그룹이든지 우선은 해당 성경 단원을 먼저 한두 번 읽어야 한다.

　⑵ 다음은 필자가 매 단원에 대하여 붙인 해설을 같이 읽기 바란다.

　⑶ 그리고 다음으로 필자가 그 단원에서 얻은 교훈, 혹은 거기서 들려오는 말씀을 몇 가지 정리해 놓았기 때문에, 그것을 음미하며 토론하기를 바란다.

　⑷ 끝으로 필자가 밝히지 않은 혹은 못한 교훈을 회원들이 각각 찾아보고 보충하기 바란다.

- 『구약에서 듣는 하나님의 말씀 첫째 권 창세기』, 31-32쪽에서 -

목 차

고유명사 표기 대조표

박창환	개역	히브리어
가자	가사	גַּזָּה
간	갓	גָּד
잣	가드	גַּת
게젤	게셀	גֶּזֶר
기르스 사람	기르스 족	גִּרְזִי
길앗	길르앗	גִּלְעָד
나이옷	나욧	נָיוֹת
나콘	나곤	נָכוֹן
나하쉬	나하스	נָחָשׁ
레캅	레갑	רֵכָב
로겔림	로글림	רֹגְלִים
로데발	로드발	לוֹ דְבַר
르파임	르바임	רְפָאִים
리츠파	리스바	רִצְפָּה
마아카	마아가	מַעֲכָה
마키르	마길	מָכִיר
마트리	마드리	מַטְרִי
메텍암마	메덱암마	מֶתֶג הָאַמָּה
므피보셋	므비보셋	מְפִיבֹשֶׁת
미츠파	미스바	מִצְפָּה
미카	미가	מִיכָה

믹마쉬	믹마스	מִכְמָשׁ
밀콤	밀곰	מִלְכֹּם
바르질라이	바르실래	בַּרְזִלַּי
바빌론	바벨론	בָּבֶל
바알레여후다	바알레유다	בַּעֲלֵי יְהוּדָה
바알프라침	바알브라심	בַּעַל פְּרָצִים
바알하촐	바알하솔	בַּעַל חָצוֹר
밧세바	밧세바	בַּת־שֶׁבַע
베로타이	베로대	בֵּרֹתַי
베소르	브솔	בְּשׂוֹר
베젝	베섹	בֶּזֶק
베타흐	베다	בֶּטַח
벤야민	베냐민	בִּנְיָמִין
벳르홉	벧르홉	בֵּית־רְחוֹב
벳세메쉬	벧세메스	בֵּית־שֶׁמֶשׁ
벳칼	벳갈	בֵּית כַּר
보제즈	보세스	בּוֹצֵץ
브나야후	브나야	בְּנָיָהוּ
브엘셰바	브엘세바	בְּאֵר שֶׁבַע
브엘오트	브에롯	בְּאֵרוֹת
비크리	비그리	בִּכְרִי
샤알림	사알림	שַׁעֲלִים
샴마	삼마	שַׁמָּא
샴마	삼마	שַׁמָּה
세쿠	세구	שֶׂכוּ
셰바	세바	שֶׁבַע

셰파트야	스바댜	שְׁפַטְיָה
소코	소고	שׂוֹכֹה
쇼박	소박	שׁוֹבָךְ
쇼비	소비	שֹׁבִי
슈르	술	שׁוּר
시세라	시스라	סִיסְרָה
십브카이	십브개	סִבְּכַי
아르모니	알모니	אַרְמֹנִי
아비탈	아비달	אֲבִיטָל
아쉬켈론	아스글론	אַשְׁקְלוֹן
아슈르	아술	אַשּׁוּרִי
아이얄론	아얄론	אַיָּלוֹן
아제카	아세가	עֲזֵקָה
아키쉬	아기스	אָכִישׁ
아펙	아벡	אֲפֵק
아호요	아효	אַחְיוֹ
아히마아츠	아히마스	אֲחִימַעַץ
아히토펠	아히도벨	אֲחִיתֹפֶל
압넬	아브넬	אַבְנֵר
야베쉬	야베스	יָבֵשׁ
야베쉬길앗	길르앗 야베스	יָבֵשׁ גִּלְעָד
야샤르	야살	יָשָׁר
야이르	야일	יָאִיר
에크론	에그론	עֶקְרוֹן
에페스담밈	에베스담밈	אֶפֶס דַּמִּים
엔로겔	에느로겔	עֵין־רֹגֵל

엘아잘	엘르아살/엘리아살	אֶלְעָזָר
엘카나	엘가나	אֶלְקָנָה
여라흐메엘	여라무엘	יְרַחְמְאֵל
여호샤팟	여호사밧	יְהוֹשָׁפָט
옙타	입다	יִפְתָּח
오벳에돔	오벧에돔	עֹבֵד אֱדֹם
오펠	오벨	עֹפֶל
요셉밧셰바트	요셉밧세벳	יֹשֵׁב בַּשֶּׁבֶת
우리야	우리아	אוּרִיָּה
웃자	웃사	עֻזָּא/עֻזָּה
이쉬보셋	이스보셋	אִישׁ בֹּשֶׁת
이쉬비베놉	이시비브놉	יִשְׁבִּי בְּנֹב
이카봇	이가봇	אִי־כָבוֹד
이트라	이드라	יִתְרָא
이트르암	이드르암	יִתְרְעָם
잇타이	잇대	אִתַּי
지프	십	זִיף
체루야	스루야	צְרוּיָה
첼라	셀라	צֵלַע
첼차	셀사	צֶלְצַח
초바	소바	צוֹבָה
추프	숩	צוּף
치글락	시글락	צִקְלַג
치바	시바	צִיבָא
카르멜	갈멜	כַּרְמֶל
카프톨	갑돌	כַּפְתּוֹר

케렛 사람	그렛 사람	כְּרֵתִי
케일라	그일라	קְעִילָה
켄 족	겐 족	קֵינִי
큐빗	규빗	אַמָּה
키르얏여아림	기럇여아림	קִרְיַת יְעָרִים
키쉬	기스	קִישׁ
킬르압	길르압	כִּלְאָב
킴함	김함	כִּמְהָם
타말	다말	תָּמָר
타볼	다볼	תָּבוֹר
타흐케몬 사람	다그몬 사람	תַּחְכְּמֹנִי
탈마이	달매	תַּלְמַי
테베츠	데벳스	תֵּבֵץ
텔라임	들라임	טְלָאִים
토이	도이	תֹּעִי
톱	돕	טוֹב
팔티	발디	פַּלְטִי
팔티엘	발디엘	פַּלְטִיאֵל
페레츠웃자	베레스웃사	פֶּרֶץ עֻזָּה
페르시아	바사	פָּרַס
펠렛 사람	블렛 사람	פְּלֵתִי
하닷에셀	하닷에젤	חֲדַדְעֶזֶר
하마트	하맛	חֲמָת
하킬라	하길라	חֲכִילָה
학기트	학깃	חַגִּית
헬카트핫추림	헬갓 핫수림	חֶלְקַת הַצֻּרִים

후사이	후새	חוּשַׁי
후샤	후사	חוּשָׁה

사무엘상하

해설

기독교의 현행 성경에는 사무엘상과 사무엘하라는 두 책이 들어 있다. 그러나 본래는 그 두 책이 하나로 되어 있다가 아마도 주전 2세기경 70인역 헬라어 성경(Septuagint, LXX) 번역자들에 의해서 두 권으로 갈라진 것으로 보인다. 사무엘의 내용이 너무 많아 한 개의 두루마리에 담기에는 힘들므로 편의상 둘로 갈라놓은 것으로 보인다. 열왕기의 경우도 이와 같아서 원래 하나였던 것을 두 개의 두루마리로 나누었다. 이렇게 사무엘을 두 권, 열왕기를 두 권으로 나눈 다음에 그 네 권에 차례대로 열왕기 1(Βασιλειων Α), 열왕기 2(Βασιλειων Β), 열왕기 3(Βασιλειων Γ), 열왕기 4(Βασιλειων Δ)로 이름을 붙였다.

히브리어 성경의 둘째 부분인 "예언자들"(〈느비임〉 נְבִיאִים)의 첫 부분 곧 "전(前)예언자들"(Former Prophets)에 속하는 네 개의 책(여호수아, 사사기, 사무엘, 열왕기) 중에 셋째로 나오는 사무엘은 문자 그대로 "예언서"로서 여호수아 시대와 사사 시대를 뒤이은 이스라엘의 역사를 다루고 있다. 특히 마지막 사사인 사무엘과 이스라엘의 초대 군주인 사울 왕과 통일 왕국을 이룬 다윗 왕과 그 시대의 역사를 예언자적 안목으로 정리하고 해석하여, 이스라엘 백성에게 하나님의 뜻을 전하고 가르치려는 목적으로 기술한 책이다.

사무엘상하의 배후에는 여러 가지 역사 자료들이 있었고, 그것들을 다루는 사람들도 여러 사람이었을 것이다. 국가의 녹을 먹으면서 이스라엘의 역사를 편찬하는 사람들은 집권세력에게 유리한 방향으로 쓸 수 밖에 없었을 것이고, 반대로 예언자의 정신을 가지고 야훼 하나님께 충성하고 야훼 종교의 정신에 입각하여 역사를 쓰는 사람은 관제 역

사를 비판하면서 썼을 것이다. 적어도 이 두 갈래의 경향을 가진 역사
서와 역사 해석이 존재했을 것이다. 결국 이스라엘이 망하고 바빌론*
포로가 되어 있는 동안에 뜻있는 사람들(예언자들 곧 이른바 신명기역
사가들)이 이스라엘의 역사를 뒤돌아보며 그들의 역사관을 잣대로 삼
고 모세 이후의 모든 역사를 정리하면서 이제 사무엘과 사울과 다윗 시
대의 역사를 한 책에 담은 것이다.

　신명기 정신에 입각하여 볼 때, 사사 시대에는 이스라엘 여러 지파
들이 어설픈 부족동맹 체제를 가지고 살아, 통일성이 없고, 전국을 다
스릴 만한 지도자가 없는 틈을 타서 백성들은 각기 그들이 사는 지방의
종교와 풍속에 유혹을 받아 야훼 하나님을 버리고 이방 신들을 섬겼고,
그들의 삶이 극도로 문란해지고 말았다. 때때로 하나님께서 사사를 일
으켜 부분적으로 그들을 다스리게 하시고 그들을 도탄에서 건지셨지
만, 사사기 결말에서 말한 것처럼 "그 때에는 이스라엘에 왕이 없었으
므로, 사람들은 저마다 자기의 뜻에 맞는 대로 하였다"(삿 21:25). 결
국 사사 시대에는 사사들만이 하나님의 뜻을 따르고 백성들은 그렇지
못한 상태에 있었다고 말할 수 있다.

　사사 시대 말기 이스라엘 주변의 정치 사회 여건에 비추어 보면, 분
산되고 통일성이 없는 이스라엘 부족들로서는, 곧 하나님이 그들을 통
일적으로 다루실 체제가 없는 상태에서는 그 난국을 극복할 길이 없었
다. 여기에 두 가지 상반된 견해가 있을 수 있었다. 그 하나는 인근의
세상 나라들처럼 왕을 세워서 세습적으로 군주국을 이루어 군주의 지
배를 받자는 견해이다. 그와 반대 의견은 야훼 하나님을 왕으로 모시고
그의 법대로 살며 그가 세워주시는 사람의 명을 따라서 살면 된다는 생
각이었다. 사무엘상하에는 이 두 가지 견해의 충돌이 나타나며, 동시에
역사가 진전되면서 그 두 견해를 조화시켜나간 역사를 보여준다. 결국
하나님께서 군주정치를 윤허하시는 방향으로 흘렀다. 그러나 하나님

은 군주들이 하나님만을 섬기고 얼마나 그의 법도대로 행하느냐 하는 것이 그 임금과 그 나라의 운명을 좌우하게 하신 것이다. 그러니까 사무엘상하는 이스라엘에 왕을 세우는 문제를 중심에 두고 있으며, 그 작업에서 조정자 역할을 한 사무엘은 첫째 왕 사울을 세우고 폐하는 일과 다윗에게 기름을 부어 그를 왕으로 삼는 일을 한 사람으로서 사무엘상하의 중심인물이고 누구보다도 하나님께 충성한 자였으므로 그의 이름을 따서 그 책명을 정한 것은 온당한 처사였다고 할 수 있다.

사무엘상하를 대략 분해하면 아래와 같다.

1. 사무엘에 대한 이야기 (삼상 1-12장)
   (1) 사무엘의 출생과 봉헌과 초기 사역 (삼상 1:1-4:1a)
   (2) 법궤의 이동 (삼상 4:1b- 7:17)
   (3) 왕을 물색함 (삼상 8:1-12:25)
2. 사울에 대한 이야기 (삼상 13-31장)
   (1) 사울의 불순종 (삼상 13:1-15:35)
   (2) 사울 대 다윗 (삼상 16:1-31:13)
3. 다윗에 대한 이야기 (삼하 1-24장)
   (1) 다윗의 득세 (삼하 1:1-8:18)
   (2) 왕위 계승을 위한 투쟁 (삼하 9:1-20:26)
   (3) 다윗의 말년 (삼하 21:1-24:25)

교훈

1. 역사의 주인이신 하나님은 주변에서 발호하는 많은 강한 이방 세력들 때문에 선민 이스라엘이 혼란과 고통을 겪고 있는 것을 좌시하지 않고 새 시대를 열어주셨다. 즉 뚜렷한 지도자 없이 부족동맹을 통해서 간신히 연명하던 사사 시대의 늪에서 빠져나와 정치적으로 소위 군주

체제를 허락하심으로써 새 옷을 입고 새 시대, 새 국면을 맞게 하신 것
이다. 비록 군주체제가 인간의 세속적인 계산에서 나온 것이고 하나님
에 대한 신뢰가 약해졌기 때문에 나타난 것이기는 하지만, 이스라엘이
그렇게도 원하는 것이기에 그 제도를 윤허하시고, 그 차선책을 통해서
라도 야훼 신앙만 바르게 가지면 복 주시기로 하셨던 것이다. 탕자의
소원도 들어준 아버지처럼 하나님은 인간이 부족한 판단을 가지고 고
집할 때 부득불 허락하시되 뒤에서 원격조정하시며 선민의 안녕을 위
해서 사역하시는 것을 여기서 엿볼 수 있다.

2. 하나님은 개인이나 단체나 국가가 야훼 하나님을 진정으로 모시
고 섬기며 그의 법도를 따라 살기를 바라신다. 외형적인 체제나 모양새
가 어떻든지 만유의 주이신 하나님만을 섬기고 그의 뜻을 따르는 것을
원하시며, 그런 개인과 국가에 복 주시기로 하신 것이다. 그러한 원칙
이 사무엘서와 열왕기에 분명히 나타나 있다.

사무엘의 출생과 봉헌(삼상 1:1-28)

해설

에브라임 산지에 에브라임 지파 사람 엘카나*라는 사람이 살고 있
었다. 그에게 아내가 둘이 있었는데 하나는 한나였고 또 하나는 브닌나
였다. 그런데 브닌나에게는 소생이 있고 한나에게는 소생이 없었다. 그
래서 자연히 그 두 여인 사이에는 갈등이 있었다.

엘카나*는 해마다 실로에 있는 성막, 곧 하나님의 법궤가 있는 곳으
로 가서 만군의 야훼께 제사를 드렸다. 그리고 그 당시 성막에는 엘리
의 아들 홉니와 비느하스가 제사장 일을 맡고 있었다. 엘카나*는 두

아내 중 아기를 낳지 못하는 한나를 더 사랑하여, 제물을 가족들에게 분배할 때 한나에게는 두 몫을 주었다. 그래서 자연히 브닌나는 한나를 괴롭히고, 한나는 야훼의 눈 밖에 난 여자이기 때문에 아기를 못 낳는다고 하며 약을 올리는 것이었다.

해마다 이런 일이 벌어졌고, 한나는 속이 상하여 울고 식음을 전폐하는 것이었다. 그럴 때마다 엘카나*는 한나를 위로하며 "내가 당신에게 아들 열 명보다 더 소중하지 않소? 어째서 울고, 먹지도 않고 슬퍼하는 거요?"라고 말했다.

한 번은 엘카나*의 가족이 실로에서 제사를 드리고 먹고 마신 후에, 한나가 혼자서 야훼 앞에 나아가 호소하였다. 제사장 엘리가 성전 문설주 곁에 앉아서 한나의 거동을 지켜보고 있었다. 한나가 매우 상심한 가운데 애절하게 눈물을 흘리면서 야훼께 기도하며 맹세하는 것이었다. 만군의 주께서 자기를 궁휼히 여기시고 기억하여 주셔서 사내아이를 하나만 주시면, 그 아이를 평생 하나님 앞에 성별하여 바칠 것이고, 그 아이가 포도주나 독주를 마시지 않게 하고, 삭도를 그의 머리에 대지 않겠노라고 했다.

한나는 입을 놀리며 열심히 기도를 했지만 소리는 내지 않았으므로, 그녀를 지켜보는 엘리의 귀에는 아무것도 들리지 않았다. 그래서 엘리는 한나가 술에 취해 있는 줄 알았다. 그래서 한나더러 "얼마나 더 주정을 하려느냐? 술을 먹지 말라!"고 타일렀다. 그러나 한나는 "어르신! 나는 포도주나 독주를 마신 적이 없습니다. 나는 몹시 마음이 답답한 여인입니다. 그래서 야훼 앞에 나의 마음을 쏟아놓고 있습니다. 나를 하찮은 여자로 여기지 마십시오. 이제까지 나는 나의 큰 걱정과 고민을 말하고 있었던 것입니다."고 대답했다. 그러자 엘리는 "안심하고 가시오. 이스라엘의 하나님께서 부인의 호소를 들어 주십니다."라고 격려해 주었다. 그 말을 들은 한나는 "당신의 여종을 어여삐 여겨주소서!"

라고 말하고 물러나와 더는 슬픈 얼굴을 나타내지 않고 남편 엘카나*
와 함께 먹고 마셨다.

　그들은 일찍 일어나 야훼께 예배를 드린 다음에 라마에 있는 자기들
의 집으로 돌아갔다. 엘카나*가 한나와 동침을 하였고, 야훼께서 한나
의 호소를 기억해 주셨다. 적시에 한나가 수태하여 아들을 낳았다. 한
나는 그 아이의 이름을 사무엘이라고 하였다. 그것은 "내가 야훼께 청
원하였다."고 그녀가 말했고, 하나님이 그 청원을 들어주셨기 때문이
었다.

　엘카나*와 그의 식구들이 연례대로 제사를 드리고 맹세한 것을 야
훼께 바치기 위해서 실로로 올라갔다. 그러나 한나는 올라가지 않고,
남편에게 말했다. "이 아이가 젖을 떼면, 그 아이가 야훼 어전에 나타나
영영 거기에 머물도록 하겠습니다." 즉 나실인(〈나지르〉 נָזִיר)을 만들
겠다는 말이었다. 실로에 같이 가면 같이 술자리에 참석해야 하니까 한
말일 것이다. 엘카나*는 한나더러 좋을 대로 하라고 허락을 했다. 즉
그 아이가 젖을 뗄 때까지 기다리라고 하였고, 야훼께서 그녀의 말대로
해 주실 것을 바랬다.

　한나는 사무엘이 젖을 떼자 그를 데리고 실로로 갔다. 세 살배기 황
소 한 마리와 밀가루 한 에바와 포도주 한 병을 같이 가지고 갔다. 사무
엘의 부모는 그 황소를 잡고, 그 아이를 엘리에게 데려다 놓았다. 그리
고 한나는 엘리에게 "오, 어르신! 제가 바로 어르신 앞에 서서 야훼께
기도하던 여자입니다. 제가 이 아이를 달라고 기도한 것입니다. 야훼께
서 내 청을 들어주셨습니다. 그러므로 제가 이 아이를 야훼께 바칩니
다. 이 아이를 평생 야훼께 바칩니다."라고 말했다.

교훈

1. 선민 이스라엘의 하나님은 참된 지도자를 절실히 필요로 하는 이

스라엘에게 하나님의 방법으로 사무엘이라는 인물을 출생시키셨다.
평범한 집안에서, 즉 누구도 기대하지 않았던 에브라임 산골에 사는 한
집안에서 그를 태어나게 하셨다.

특출한 집안이나 내노라 하는 집안에서만 인물이 나오는 것이 아니
다. 하나님께서 택하시는 자가 하나님의 일을 할 수 있는 것이다. 즉 하
나님의 은총과 섭리의 원리에 의하여 사무엘이 태어난 것이다. 그러나
하나님을 진정으로 공경하고 경건한 집안에서 사무엘이 태어났다.

2. 사무엘의 아버지 엘카나*는 아내를 둘 거느리고 있었다. 그것은
하나님의 창조의 원 질서를 어기는 행동이었지만 고대 사람들의 통례
였고 남존여비 시대의 어쩔 수 없는 풍습이었던 듯하다. 하나님은 타락
한 인간들의 그릇된 행동을 어쩔 수 없이 방치하고 인정하고 계셨던 것
으로 보인다.

한 남편이 두 여인을 아내로 삼았을 때 두 사람에게 꼭 같은 사랑을
주기는 힘들다. 그러니 자연히 두 여인 사이에는 갈등과 시기와 질시가
있을 수밖에 없다. 인간 사회의 미움과 시기와 비애가 이런 비정상적
결혼 생활에서 기인하는 것이고, 결국 그것이 사회를 혼란하게 하며 싸
움판으로 만드는 것이다. 그런데 그 부조리 속에서도 하나님은 당신의
뜻을 이루시려고 사무엘을 태어나게 하신 것이다.

3. 불모의 여인 한나에게서 사무엘을 태어나게 하심으로써 하나님
의 능력과 은총을 나타내셨고, 한나는 하나님의 은혜가 너무도 고마워
그의 아들 사무엘을 하나님께 봉헌하였다.

하나님의 사람 사무엘은 모태로부터 경건하고, 출생 후에도 그 가정
의 각별한 교육을 통하여 전적으로 하나님의 사람으로 양육을 받았다.
삼손의 경우도 비슷했지만 그는 서약을 파기하였고 끝까지 나실인의

계율을 지키는 일에 실패했다. 그와는 달리 사무엘은 성공적으로 나실
인의 신분을 지키며, 하나님의 사람으로서 지켜야 할 체통과 신분을 견
지하여 성공한 사사요 예언자로서 하나님께 영광을 돌릴 수 있었다.

사무엘 본인은 물론 그의 온 식구가 믿음을 가지고 하나님을 섬기며
그의 은총을 저버리지 않고 합심하여 봉헌한 덕택이었다고 본다.

4. 하나님은 한나의 간절한 기도를 들어주셨다. 여성으로서 자식을
낳지 못한다는 한, 그리고 자녀를 낳은 브닌나의 건방짐과 자세에 시달
리며 당한 고민과 마음의 고통은 한나의 믿음을 더욱 돈독하게 만들고
하나님께 대한 간절함에 도수를 더욱 높였다. 하나님은 눈물 어린 간절
한 기도를 들어주시고 한을 풀어주시는 분이시다. 한나가 자포자기하
거나 체념했더라면 그런 응답을 받지 못했을 것이다.

한나의 기도(삼상 2:1-10)

해설

이 기도는 한나의 기도로 되어 있지만, 내용으로 보아서는 하나의
국가적인 감사시로 보인다. 첫 절 상반 절에서 한나가 하나님을 찬양하
고 있지만 하반 절에서 벌써 자기의 원수들을 들먹이고 자기의 승리를
말하는 것을 보아, 또 10절 끝에는 왕을 운운하는 것으로 보아, 한나의
개인적인 감사 기도로 시작하였지만, 후대에 다른 자료가 더 많이 첨가
된 것으로 보인다. 한나가 이 시를 전부 읊었다면, 그녀는 매우 유식한
문학적 여성이었을 것이고, 동시에 예언적 능력을 가진 여인이었을 것
으로 보아야 할 것이다.

한나는 불모의 몸에서 사무엘을 얻은 여인으로 브닌나의 비웃음과

깔봄을 제치고 당당히 아들을 낳아 하나님께 바칠 수 있었던 승리의 기쁨을 토로하는 동시에 자기를 깔보던 원수 같은 브닌나를 통쾌하게 반박할 수 있는 처지에서 이 시를 읊은 것이다.

한나는 하나님이 유일무이의 거룩하신 야훼요 반석이시며 전지전능하신 분으로 만사를 저울질하신다고 믿는다. 따라서 그 하나님 앞에서 아무도 망발을 하거나 거만하게 굴어서는 안 된다.

하나님은 힘 있는 자의 활을 꺾으시고 반대로 연약한 자에게는 힘이 되어 주신다. 배부른 자들에게는 자기들의 양식을 찾아 헤매게 하시는데, 굶주린 자에게는 노획물로 살찌게 하신다. 석녀는 아들을 일곱이나 낳는데, 자식을 여럿 가진 자는 오히려 버림을 받는다. 야훼께서는 사람을 죽게 하시고 살아나게도 하신다. 사람을 스올에 내려가게 하시고 다시 살게도 하신다. 야훼께서는 가난하게도 하시고 부자가 되게도 하신다. 사람을 낮추시기도 하고 높이시기도 한다. 하나님은 가난한 자들을 진토에서 일으키시고 궁핍한 자들을 잿더미에서 일으키셔서, 왕자들의 자리에 같이 앉게 하시고 존귀한 자의 자리를 물려받게 하신다. 야훼께서는 그의 기둥들로써 땅을 받들게 하셨고, 이 세상을 그 기둥들 위에 세워놓으셨다. 하나님은 그에게 충성하는 자들의 발을 지켜 넘어지지 않게 하시지만, 악한 자들은 제 아무리 힘이 있어도 결국 암흑 속으로 소멸될 것이다. 이런 신념을 가진 이 시인은 끝으로 야훼께 호소한다. 하나님의 대적들은 파멸되어야 하며, 지극히 높으신 분께서 하늘에서 천둥을 발하고 땅 끝까지 심판하시며, 그가 세우신 임금에게 힘을 주시고, 그가 기름 부어 세우신 분의 능력을 높여주실 것이다.

교훈

1. 한나의 체험 신앙에서 훌륭한 기도와 시가 나왔다. 한나는 비록 미천하고 보잘것없는 여자이지만 하나님의 능력과 자비를 철저히 믿

고 간구하여 하나님의 응답을 받았으며, 그 기쁨과 감격을 마음에 담고 만 있지 않고 만 천하에 토로하여 천하만민과 같이 나누었다. 그리스도 인들도 동고동락하며 하나님의 능력과 사랑을 공유하는 것이 마땅하 며 옳은 일이다.

2. 한나의 시에서 나타나신 하나님은 간단히 말해서 강한 자를 꺾으 시고 약한 자를 높여주시는 분이시다. 그것은 한나의 체험이다. 하나님 앞에서 내노라 하고 우쭐대는 사람들, 곧 하나님의 대적들을 하나님은 물리치시고, 겸손히 하나님 앞에 조아리는 자들을 높여주시며 승리하 게 하신다.

3. 하나님은 땅을 만들어 붙드시며 온 천하를 심판하시는 분으로서 결국은 당신이 뜻이 있어서 기름 부어 세우신 임금에게 힘을 주시고, 그를 통하여 세상을 다스리게 하실 것이다. 모든 원수들은 물러가고 하 나님의 뜻만이 이루어지는 세상이 오게 될 것이다. 한나는 이런 소망까 지 피력했다.

4. 사무엘상하를 저술한 작가 예언자들은 한나의 시를 통해서 이스 라엘 역사 흥망성쇠의 원리를 제시한 셈이다. 하나님이 어떤 분이시며 역사를 어떻게 심판하시는지 그 원리를 보여준 것이다. 결국 지존하신 유일신 야훼 하나님을 부각시키며, 그를 향하여 거만하게 입을 마구 놀 리는 어리석은 사람들, 이스라엘 사람이나 그들의 원수들을 막론하고 파멸하시고, 청빈하고 의로운 자들을 높이시고 득세하게 하신다는 것 이다.

엘리의 아들들이 저지른 못된 행동(삼상 2:11-17)

해설

엘카나*와 그의 식구들은 사무엘을 제사장 엘리 앞에서 야훼를 섬기는 일을 하도록 맡겨놓고 라마로 돌아갔다. 즉 겨우 젖을 뗀 사무엘이 엘리의 수하에서 제사장 견습을 하면서 자라도록 맡겨놓은 것이다. 그런데 제사장 엘리가 제사장 직무를 수행하고 그의 아들들 역시 세습적으로 제사장이 되어 같이 일을 하고 있는데, 그 아들들은 제사장이라는 이름을 가지고 있었지만 행동은 제사장답지 않은 못된 일을 감행했다. 야훼를 두려워함이 없이 백성들을 대신하여 제사를 드리면서 제물을 법대로 정당하게 처리하지 않고 불법 행위를 자행했다. 즉 제사를 드린 백성이 자기들에게 돌아온 몫을 먹으려고 가마에서 삶고 있을 때, 홉니와 비느하스는 종을 보내어 삼지창으로 그 가마에서 닥치는 대로 고기를 건져다가 자기들이 먹는 것이었다. 이것은 실로에 제사하러 올라온 이스라엘 사람들이 누구나 당하는 일이었다. 한두 번의 비행이 아니라 상습적이었다는 말이다. 그뿐만이 아니었다. 법에는 지방질은 다 태우도록 되어 있는데, 이 못된 제사장들은 종을 시켜서 지방질이 붙어 있는 생고기를 **빼**앗아 갔다. 삶은 고기보다 기름기가 있는 생고기를 구워 먹으면 맛이 더 좋으니까 그랬을 것이다. 백성들은 법대로 기름기를 태우고 난 다음에 원하는 대로 다 가져가라고 해도, 당장에 생고기를 내라고 하며 그렇지 않으면 강제로라도 가져가겠다고 으름장을 놓는 것이었다. 이렇게 엘리의 두 아들은 야훼께 드리는 제물을 경솔하게 다루며 야훼 앞에서 매우 큰 죄를 짓고 있었다.

교훈

1. 오매불망 기다리다가 절망 속에서 얻은 귀한 아들 사무엘을 성전

에 맡기고 집으로 돌아가는 한나와 엘카나*의 마음이 얼마나 아프고 쓰라렸을까? 그래도 그들은 자기들의 감정보다 야훼를 존경하는 마음이 더 컸기 때문에 그런 일을 할 수 있었을 것이다.

결국 한나와 엘카나*는 하나님께 훌륭한 일을 했고, 그 대가로 국가민족을 살린 훌륭한 일꾼 사무엘을 만들어 낼 수 있었다. 그것을 개인이나 한 가정의 행복이 아니라 민족 전체의 행복을 이루는 일이었기에, 그들이 받은 복은 한정 없는 것이었다. 결국 야훼 하나님을 위한 희생은 자신만 아니라 많은 다른 사람에게까지 그 혜택이 미치게 한다.

2. 사무엘의 훌륭함은 그가 자란 환경이 매우 조악(粗惡)했다는 사실 때문에 한층 더 돋보인다. 엘리는 훌륭한 제사장이었다 하더라도 그의 두 아들 홉니와 비느하스의 못된 행동은 성직자들의 그늘지고 어둔 면이어서 어린 사무엘이 그것의 영향을 받을 수도 있었을 것이다. 사무엘상하의 저자는 그런 가운데서도 바르게 자란 사무엘과 엘리의 아들들을 대조시키려고 이런 비행사건을 폭로한 것으로 보인다. 하나님의 영이 사무엘을 지켜주셔서 그 악한 영향을 받지 않도록 하셨을 것이다.

3. 어느 시대에나 종교 전체와 그 지도자들이 부패하여 생명력을 잃는 일이 종종 있다. 성직자의 집안에도 자식들이 정로를 걷지 못하여 비난의 대상이 되고 하나님의 영광과 그들의 부모친척들의 명예를 훼손하는 일이 비일비재하다. 성직자나 교회에서 직분을 맡은 사람들은 자녀들이 잘못을 저지르지 않도록 각별히 주의하여 가정에서 잘 가르칠 뿐만 아니라 그런 비행을 막도록 온갖 방법을 다 써야 할 것이다. 지도자가 죄를 짓고 비행을 저지를 때, 하나님의 심판은 다른 사람들에게보다 더 크게 내리실 것이다. 엘리의 아들들이 결국 그 죄 값으로 목숨을 잃었다.

4. 거룩한 물건, 제물, 교회헌금 등을 남용하고 그것으로 사리사욕을 채운다면, 그것은 하나님의 것을 도둑질하는 일이 아니겠는가? 하나님은 그렇게 만홀히 여김을 받으시는 분이 아니시다. 하나님을 두려워하는 마음이 있는 사람이라면 그런 짓을 하지 않아야 할 것이다.

5. 대제사장 격의 엘리는 중책을 맡은 자였는데 실은 그리 영특한 사람은 아니었던 것으로 보인다. 한나가 아주 간절히 기도하는 모습을 보고도 술에 취한 탓이라는 정도로 밖에 알아차리지 못했다는 것은, 엘리 자신이 사람을 보는 눈이 없고 사리를 바로 판단하지 못하는 사람이었다는 느낌을 준다. 그러니까 그 집안에서 패역한 아들들이 나온 것이 아닌가 하는 생각이 든다. 그와는 반대로 야훼를 진심으로 섬기고 믿는 여인 한나의 몸에서는 귀한 사무엘과 같은 훌륭한 사람이 태어난 것이라고 볼 수 있다.

실로의 사무엘(삼상 2:18-21)

해설

사무엘은 성소에서 자라서 소년이 되었을 때 세마포로 만든 예복을 입고 야훼 앞에서 사역하였다. 해마다 그의 어머니 한나는 연중 행사로 온 식구가 예배하러 실로에 올라갈 때 같이 올라가서 사무엘에게 맞는 예복을 만들어 입히곤 했다. 그들이 실로에 올라오면, 엘리는 엘카나*와 한나를 축복하면서, "한나가 야훼께 그 선물(곧 사무엘)을 바쳤으니, 한나를 통하여 엘카나*에게 아들들을 보상으로 주실지어다!"라고 말했다. 그런 축복의 말씀을 듣고 그들이 자기들의 집으로 돌아오곤 했는데, 야훼께서는 한나를 눈여겨보셨고, 드디어 한나는 잉태하여 아들 셋과 딸 둘을 더 낳았다. 그리고 사무엘은 계속 야훼 앞에서 자라났다.

교훈

1. 환경이 별로 좋지 않은 상태에서도 사무엘은 나실인으로서 바르게 자라고 비록 연소하지만 성전 제도에 익숙해져서 예복을 입고 하나님을 섬기는 정상적인 임무를 수행했다. 하나님의 가호와 인도가 있었기에 그렇게 되지 않았겠는가? 동시에 한나와 엘카나*와 온 집안이 해마다 실로에 올라가 지성을 다하여 아들 사무엘에게 나실인의 서약을 다짐하였을 것이고, 타이르고 격려하며 하나님의 사람으로 자라도록 뒷바라지를 잘 했을 것이다. 이런 공동작전을 통해서 사무엘은 바르게 자라고 그의 사역을 제대로 할 수 있었을 것이다. 하나님의 가호, 가정의 정성어린 교육과 후원, 본인의 굳은 입지와 노력, 이렇게 삼합이 맞아서 사무엘이 훌륭한 인간으로 자랐을 것이다.

2. 한나의 입장에서는 어렵게 태어난 사무엘을 하나님께 봉헌한 일은 극히 어려운 희생적 행동이었다. 그런데 하나님은 한나의 희생을 무심히 보시고만 계신 것이 아니라, 엘리를 통하여 예언한 대로, 아들과 딸을 듬뿍 주셔서 몇 배로 갚아주신 것이다. 이처럼 하나님은 상상 이상으로 너그러우시고 후하게 갚아주시는 분이시다. 이 땅에서 아니면 저 세상에서라도 상상 이상의 보상을 주신다.

3. 사무엘이 하나님 앞에서 제대로 자라고 하나님의 사람으로 제구실을 했다는 사실 자체가 하나님이 베푸신 복이다. 엘리의 아들들은 같은 환경에 있으면서도 제 구실을 하지 못하고 마침내 하나님의 저주를 받아야 했는데, 사무엘은 하나님의 사람으로 큰일을 해내는 훌륭한 일꾼이 되었으니, 그 자체가 얼마나 큰 축복인가! 많은 사람이 성직을 받고도 제 구실을 하지 못하고 하나님의 뜻을 어기며 하나님의 영광을 가리는 수가 있는데, 성직을 받고 그 본 뜻대로 소임을 다 한다는 그 자체가 큰복이 아닐 수 없다.

엘리 가문에 대한 예언(삼상 2:22-36)

해설

제사장 엘리는 나이가 많이 들었는데, 그를 도와 제사장 일을 보고 있는 그의 아들들에 대한 좋지 않은 소식들이 빗발치듯 온 백성에게서 들어왔다. 근자에는 그 자식들이 회막 어구에서 봉사하고 있는 여인들에게 성추행을 한다는 것이었다. 그래서 엘리는 아들들을 불러놓고 그 풍문을 털어놓으며 어째서 그런 일을 하느냐고 나무랐다. 사람이 사람에게 죄를 짓는다면 그 사이에 중재자가 나서서 해결을 볼 수 있겠지만, 누군가가 야훼에게 죄를 짓는다면 누가 중재를 할 수 있겠느냐고 하면서 책망했다. 그러나 그들은 아버지의 말을 아랑곳하지 않았다.

사무엘상하의 저자는 야훼께서 이미 그들을 죽이기로 마음먹고 계셨던 것이라고 주를 달았다. 바로의 마음을 강퍅하게 하신 것이 하나님이셨던 것처럼 홉니와 비느하스의 비뚤어진 마음을 방치하신 것도 하나님의 뜻있는 처사였다는 것이다.

반면에 사무엘은 몸집이 자라는 동시에 야훼에게와 백성들에게 총애를 받고 있었다.

하루는 하나님의 사람(어떤 예언자)이 엘리에게 나타나서 야훼의 말씀을 전했다. 과거에 애굽에서 이스라엘 사람들이 종살이를 하고 있을 때, 하나님께서 이스라엘 모든 족속 중에서 아론 집안을 택하여 하나님의 제사장 가문으로 삼아 제단을 맡아보고 향을 올리고 에봇 예복을 입고 결단하게 하며, 이스라엘 백성이 드리는 화제(火祭)물을 그들 몫으로 주었건만, 어째서 엘리는 하나님께 드린 희생제물과 하나님의 명령에 따라서 바치는 예물들에 욕심을 내고 이스라엘 백성이 바치는 모든 예물 중에서도 가장 좋은 것으로 하나님보다 자신을 살지게 하며 아들들을 더 귀하게 여겼느냐는 것이었다. 하나님께서 아론의 가문과 엘리의 가문으로 하여금 영원토록 당신 앞에서 드나들며 섬기도록 하기로 약속하셨지만, 이제는 결코 그럴 수가 없고 다음과 같이 되리라는 것이었다.

"나를 존중하는 자를 내가 존중하고, 나를 멸시하는 자는 업신여김 받으리라. 보라 내가 너의 세력과 네 조상의 세력을 끊을 때가 오고, 네 가문에는 장수하는 사람이 없으리라. 그래서 너는 의기소침한 나머지, 이스라엘 백성에게 부여될 모든 번영을 부러운 눈으로 바라보게 될 것이며, 결국 네 가문 사람이 하나도 장수하지 못하리라. 가문 가운데 제사장으로 살아남은 그 한 사람도 결국은 눈물을 흘리고 마음에 근심으로 가득하고, 네 모든 식구가 칼에 맞아 죽게 되리라(22:16-23에 나오는 사건 즉 사울에 의한 제사장 학살을 암시함). 너의 두 아들 홉니와 비느하스가 같은 날 죽게 될 터인데, 그것이 내가 말한 것의 상징이 되리라(4:11에서 이루어진다). 나는 나를 위하여 충성된 제사장을 일으킬 것이니 그가 나의 마음의 뜻을 따라서 행하리라. (사무엘을 가리키는 것이 아니라 제사장 사독을 두고 하신 말이다. 삼하 8:17; 왕상 1:8; 2:26-35. 아히멜렉의 아들 아비아달 계열이 선발되지 않은 것을 의미함). 마침내 네 가문에서 살아남은 자들이 각각 사독에게 와서 은 한 조각과 빵 한 조각을 구걸하며, '제발 나를 제사장 직 말단에라도 두어 연명을 하게 해 주십시오' 하고 애원하게 되리라."

교훈

1. 성직자는 누구보다도 죄를 멀리해야 한다. 백성에게 모범이 되어야 하기도 하지만, 백성의 지도자로서 하나님 앞에 선 자가 죄를 지으면 백성이 누구에게서 충고를 들으며 중재를 받으며 회복할 수 있겠는가? 성직은 결국 하나님께 징벌 받는 자리이므로 그 자리를 탐하거나 너무 쉽게 얻으려고 해서는 안 된다. 성직자는 더 나아갈 수 없는 절벽

에 서 있는 자이므로 매사에 조심하고 하나님 앞에서 언제나 거룩함을 도모해야 한다. 엘리의 아들들은 부정적인 면에서 전례가 되었고, 사무엘은 긍정적인 면에서 우리의 사표가 되었다. 성직자는 하나님과 사람들의 귀여움을 받을 만큼 거룩하고 충성된 일꾼이 되어야 한다.

2. 하나님은 일찍이 엘리 집안을 심판하신 사건을 통해서 후대의 모든 성직자들과 임직자들에게 경고를 주신다. 홉니와 비느하스가 죄를 지어 하나님께 벌 받은 것이 사실이지만, 제사제도가 정식으로 확립되려는 초창기에 그들을 엄벌하심으로써 제사장직의 존엄성과 거룩함을 실례를 통하여 깨닫게 해 주시려 했다. 즉 후대인들에게 경고를 주시기 위한 것이어서, 하나님의 계획적인 처사로 볼 수 있다.

3. 하나님의 원칙이 있다. 하나님을 존중하는 자를 하나님이 존중하고, 하나님을 멸시하는 자는 멸시 당한다는 것이다. 이스라엘 백성의 생활 전체에 이 법이 적용되지만, 제사장직 수행에서는 이 원칙이 더더욱 확고하다. 제사장직 수행에 흠이 있고 욕심을 부리다가 하나님께 징계 받고 그 직분을 박탈당하는 경우, 그 사람은 결국 빌어먹는 자가 될 수밖에 없다. 즉 처참한 운명을 맞게 된다.

4. 제사장 엘리의 집안이 받은 벌은 참으로 무서운 것이었다. 제사장직을 대대로 박탈당할 뿐만 아니라 세상에서 단명하게 살아야 한다는 것이다. 그리고 꼴사납게도 구걸을 하면서 살 신세가 된다는 것이다.
하나님은 이런 가시적이고도 지속적인 벌을 통해서 후대인들에게 큰 경고를 주신다. 그런데도 역사적으로 이런 경고를 아랑곳하지 않고 성직자라는 사람들이 하나님의 계율을 어기고 하나님 앞에서 범법을 다반사로 하는 것을 볼 수 있다. 그들의 장래를 두고 볼 일이다. 사무엘상하는 확실히 그런 사람들이 빌어먹게 된다고 말하고 있다.

사무엘의 소명과 예언 활동(삼상 3:1-4:1a)

해설

소년 사무엘은 제사장 엘리 밑에서 야훼를 섬기고 있었다. 그 시대의 영적 상황을 말한다면, 야훼의 말씀이 희귀하였고 회자되는 환상이 없었다. 한 마디로 하나님과 이스라엘 사이에 교통이 거의 끊어진 상태였다고 할 수 있다. 제사장 엘리가 영력이 없는데다 그의 눈마저 희미해져서 앞을 보지 못하는 상태였다.

어떤 날 성막의 등불이 아직 켜 있는 시각 즉 야간에 엘리는 자기 방에 누워 있었고, 사무엘은 하나님의 법궤를 모신 야훼의 성전 안에 누워 있었다. 그 때에 야훼께서 "사무엘아, 사무엘아!"라고 사무엘을 부르셨다. 사무엘은 "예, 여기 있습니다."라고 대답하고는 엘리가 부르는 줄 알고 엘리에게로 달려가서 "어르신이 저를 부르셔서 이렇게 대령했습니다."라고 했다. 그러나 엘리는 "나는 너를 부르지 않았다. 다시 누워 있으라!"고 하는 것이었다. 사무엘은 머리를 갸우뚱거리면서 성막으로 돌아와 다시 누웠다. 야훼께서 다시 "사무엘아, 사무엘아!"라고 사무엘을 부르셨다. 사무엘은 일어나서 엘리에게 가서 "어르신이 부르셔서, 제가 이렇게 여기 왔습니다."라고 여쭈었다. 그러나 엘리는 "내 아들아, 나는 너를 부르지 않았다. 다시 누워 있으라!"고 말했다. 그 때까지 사무엘은 야훼를 뵌 적이 없고 그를 알지 못하고 있었으며, 야훼의 말씀이 사무엘에게 계시된 적이 없었다. 그러니까 사무엘이 야훼의 음성을 판별할 수가 없었던 것이다. 야훼께서 다시 사무엘을 부르셨다. 즉 세 번째 일이다. 그러자 사무엘은 일어나 엘리에게 가서 "어르신이 부르셔서 제가 이렇게 왔습니다."라고 여쭈었다. 그 때에야 엘리는 야훼께서 이 소년을 부르시고 계신다는 것을 인지하고, "가서 누워 있으라. 그가 너를 부르시거든, '야훼여 말씀하소서! 당신의 종이 듣고 있습니다."라고 말해야 한다고 일러주었다. 그래서 사무엘은 가서 자기 자리에 누웠다. 그러자 이번에는 야훼께서 친히 오셔서 거기 서시고 전처럼 "사무엘아, 사무엘아!"라고 부르시는 것이었다. 그러자 사무엘은 "말씀하십시오! 당신의 종이 듣고 있습니다."라고 대답했다. 야훼께서 사무엘에게 말씀하셨다. "보아라! 내가 이스라엘에서 무언가를 하려고 하는데, 그 사건에 대한 말을 듣는 사람은 양쪽 귀가 얼얼할 것이다. 내가 처음부터 끝까지 엘리 집안에 관해 말한 것을 남김없이 그에게 다 이룰 것이다. 그는 자기 아들들이 하나님을 모독할 때 그것을 알면서도 그들을 견제하지 않았기 때문에, 내가 그의 집을 영원히 벌하려고 한다는 말을 그에게 했기 때문이다. 그러니까 나는 엘리 집안을 향하여 맹세한다. 엘리 집안의 악은 희생제물이나 예물을 바친다고 해도 속(贖)할 수 없다."

　야훼의 말씀을 들은 사무엘은 날이 밝을 때까지 성막 안에 누워 있었다. 날이 밝자 그는 야훼의 집 문들을 열었다. 그러나 그가 본 환상을 엘리에게 말하기를 두려워했다. 그러나 엘리가 사무엘을 불러 "내 아들 사무엘아!"라고 운을 떼었다. 그러자 사무엘은 "어르신, 제가 여기 있습니다."라고 대답했다. 엘리는 말을 이었다. "그가 너에게 하신 말씀이 무엇이냐? 그것을 나에게 숨기지 말라! 그가 네게 말씀하신 모든 것 중에 어떤 것을 네가 나에게 숨긴다 하여도, 하나님은 그 말씀대로 너에게 하실 것이며 그 이상도 하시기를 나는 비는 바이다." 그래서 사무엘은 낱낱이 엘리에게 고하고 숨기지 않았다. 그러자 엘리는, "그분은 야훼이시다. 그분이 좋게 여기시는 대로 이루어질지어다!"라고 말하였다. 사무엘은 성장할 때, 야훼께서 그와 같이 계셨고 그의 말이 한마디도 땅에 떨어지지 않게 하셨다. 북단에 있는 단에서부터 남단의 브엘세바*에 이르기까지 거기에 사는 모든 이스라엘 사람들은 사무엘이 야훼의 믿을만한 예언자라는 것을 알고 있었다. 야훼께서 실로에서 말씀으로 사무엘에게 자신을 계시하셨기 때문에, 계속해서 실로에서 나타나셨다. 그리고 사무엘의 말이 모든 이스라엘 사람들에게 미치고 효과를 내었다.

교훈

1. 이스라엘 역사에서 시대마다 특색이 있었다. 모세 시대에는 야훼의 말씀과 그의 환상이 빈번히 이스라엘 가운데 나타났다. 그러나 사사 시대부터 점점 그 도수가 떨어지고 그 말기 즉 사무엘이 자라나던 시대에는 하나님의 말씀이 거의 나타나지 않고, 그의 환상은 백성 가운데 운위되는 것이 없을 정도였다. 그만큼 야훼와 이스라엘의 교통이 희귀해져 있었다. 그것은 야훼 편에서가 아니라 이스라엘 백성 편에서 눈과 마음을 닫고 있었기 때문이었다. 그 당시의 영적 지도자의 대표라고 할 수 있는 제사장 엘리조차 영성이 떨어져 있었던 것이다. 하나님은 그런 것을 원치 않으신다. 하나님은 당신과 그의 백성이 활발한 교제 속에 있기를 원하신다. 그래서 하나님 편에서 활동을 개시하신 것이다. 이스라엘을 찾아오신 것이다. 이제 사무엘을 통해서 그의 선민과 가까이 하시려는 것이다.

2. 영원 무한하신 절대자 하나님이 당신의 모습을 인간에게 보여주실 길이 없다. 그러나 그의 존재를 그의 말씀으로, 또 때로는 환상으로 나타내 보이신다. 하나님의 말씀이 풍성히 나타나고 그의 환상이 자주 나타난다면, 이는 하나님과 그 시대의 사람의 교제가 활발하며 하나님이 적극적으로 인간을 찾아주심을 의미한다. 이는 행복한 상황이다. 하나님의 말씀과 환상이 없다는 것은 인간 사회의 암흑을 의미할 것이다.

3. 하나님은 그의 섭리 가운데 사무엘을 점지하여 그를 우선 제사장의 반열에 두시고 하나님과 가까이 교제하게 하셨다. 그것은 이스라엘에게 행운이었다. 하나님은 엘리 시대의 암흑을 걷고 보다 광명한 세계를 주시려 한 것이다. 사무엘은 암흑시대를 살면서 한 번도 야훼를 만나 뵌 경험이 없었던지라 야훼께서 부르시는 세 번의 음성을 알아차릴

수 없었다. 그런 대로 엘리는 사무엘을 부른 소리가 야훼의 음성이라는 것을 깨닫고, 야훼와 대화할 수 있도록 사무엘을 인도했다. 다행한 일이었다. 사무엘은 그 때부터 야훼의 존재와 자신의 밀접한 관계 속에서 살게 된 것이다. 거기서부터 이스라엘에게는 보다 나은 장래가 시작된 것이다.

4. 그러나 사무엘이 야훼께 들은 말씀의 내용은 엘리 집안에 대한 엄혹하고 단호한 심판의 말씀이었다. 그 집안이 아무리 좋은 짐승으로 희생 제사를 드려도, 아무리 많은 예물을 가져다 바쳐도 그것으로써 그 집안의 죄와 악을 속할 수 없다는 준엄한 말씀이었다.

사무엘이 엘리를 양부(養父)로 삼고 성소에서 자라면서 그 집안에서 이루어지고 있는 일을 직접보기도 하고 듣기도 하고 짐작도 하면서, 그것은 아닌데, 그래서는 안 되는데 하고 생각하고 있었을 것이다. 이제 야훼의 말씀을 통하여 그 집안의 모독적이고 불경건한 행위는 도저히 용납될 수 없음을 깨닫고, 사무엘은 자신의 행동 원칙을 발견하여 세울 수 있었을 것이다. 사무엘은 직접 하나님께로부터 그 심판의 말씀을 들었기 때문에 누구보다도 그 모독 행위와 야훼에 대한 불충의 죄가 얼마나 크다는 것을 몸소 느끼고 깨달을 수 있었던 것이고, 그 사건은 매우 귀중한 교훈을 주는 것이었다.

5. 사무엘은 그의 양부 집안이 벌을 받는다는 말씀을 들었을 때 당황하고 어쩔 줄 몰랐을 것이다. 하나님의 그 무서운 심판 계획을 직접 들은 사무엘은 밤새 고민했을 것이다.

엘리는 비록 영성이 둔하였지만, 그의 생의 말기에는 회개하는 마음을 가지고 그의 종말을 기다리고 있었을 것이다. 전날 밤에 사무엘을 부르신 분은 하나님이시며 야훼께서 하신 말씀을 어쨌든 복종해야 한다는 믿음을 가지고 있었던 터라 사무엘더러 사실대로 말해달라고 청하였고, 무슨 말씀이든 야훼의 뜻이 이루어져야 한다는 훌륭한 판단을 사무엘에게 들려주었다. 엘리의 그 마지막 태도는 본받을 만하다.

6. 야훼 하나님이 같이 하시고 인도하시는데 어째 사무엘이 승승장구하지 않았겠는가? 사무엘은 하나님의 말씀을 따르고, 사무엘의 입을 통하여 나오는 하나님의 말씀은 자연히 권위가 있었을 것이다. 사무엘의 말에는 하나도 허(虛)가 없었다. 진실 그것뿐이었다. 따라서 백성은 그를 야훼의 믿을 만한 예언자로 떠받들었다. 결국 사무엘을 통하여 비로소 이스라엘이 통일로 나아가는 길이 열리기 시작한 것이다. 사무엘의 말이 이스라엘 전역에서 먹혀들어가는 시대가 된 것이다. 온 백성이 그 지도자의 말을 전적으로 수긍하고 따른다면 그 이상 태평성세가 또 어디 있겠는가? 사무엘은 제사장으로, 예언자로, 또 마지막 사사로서 이스라엘을 영적으로 통일시킨 훌륭한 지도자였다. 이스라엘 나라는 이렇게 사무엘의 영도 하에 하나님의 말씀을 토대로 하는 공동체로 다시 탈바꿈을 하기에 이른 것이다.

그 반대 현상은 엘리 가문의 몰락에서 찾을 수 있고, 모든 사람이 거기서 경종(警鐘)을 들어야 할 것이다.

하나님의 법궤를 빼앗기다(삼상 4:1b-11)

해설

원래 카프톨* 혹은 크레테(Crete)에서 동쪽으로 이주하여 가나안 해변을 점령하고 살던 블레셋 사람들은 철기(鐵器)와 마차(馬車)를 병기로 사용하며 계속 이스라엘 백성을 괴롭히고 있었다. 그들은 사사시대 말기 곧 사무엘 시대에 조직적으로 이스라엘에게 전쟁을 걸어왔

다. 이스라엘은 에벤에셀에 진을 치고 블레셋군은 아펙*에 진을 치고
대치하였다. 첫 전투에서 이스라엘은 그들에게 패하여 4000명의 희생
자를 내었다.

이스라엘 패잔병들이 진지(陣地)로 돌아왔을 때 백성의 장로들은
패전의 원인을 분석했다. 과거에는 전쟁 때 반드시 법궤를 앞세우곤 했
고 그 덕을 보았다는 생각을 했을 것이다. "야훼께서 어째서 우리로 하
여금 블레셋 군에게 쫓기게 하셨을까? 실로에 있는 야훼의 언약궤를
가져오자! 그러면 야훼께서 우리 가운데 계셔서 우리를 원수들의 세력
에서 구출하실 것이다." 이런 말을 하면서 사람을 실로로 보내어 만군
의 야훼의 언약궤를 모셔왔다. 그들은 하나님은 그룹들(천사들) 위에
군림하시고 계신 분으로 알고 있었다. 언약궤를 책임지고 있는 사람들
은 엘리의 두 아들 홉니와 비느하스였다.

이스라엘이 진을 치고 있는 에벤에셀에 드디어 야훼의 언약궤가 도
달했다. 언약궤에게 소망을 걸고 있던 이스라엘 군은 그 궤를 보자 땅
이 진동할 정도로 함성을 올렸다. 블레셋 진지에서는 그 함성을 들으
며, "히브리인들의 진지에서 저런 큰 소리가 들리는데 도대체 어찌 된
일일까?"라고 서로 물으며 의아해 했다. 알아본 결과 야훼의 언약궤가
그들의 진지에 도달했다는 것이었다. 블레셋 군은 겁을 집어먹고 서로
말했다. "신들이 그들의 진영에 임한 것이다. 야단났구나! 전에는 이런
일이 없었는데. 큰일 났구나! 그 강한 신들의 힘에서 우리를 구출해 줄
자가 누구냐? 그 신들은 광야에서 각양 재앙으로 애굽인들을 때린 일
이 있다. 블레셋 사람들이여! 용기를 내시오. 남자다우시오. 히브리인
들이 우리의 종이었던 것처럼 우리가 그들의 종이 되지 않기 위해서는
남자답게 싸워야 합니다." 이렇게 서로 격려하고는 나가서 이스라엘
군과 다시 전투를 벌였다.

이스라엘이 다시 패전하고 달아나서 각각 자기 집으로 가버렸다. 큰
도륙이 벌어져 이스라엘 보병 30000 명이 전사했다. 그 전투에서 앞장

섰던 야훼의 언약궤가 원수들에게 빼앗겼다. 동시에 법궤를 지키고 있던 제사장들 홉니와 비느하스가 목숨을 잃었다.

교훈

1. 이스라엘이 하나님의 선민이라고는 하지만, 하나님을 떠난 이스라엘은 다른 사람들과 꼭 같은 인간에 불과하다. 약육강식의 세속 사회 속에서 결국 약자가 강자에게 약탈과 압박과 지배를 받을 수밖에 없다. 이스라엘이 과거에 모세나 여호수아나 사사들의 영도 하에 비록 수가 적고 약하여도 원수들을 이길 수 있었던 것은, 인간의 힘만이 아니라 야훼의 도움이 있었기 때문이었다. 이제 이스라엘이 사사 시대 말기에 그들만의 힘과 꾀를 가지고 자기들보다 강력한 블레셋 군과 싸울 때 패배했다는 것은 너무나 당연한 것이었다.

2. 블레셋에 맞선 첫 전투에 패배한 이스라엘은 반성하는 태도를 보였다. 그러나 아직 물량적인 계산만 했다. 과거 역사를 피상적으로 알고 있는 그들로서는 자기들의 조상이 종종 승리한 것은 이스라엘 군과 함께 언약궤가 있었기 때문이었다고 생각한 듯하다. 즉 물리적으로 법궤라는 물질을 자기들 편에 가지고 있으면 승리할 수 있으리라 생각했다.

그러나 법궤와 그 속에 넣어둔 돌비들은 물건에 지나지 않는다. 법궤는 상자일 따름이다. 법궤는 야훼 하나님을 상징한다. 그 언약궤에 진정 그룹을 지배하시는 만군의 야훼께서 임재하시지 않고, 외형적인 물체만 있다면 그것은 단순한 물건을 넘어서지 못한다. 이스라엘 군은 실로에서 그 언약궤를 모셔다가 전선에 내세우면 자기들이 승리하리라고 생각했다. 그러나 둘째 전투에서도 그들이 패전의 고배를 마셨고 막대한 인명 피해를 입었다. 그 이유는 외형적인 법궤라는 물체만 있고 진정 야훼께서 거기에 임재하시지 않았기 때문이다.

사람의 손으로 만든 성전으로 하나님을 언제나 모실 수 있다고 생각하는 것은 오산이다. 그것은 이스라엘이 블레셋 군과 싸울 때 법궤를 앞세웠는데도 패배한 사건에서도 증명되었다. 우리의 종교도 형식과 외형만 남아 무능하고 악취를 뿜을 수 있다. 진정으로 야훼 하나님을 모시는 것이 필요하다.

3. 법궤가 이방인들의 수중에 들어가고, 법궤를 책임지고 있는 제사장들인 홉니와 비느하스는 전사하고 말았다. 망신스러운 일이다. 주색(酒色)에 빠져 제 정신을 잃은 제사장들이 어떻게 제대로 하나님을 모실 수 있었겠는가? 성막에 형식적으로 모셔둔 언약궤는 물질적으로는 옛 형태와 내용을 그대로 가지고 있었을지라도, 이미 야훼께서는 거기서 철수하여 거기에 임재하시지 않았던 것이다. 홉니와 비느하스가 블레셋과 싸우다가 전사한 것은 너무나 당연하다. 하나님의 징벌이 그들에게 그렇게 임한 것이며, 엘리에게 준 그들에 대한 예언이 그대로 이루어진 것이다.

4. 이스라엘 군과 싸워 두 번이나 이기고 야훼의 언약궤까지 포획한 블레셋 군은 이를 자기들의 용맹과 남자다움으로 얻은 결과라고 생각했을 것이다. 그러나 실은 하나님께서 이스라엘을 징계하시기 위해서 손을 놓고 계셨고 블레셋이 승리하게 내버려 두셨기 때문이었다. 결국 이 경우 블레셋은 야훼 하나님의 도구였다. 이는 페르시아* 왕 고레스가 바빌론* 나라를 멸망시키고 이스라엘 백성을 본국에 돌아가게 하기 위하여 하나님의 종의 역할을 한 것과 비슷하다.

엘리의 죽음(삼상 4:12-22)

해설

이스라엘 군이 블레셋 군에게 대패하여 자기들에게 유리하리라고 생각하고 앞 세웠던 하나님의 법궤마저 적군에게 빼앗겼을 뿐만 아니라 엘리의 두 아들 홉니와 비느하스가 다 전사한 후에 이스라엘의 패잔병 하나가 실로까지 와서 그 상황을 엘리에게 보고하게 되었다. 엘리는 늘 앉아 있던 성막 어구의 자기 자리에 앉아서 전쟁 소식을 기다리고 있었던 것이다. 법궤가 전선에 나갔고 그의 두 아들이 그것을 돌보는 책임을 가지고 있었으므로, 엘리로서는 마음이 쓰일 수밖에 없었다.

전선에서 돌아온 병사는 벤야민* 지파 사람이었고, 실로 성내로 달려들어 오면서 패전의 슬픈 소식을 전하자, 장정들을 전선에 내 보내고 이번에는 필시 승전의 기쁜 소식을 들으리라고 학수고대하던 시민들은 대성통곡을 하였고, 그 소리가 성안에 진동했다. 98세 노령의 엘리는 앞이 보이지 않는지라, 요란하게 들려오는 군중의 소리를 듣자 그 영문을 물었다. 그 패잔병은 엘리에게, 이스라엘 군은 블레셋 군에게 밀려 도망쳤고, 무수한 이스라엘 군이 도륙 당했으며 홉니와 비느하스도 죽었고 하나님의 법궤마저 적군에게 빼앗겼다고 보고했다. 법궤에 대한 이야기를 듣자 엘리는 성막 문 어구에 있는 자기 자리에서 뒤로 자빠져 목이 부러져 죽고 말았다. 늙은 데다가 몸이 비대하기까지 했기 때문이었다. 엘리는 40년 동안 이스라엘을 다스리고 죽었다.

엘리의 둘째 며느리 곧 비느하스의 아내는 임신하여 막달이 차 있었는데, 하나님의 법궤를 빼앗겼다고 그의 시아버지와 남편이 죽었다는 소식을 듣자, 진통이 극심하여 드디어 허리를 굽혀 해산을 하고는 숨을 거두게 되었다. 그녀가 죽게 된 찰나에, 그녀를 시중들던 여인이 산모에게 "부인이 아들을 낳았습니다. 두려워하지 마십시오!"라고 말했다.

그러나 산모는 대답하지도 아랑곳하지도 않았다. 그녀는 그 아이의 이름을 이카봇*이라고 불렀다. 이스라엘에서 영광이 떠났다는 뜻이다. 그것은 이스라엘이 하나님의 언약궤를 빼앗겼고, 그녀의 시아버지와 남편이 죽었기 때문이었다. "하나님의 궤를 빼앗겼으니 영광이 이스라엘에게서 이미 떠났도다." 라고 그녀는 뇌까렸다.

교훈

1. 엘리가 40년이나 이스라엘을 다스렸지만, 구약 성경 어디에도 그가 하나님께 선택되었다든가 야훼의 영을 받았다는 말이 없다. 공산주의 북한에 소위 교회라는 것이 형식적으로 존재하지만, 관제 목사와 신부들이 있어서 국가의 필요에 의하여 이용을 당하고 있는 것을 우리는 알고 있다. 엘리가 제사장의 탈을 쓰고 있었지만 그가 야훼를 진정으로 두려워하며 진심으로 그를 섬기는 제사장이었을까 의심스럽다. 성경 역사와 교회사에 있어서도 하나님의 영을 받지 않은, 하나님께로부터 확실한 소명을 받지 않은 성직자들이 교회를 어거(馭車)하는 경우가 많이 있었다. 엘리가 아마도 그런 경우가 아닌지 모르겠다.

악명 높은 그의 두 아들이 거룩한 법궤를 책임지고 있었다는 것 자체가 모순이고 그들이 전사한 것은 오히려 순리가 아니었는가 하는 생각이 든다.

2. 엘리가 죽고 그의 두 아들이 전사했지만 하나님은 그 집안에 씨를 말리지 않으시고 이카봇*이라는 후사를 주신 것은 하나님의 은총이라 해야 할 것이다.

3. 하나님의 법궤를 모시는 것은 바로 하나님의 영광을 모시는 일이며, 그것을 빼앗긴 것은 하나님의 영광이 떠난 것을 의미하였다. 법궤

는 하나님을 상징하는 것이기에 그것을 빼앗긴다는 것은 치명상이 아닐 수 없었다. 그러나 실은 형체를 가진 법궤가 문제가 아니라, 그것이 대표하는 하나님 자신을 우리 가운데 귀하게 모시고 있는가가 문제이다. 하나님의 영광이 우리에게서 떠나지 않아야 한다. 영광스러운 야훼 하나님을 무슨 일이 있어도 버리거나 배반하지 말고 우리의 삶의 중심에 모시고 있어야 할 것이다.

블레셋 사람들과 법궤(삼상 5:1-12)

해설

블레셋 군은 이스라엘과 싸워 크게 이겨 전리품으로 하나님의 언약궤를 빼앗았다. 이스라엘 진지인 에벤에셀에서 빼앗은 법궤를 그들은 아스돗으로 운반하여 그들의 신 다곤을 모신 신당 안 다곤 신상 옆에다 두었다. 아스돗 사람들이 다음 날 아침 일찍 신당에 가보니, 다곤 신상이 이마를 땅에 대고 야훼의 법궤 앞에 거꾸러져 있는 것이었다. 그래서 그들이 다곤 신상을 제자리에 세워놓았다. 다음 날 이른 아침 다시 그들이 신당에 가 보니, 이번에는 다시 다곤 신상이 야훼의 법궤 앞에 거꾸러져 있었고, 그것의 머리와 두 손이 부러져 나가서 성막 문지방에 굴러나고, 몸통만이 남아 있었다. 이런 일이 있은 후부터는 아스돗 다곤 신당의 제사장들과 그 신당에 들어가는 사람은 누구나 그 문턱을 밟지 않는 전통이 생겼다.

야훼께서 아스돗 사람들을 크게 때리셨다. 아스돗과 그 일대 사람들에게 겁을 주셨고 그들의 온몸에 종창(腫脹)이 나게 하셨다. 아스돗 주민들이 그 사태를 보면서 결론을 내려 "이스라엘의 하나님이 우리와 다곤 신에게 중한 벌을 내리고 있으니, 이스라엘 하나님의 궤를 우리 가운데 계속 두어서는 안 되겠다."라고 하면서 사람들을 보내어 블레셋의 모든 영주들을 소집하였다. 그리고는 "우리가 이스라엘 하나님의 이 궤를 어떻게 하면 좋겠습니까?"라고 물었다.

갓*의 주민들이 법궤를 자기들의 고장으로 옮겨가겠다고 하고 하나님의 법궤를 갓*으로 옮겨갔다. 그러나 법궤를 갓*으로 옮겨간 후 야훼의 손이 그 도시를 때리셨다. 즉 그들에게 큰 공포심을 일으키셨고, 노소를 막론하고 그들의 온몸에 종창이 나는 화를 내리신 것이다. 마침내 갓*의 주민들은 법궤를 에크론*으로 보냈다. 그러나 법궤가 에크론*으로 옮겨진 후에 그 도시 사람들은 "어쩌자고 그들이 이스라엘의 하나님의 궤를 우리에게 오게 하여 우리와 우리 백성을 죽도록 하는가?"라고 고함을 질렀다. 그래서 그들은 사람을 모내어 블레셋 영주들을 다 소집한 후, "이스라엘 하나님의 궤를 그 본고장으로 보내버리십시오! 그래야 우리와 우리 백성이 죽음을 면할 것입니다."라고 사정을 털어놓았다. 그것은 에크론* 온 도시가 공포에 사로잡히고 하나님이 그들에게 큰 재난을 내려서 죽게 하셨고 죽음을 면한 사람들은 종창으로 때리셔서 온 도시의 울부짖음이 하늘을 찌를 지경이기 때문이었다.

교훈

1. 이스라엘의 법궤는 물건에 지나지 않는다. 그런데 그것이 이스라엘 백성 앞에서 있을 때는 이스라엘이 승리하기도 하고 때로는 패전하는 수도 있었다. 법궤가 블레셋 사람들의 손에 포획되어 적군의 땅으로 옮겨지는 수모를 당했는데, 그 사건에서 법궤는 어떤 작용을 했는가? 이스라엘 군은 법궤라는 물체를 형식적으로 들고나간 것뿐이고, 진심으로 야훼 하나님을 모시고 나간 것이 아니었다. 그래서 외형적인 법궤는 있었지만 하나님이 같이 하시지 않는 전쟁에서 이스라엘은 패할 수밖에 없었다.

블레셋 땅에 옮아온 법궤는 여전히 물체에 지나지 않았지만, 하나님이 그 법궤에 임재하심으로 블레셋의 다곤 신을 깨뜨리고, 그것을 믿는 블레셋 사람들을 공포심이나 종기나 죽음으로 응징하여 그들을 혼내셨다. 결국 이스라엘이 패전한 것은 그들의 불신앙에 기인한 것이지 야훼 하나님이 약해서 그런 것이 아니었다.

2. 눈에 보이는 신성한 것들, 곧 성경과 성전과 성례전 등은 믿음 없는 자들에게는 아무것도 아니다. 그것들은 다 하나님의 영감이 있는 것들이지만, 언제나 그 형식과 외형 속에 하나님이 임재하실 때, 아니 우리가 거기에 하나님을 모실 때, 비로소 거기에 능력이 있고 효과가 있고 은혜가 있는 것이다.

3. 야훼와 다곤이 어찌 양립할 수 있겠는가? 거룩한 것이 어떻게 거룩하지 못한 것과 같이 할 수 있겠는가? 블레셋 사람들이 하나님의 거룩한 법궤를 자기들의 신당에 두려고 한 것이 잘못이었다. 하나님의 법궤는 자기 고장에 있어야 하고, 자기 고장에 모셔야 한다. 하나님을 거룩하지 못한 곳에 모시면, 이는 그런 행동을 하는 자의 자멸을 초래한다. 초월자 하나님을 상대화하는 것은 어리석은 일이며, 그런 사람은 자기 파멸을 자초하게 된다.

법궤가 이스라엘로 돌아오다(삼상 6:1-18)

해설

야훼의 법궤가 7개월 동안 블레셋 땅에 있었다. 법궤 때문에 큰 화를 입고 있는 블레셋 사람들은 빨리 그것을 처리해야 한다는 생각으로 가득하였다. 그래서 그들 신당의 제사장들과 점쟁이들을 불러 놓고 야훼의 법궤를 어디로 보내야 좋겠는가를 물었다.

그들은 법궤를 블레셋 땅 밖으로 내보내는 것을 전제로 하면서, 그 절차를 제시했다. 그것을 그냥 보내지 말고 반드시 속죄제물을 야훼께 드려야 한다는 것이었다. 그리하면 치유를 받고 속량을 받고 야훼께서 주는 액(厄)이 떠날 것이라고 했다. 그러면 야훼께 돌려드릴 속죄 예물은 어떤 것이어야 하는가를 물었다. 블레셋 다섯 영주들이 각각 금으로 만든 종창(腫脹) 모양의 금괴와 금으로 만든 쥐 형상을 하나씩 이스라엘의 하나님의 영광을 위하여 바치면, 야훼께서 블레셋 사람들과 그들의 신들과 블레셋 땅에 내리던 재난을 덜어 주실 것이라고 했다. 그러면서 옛날 애굽 사람들과 바로가 어리석게도 마음을 닫고 있다가 야훼의 매를 맞은 다음에야 비로소 이스라엘 백성을 석방한 사실을 전감 삼으라고 일렀다.

그리고 구체적인 방안을 일러주었다. 우선 새 수레를 하나 마련하고 한 번도 멍에를 메어본 적이 없는 암소 두 마리를 마련하라고 했다. 그리고 그 암소들은 아직 새끼에게 젖을 먹이는 상태에 있는 소들이어야 한다고 했다. 그리하여 그들의 송아지들은 떼어서 집에 남겨둔 채 멍에를 메고 그 수레를 끌게 하라고 했다. 그 수레에다 법궤를 싣고, 금으로 만든 그 물건들을 담은 상자를 그 법궤 옆에 실으라고 했다. 그리고 그 수레를 떠나보낸 다음에 지켜보라고 했다. 만일 그 법궤가 곧장 그 본 고장인 벳세메쉬*로 올라가면, 이 큰 재난을 블레셋에게 내리신 분이 바로 야훼이고, 만일 그 수레가 돌아온다든가 딴 길로 가면 블레셋을 친 손은 야훼의 손이 아니고 우연히 일어난 일로 알게 될 것이라고 말했다. 이 말을 따라 블레셋 사람들은 새끼 딸린 암소 두 마리에 멍에를 메고 수레를 끌게 하고 그 송아지들은 집에 가두어 놓았다. 법궤와 그 상자를 수레에 실었다. 그런데 그 암소들은 벳세메쉬*를 향하여 큰 길로 곧장 올라가는데, 가면서 자기 새끼를 그리워하는 울음소리를 연방 내면서도 좌우로 치우치지 않고 가는 것이었다. 블레셋 영주들은 벳세메쉬* 경계선까지 그 수레를 따라가며 지켜보았다.

블레셋과 싸워 졌을 뿐만 아니라 법궤까지 빼앗긴 이스라엘 백성의 마음은 착잡하고 말할 수 없이 저기압이 되어 있었다. 벳세메쉬* 지방 주민들은 그 지방에서 싸우다가 법궤를 빼앗겼기 때문에, 언제나 법궤 생각이 머리에 맴돌고 있었을 것이다. 그런데 전쟁이 지나고 7개월이나 되어 초여름이 돌아와 밀 가을을 한참 하고 있을 때였다. 암소 두 마리가 끄는 수레에 법궤가 자기 동네를 향하여 오고 있는 것이 아닌가! 벳세메쉬* 주민들은 달려 나가 기쁨으로 그것을 맞이했다. 그 수레는 벳세메쉬*의 여호수아 들판까지 와서 멎었다. 그 암소들을 몰고 온 사람은 없는데, 그 수레는 거기까지 와서 멎은 것이었다. 벳세메쉬*의 레위인들이 야훼의 법궤와 또 같이 운반되어 온 금 물체들을 담은 상자를 내려 큰 바위 위에 놓았다. 벳세메쉬* 사람들이 그날 당장 그 암소들을 야훼께 번제로 드렸다. 블레셋 영주들은 경계선 바깥, 멀리서 그 광경을 지켜 보고나서 에크론*으로 되돌아갔다.

블레셋의 다섯 요새 아스돗, 가자*, 아쉬켈론*, 갓*, 에크론*의 성주들이 도합 다섯 개의 금 종창 형상과 쥐 형상을 야훼께 속죄 제물로 바친 것이다. 두 암소를 번제를 드린 그 큰 바위 옆에 야훼의 법궤를 안치하였고, 그 큰 돌은 후세까지 벳세메쉬* 여호수아 들에 증거물로 남아 있었다.

교훈

1. 야훼의 법궤가 블레셋 땅에 압류되어 있는 7개월 동안 블레셋 사람들은 많은 화를 입었다. 그 화를 피하려고 온갖 수단과 노력을 다 해 보았지만 허사였다. 결국 법궤를 이스라엘로 되돌려 보내야 한다는 충

고를 듣고 그대로 실시했다.

무력 전쟁에서는 블레셋이 이스라엘을 이겨 이스라엘은 패배의 고배를 마시고 처참함 심정에 빠졌지만, 야훼 하나님은 승리하셨다. 법궤는 제자리로 되돌아오고야 말았다. 하나님을 이길 자는 아무도 없다.

2. 법궤를 이방인들이 이방 땅에 압류한 무엄한 행동은 하나님의 마음을 아프게 한 사건이었다. 그들은 하나님께 신성모독의 죄를 지었으므로 그 죄의 대가를 치러야 했다. 이는 속죄제물을 바쳐서 하나님과 화해해야 하는 사건이었다. 하나님께서 노를 푸셔야만 그의 징계가 풀릴 수 있었다.

블레셋 사람들만이 아니라 하나님의 피조물인 인간은 누구든지 그 원칙에 매어 있는 것이다. 그 사건 후에 블레셋이 하나님의 징계를 완전히 면제받은 것이 아니지만 적어도 "가볍게 해 주실지도 모른다"(6:5)는 예측은 이루어졌을 것이다.

3. 젖먹이 새끼가 있는 암소 두 마리가 법궤를 실은 수레를 끌고 곧장 벳세메쉬*로 가서 법궤가 본래 있던 자리까지 가서 멈추었다는 것은 큰 기적 중의 기적이다. 그 소를 모는 사람도 없고, 젖이 불어오면 본능적으로 새끼 생각이 간절한데, 그 소들이 발걸음을 되돌려 새끼들이 있는 곳을 가지 않고 일사천리 벳세메쉬*로, 그것도 여호수아 벌판으로 직행하여 바로 거기서 멎었다는 것은, 결코 우연이 아니고 야훼께서 하신 일임을 말해준다.

블레셋 사람들이 이스라엘은 이겼으나 전능자 야훼에게는 판정패를 당하는 순간이었다. 하나님만이 블레셋에게 그런 끔찍한 재난을 내리실 수 있었고, 암소 두 마리가 주인도 없는 수레를 몰고 법궤의 본고장까지 운반하고 제물로 바쳐졌다는 것은 하나님만이 하실 수 있는 일이었다.

4. 야훼의 법궤가 돌아옴으로써 이스라엘의 사기가 올랐을 것은 물론이고 그들에게 자성의 기회를 만들어 준 것도 분명하다. 법궤가 되돌아옴으로써 적어도 그들은 신앙의 거점을 되찾는 동시에 덤으로 많은 금 덩어리들을 받음으로 약간이지만 물질적인 손해를 만회하고 도움을 받을 수 있었을 것이다. 야훼께서는 상상 외로 은혜를 베푸시고 풍성함을 주시기도 하신다.

법궤를 키르얏여아림*으로 옮기다(삼상 6:19-7:2)

해설

벳세메쉬* 주민들은 야훼의 법궤가 자기 동네로 돌아온 것을 대대적으로 환영하였지만, 주민들 가운데서 여고냐의 후손들은 기뻐하지 않았다.[1] 그래서 야훼께서는 그들 중 70명을 죽이셨다(그런데 히브리어 원문에는 5만명을 죽이셨다는 말이 첨가되어 있다).

야훼께서 그런 큰 도륙을 하신 일을 놓고 시민들은 애도했다. 시민들은 "누가 감히 이 거룩하신 하나님 야훼 앞에 설 수 있겠는가? 우리가 그를 벗어나려면 그를 어디로 보내드려야 하겠는가?"라고 하면서, 키르얏여아림*으로 사람을 보내어 "블레셋 사람들이 야훼의 법궤를 돌려보냈으니, 이리로 내려와서 그것을 당신들이 가져가시오!"라고 전했다.

---

[1] 이는 헬라어 구약 성경 칠십인역을 따른 것이다. 칠십인역을 받아들인 NRSV에서는 사무엘상 6장 19절 앞부분을 다음과 같이 번역했다. "벳세메스 사람들이 야훼의 궤를 환영했을 때 여고냐의 자손들은 그들과 함께 기뻐하지 않았다. 그리하여 그가 그들 가운데 70명을 죽이셨다(The descendants of Jeconiah did not rejoice with the people of Beth-shemesh when they greeted the ark of the LORD; and he killed seventy men of them)."

그러자 키르얏여아림* 사람들이 와서 야훼의 법궤를 가져다가 산지에 있는 아비나답의 집으로 가져가서 아비나답의 아들 엘아잘*을 성별하여 야훼의 궤를 책임지고 돌보게 했다. 그 날부터 약 20년간 법궤가 키르얏여아림*에 머물렀다. 마침내 다윗이 그것을 예루살렘으로 모셔 갈 때까지 거기 있었다. 그 동안 이스라엘 모든 백성은 우여곡절을 겪으면서 야훼를 향하여 통탄하며 살았다.

교훈

1. 야훼의 법궤를 모시고 사는 생활을 기뻐하는 사람이 있는가 하면, 그것을 싫어하는 사람도 있다. 여고냐라는 사람의 자손들은 후자에 속하였고, 그들은 하나님의 징계를 받아 많은 사람이 죽임을 당했다. 하나님과 그의 말씀을 사모하고 반기는 생활과 그 반대의 경우가 있는데, 하나님은 단적으로 전자를 기뻐하신다는 사실을 이 사건이 말해 준다.

2. 야훼 하나님과 그의 말씀을 진심으로 모시고 사는 삶이 그 반대의 삶을 능가하고 이기고 극복하여야 하는데, 벳세메쉬* 주민들은 여고냐 후손들이 징계 당하는 것을 보고 무서워서 법궤를 자기들에게서 제거하려는 운동을 하였고, 마침내 다른 동네로 떠넘겼다. 생명이시며 축복의 근원이신 야훼 하나님과 그의 말씀을 자기들이 받아 그 행복을 향유하는 지혜가 있어야 할 터인데, 벳세메쉬* 사람들은 어리석게도 그것을 스스로 마다하고 남에게 넘기고 만 것이다.

3. 키르얏여아림* 사람들은 20년 동안 야훼의 법궤를 자기들 가운데 정중히 그리고 올바른 절차와 격식을 가지고 모셨다. 야훼께서는 그들에게 복이 되었을 뿐 손해를 주시지 않았다.

4. 야훼의 법궤를 보다 더 정중히 모시려면 지정된 하나님의 성막 지성소에 안치해야 한다. 하나님의 집을 제대로 지어 법궤를 모실 수 있어야 하는데, 이스라엘의 역사적 현실은 그렇지 못했다. 이런 상태가 정상이 아님을 깨닫고 탄식하는 심정을 가진다는 것이 매우 중요하다. 마침내 다윗 왕에 이르러 그 탄식에서 벗어나 하나님의 법궤를 예루살렘 성소로 옮길 수 있었다. 거기에 하나님이 내리시는 복의 근원이 있다.

5. 야훼의 법궤가 이스라엘 백성의 땅 경내에 있다는 것만으로는 문제가 해결되지 않았다. 많은 문제가 꼬리를 물고 일어나고, 그것들이 해결되지 않았다. 그러나 야훼를 향하여 탄원을 하는 삶이 있었다는 사실은 희망적이다. 자비로우신 하나님은 당신의 백성의 탄식을 흘려들으시지 않기 때문이다. 해결의 실마리는 언제나 하나님에게 있다. 이제 하나님은 사무엘이라는 인물을 통하여 새로운 일을 시작하신다.

사사 사무엘(삼상 7:3-17)

해설

야훼의 법궤가 이스라엘 사람들의 땅에 돌아와 있었지만, 계속되는 블레셋 사람들의 침노와 약탈과 압박을 면할 길이 없었다. 그래서 이스라엘 사람들은 20년 동안이나 계속 야훼께 탄원하며 살았다. 하나님께서 이스라엘의 탄원을 들으시고 사무엘을 사사로 세워주셨다. 사사 사무엘은 이스라엘 온 백성에게 "당신들이 진심으로 야훼께 돌아온다면, 그것을 행동으로 나타내어야 합니다. 우선 당신들 가운데 있는 이방 신들과 아세라 목상들을 없애야 합니다. 다음으로는 당신들의 마음이 야훼를 향하고 그만을 섬겨야 합니다. 그렇게 하면 야훼께서 당신들을 블레셋 사람들의 손에서 건져내실 것입니다."(신명기 역사가들이 간추린 원리에 부합하는 원칙을 말한 것이다)라고 일렀다. 이스라엘 백성은 사사 사무엘의 말을 따라 바알과 아세라 목상들을 없애고 야훼만을 섬겼다.

사무엘은 백성더러 미츠파*로 모이라고 하여 거기서 백성을 위하여 야훼께 기도할 참이라고 하였다. 백성이 역시 그의 명령에 순종하고 미츠파*에 모였다. 그들이 물을 길어다가 야훼 앞에 부었다. 그리고 금식을 하면서 "우리가 야훼께 죄를 지었습니다."라고 자백했다.

사무엘은 미츠파*에 거류하면서 이스라엘 백성의 사사 일을 보았다. 즉 그들의 사건들을 재판하면서 그들을 다스리고 인도한 것이다.

이스라엘 사람들을 계속 괴롭혀 온 블레셋 사람들은 미츠파*에 일어나는 심상치 않은 상황을 전해 듣자, 영주들이 힘을 합하여 이스라엘을 공격하려고 올라갔다. 이스라엘 사람들은 블레셋 사람들이 침공하려고 올라오고 있다는 말을 듣고 두려움에 사로잡혔다. 그러나 사사 사무엘에 대한 그들의 신임이 두터웠다. 그래서 그들은 사무엘더러 야훼 하나님께 쉬지 말고 기도하여 자기들을 원수들의 손에서 구출되게 해달라고 애원했다. 사무엘은 젖먹이 어린양 하나를 야훼께 번제로 드리며 야훼께 부르짖었다. 아마도 그 당시의 형편이 어린양 한 마리를 번제로 드릴 정도의 경제력 밖에 되지 않았던 것으로 보인다. 그리고 아직도 젖을 먹어야 하는 어린양을 떼어서 제사를 드린다는 것은 그들의 제사의 애절함을 말하는 것인지도 모른다.

사무엘이 제사를 드리는 순간 블레셋 사람들은 이스라엘을 치려고 접근하는 중이었다. 하나님은 블레셋 사람들을 향하여 요란한 천둥소리를 내었다. 이는 이스라엘 백성에게는 들리지 않고 적군만이 듣도록 한 기적적인 굉음을 의미한다. 블레셋 사람들은 그 천둥소리에 혼비백

산 정신을 잃고 달아나기 시작했다. 이스라엘 사람들은 미츠파*에서 나가 패주하는 블레셋 사람들을 추격하여 벳칼*이라는 곳을 지나서까기 내려가면서 그들을 무찔렀다.

사무엘은 블레셋 군대를 물리친 후에 미츠파*와 예샤나2) 사이에 돌 하나를 세우고 그것을 에벤에셀이라고 불렀다. "이렇게3) 야훼께서 우리를 도와주셨다."고 하면서 세운 돌이다. 이렇게 해서 블레셋 사람들을 제압하였기 때문에 그들이 얼마 동안 이스라엘 영토를 침범하지 못했다. 그리고 에크론*에서 갓*까지에 있는 도시들이 다 이스라엘에게 반환되었다. 그뿐 아니라 다른 본토인들 곧 아모리 족들과도 화친한 관계를 맺게 됐다.

사무엘은 늙어 죽을 때까지 이스라엘의 사사로 활동했다. 그는 미츠파*에만 머문 것이 아니라 벧엘과 길갈과 미츠파*에 일 년에 한 번씩 순회하면서 집무했다. 그리고 그의 고향인 라마도 종종 방문하여 거기서 이스라엘을 공의롭게 다스렸고 야훼를 위하여 거기에 제단도 하나 쌓았다.

교훈

1. 이스라엘이 야훼께 탄원하며 회개하자, 야훼께서는 사무엘을 사사로 세우시고 그들의 기도를 들어주셨다. 회개하고 야훼께 돌아온다는 것이 이론이나 생각으로 그쳐서는 안 된다. 행동을 고쳐야 한다. 이스라엘이 하나님을 배신하고 떠나 이방 신들을 섬겼으므로 구체적으로 그들이 섬기던 바알과 아세라를 버리고 오직 야훼만을 섬겨야 한다. 사무엘은 그 원칙을 백성에게 바로 가르쳤다. 지도자는 혼란한 생각과

---

2) 개역성경 사무엘상 7장 12절에는 '센'으로 되어 있다. 여기서는 헬라어 구약 성경과 시리아어 구약성경을 참고했다.

3) 개역성경 사무엘상 7장 12절에서는 '여기까지'로 옮겼다.

행동 속에서 갈팡질팡하는 백성에게 선명하게 행동 원리를 제시하여 선도할 책임이 있다. 사무엘은 그렇게 한 훌륭한 지도자였다.

2. 이스라엘 백성이 그들의 과거의 그릇된 생각과 행동을 청산하고 새 출발을 하게 하려고 사무엘은 미츠파*로 백성을 소집하고 거기서 기도회를 열었다. 즉 단합대회를 마련한 셈이다. 물을 길어다가 야훼 앞에 부었다고 하는 것으로 보면, 거기서 야훼께 기름진 제사를 거나하게 드릴 형편이 아니었던 모양이다. 제물의 질이나 다과가 문제가 아니다. 정성이 문제이다. 이스라엘 백성은 금식하면서 합심하여 기도한 것이다. 소탈하지만 지성을 다한 기도와 예배를 하나님은 받으신다. 미츠파*의 예배 정신에 입각하여 사사 사무엘은 그의 직책을 수행했다. 백성은 백성의 위치에서, 지도자는 지도자의 위치에서 정로를 걷는 것이 순리이며, 이를 하나님은 원하신다.

3. 호사다마라고 의인들이 잘 되는 것을 보고만 있지 않은 악의 세력은 떼를 지어 의인들을 공격해 온다. 미츠파*에 모인 이스라엘 백성의 성회와 그들의 결의와 결속을 전해들은 블레셋 영주들은 이스라엘을 공격하기로 다시 계획했다. 그 소문을 들은 이스라엘 백성은 겁을 먹을 수밖에 없었다. 과거에 그들의 공격을 받아 여러 번 패전하였고, 그들의 행패를 잘 알고 있기 때문이었을 것이다. 이런 상황에서 이스라엘 백성은 과거와는 달리 흐트러진 마음을 다잡고 야훼에 대한 믿음을 가지고 사무엘에게로 가서 기도를 부탁했다. 하나님께서 자기들을 블레셋의 손에서 구출해 주기를 간구해달라고 청한 것이다. 그런 백성을 보는 사무엘의 마음이 흐뭇했을 것이다. 사무엘은 이제 제사장의 자격으로 아직 어미젖을 먹는 어린 양 한 마리를 가지고 야훼께 통째로 번제를 드리며 하나님께 호소했다. 하나님은 사무엘의 제사와 기도를 들으셨다. 야훼께서 이스라엘과 사무엘의 기도를 응답하시는 방법은 놀

라왔다. 의기양양하여 이스라엘을 공격하려고 산지로 올라오는 블레셋 사람들이 놀라서 정신을 잃을 정도로 큰 천둥소리를 발하신 것이다. 같은 소리를 이스라엘 사람들이 들었다면 그들도 그만큼 놀라지 않았겠는가? 그런데 사실인즉 이스라엘 사람들은 놀라지 않았고, 혼비백산 도망치기에 바쁜 적군을 쫓아가면서 도륙했다. 하나님은 의인의 기도를 들어주신다. 기묘한 방법으로 의인의 기도를 들으셔서 원수를 무찔러 의인에게 승리를 안겨주신다.

4. 사무엘은 승전 기념비를 세우고 에벤에셀이라고 명명했다. 곧 하나님이 도우심으로 승리했다는 표이다. 사람의 힘이나 무력이나 군비로 이긴 것이 아니라 하나님의 도우심 때문에 승리했다는 사실을 대대로 알고 전하게 하려는 것이다.

5. 사무엘이 사사로 있는 동안은 블레셋 사람들이 다시 침공하는 일이 없었다. 그것은 인간 사무엘의 힘이 아니라, 사무엘이 믿는 야훼 하나님이 이스라엘의 원수를 대항하여 싸워주셨기 때문이다. 그리고 과거에 원수들에게 빼앗겼던 영토를 다 환수할 수 있었다. 그리고 기타의 원수들도 이스라엘을 두려워하며 화친을 도모하였다.
참된 지도자가 있을 때, 곧 야훼를 바로 믿고 섬기는 지도자 밑에서는 만사형통의 복을 받게 된다.

6. 사사 사무엘은 한 곳에 가만히 앉아서 부하들의 보고나 받는 게으른 지도자가 아니었다. 지방을 다 돌아다닐 수는 없어도, 행정적으로 중요한 곳들을 해마다 순찰하면서 움직이는 통치를 했다. 그렇다고 자기 고향을 도외시하거나 방관하는 것도 아니었다.
어쨌든 지도자는 그의 관할 지역 전체 지역과 인민에 평등하게 관심을 두고, 모두에게 혜택이 가는 정치를 해야 하는 것이다.

이스라엘이 왕정(王政)을 요구하다(삼상 8:1-18)

해설

사무엘이 이스라엘의 사사로서 늙도록 라마에서 다스렸는데, 어떤 이유에서였는지 몰라도 그의 두 아들을 세습적으로 사사로 세워서 남부 지방 브엘세바*를 다스리게 했다. 첫째는 요엘이고 둘째는 아비야였다. 그들은 그들의 아비 사무엘의 선정(善政)의 길을 따르지 않고 빗나가 뇌물을 받는 등으로 치부(致富)하였고 공의를 벗어나게 행동했다.

이스라엘 장로들이 대거 라마에 있는 사무엘을 찾아와서 "어르신은 이미 늙었고, 어르신의 아들들은 어르신이 가는 길을 걷지 않으니, 다른 나라들처럼 왕을 세워서 우리를 다르시게 해주십시오!"라고 말했다. 그러나 신정(神政)에 일생을 바쳐 거기에 익숙하고 그것을 하나님의 뜻으로 믿고 있는 사무엘에게는 장로들의 청원이 불쾌했다. 사무엘은 야훼께 기도하였다.

야훼께서는 이스라엘 백성의 마음을 알고 계셨다. 그들은 이미 야훼를 왕으로 여기지 않는 상태에 이른 것이었다. 그래서 사무엘더러 백성의 요청을 들어주라고 하셨다. 즉 백성들이 사무엘을 무시하는 것은 물론이고 하나님을 거부하는 것이라고 하시면서도 백성의 고집을 꺾을 수 없음을 내다보신 것이다. 이스라엘 백성은 애굽에서 구출된 이래 지금까지 하나님을 버리고 다른 신들을 섬김으로써 하나님을 실망시킨 것처럼 사무엘에게도 실망을 주고 있다고 하시며, 이렇게 된 이상 그들의 청원을 들어주되 그들에게 단단히 경고 하고, 그들을 다스리게 될 왕이 어떤 짓을 할 것이라는 것을 그들에게 일러주라고 하셨다.

그래서 사무엘은 왕을 세워달라고 하는 백성에게 야훼의 말씀을 다음과 같이 전해 주었다. 즉 왕은 백성의 아들들을 데려다가 자기의 병거들을 몰게 하고, 자기의 마부가 되게 하고, 병거 앞에서 달리게 할 것이다. 왕은 자기 자신을 위하여 그들을 천부장이나 오십부장으로 삼을 것이며, 어떤 사람은 왕의 땅을 갈고 곡식을 거두게 할 것이며, 전쟁 도구와 병거 도구로 삼을 것이다. 왕은 백성의 딸들을 데려다가 향유를 만드는 직공과 식모와 빵 굽는 사람으로 만들 것이다. 왕은 백성의 가장 좋은 밭과 포도원과 올리브 밭을 빼앗아 자기의 조신(朝臣)들에게 주고, 백성이 수확한 곡식과 포도원 소산의 10분의 1을 빼앗아 자기의 조신과 관리들에게 줄 것이다. 왕은 백성의 남종과 여종들과 가장 좋은 가축과 나귀들을 빼앗아 자기 일을 시킬 것이다. 왕은 백성의 우양의 10분의 1을 빼앗고, 백성은 왕의 노예들이 될 것이다. 왕이 생기는 날 백성은 그 왕 때문에, 즉 자기들을 위하여 뽑은 왕 때문에 울부짖게 될 것이고, 야훼께서는 백성의 아우성을 들어주시지 않을 것이다.

교훈

1. 사람은 늙으면 판단력이 흐려지고 노욕이 생길 수 있다. 부모가 출중하고 하나님과 사람들 앞에서 대과가 없고 존경을 받는다고 해서, 그의 자식들이 반드시 그 부모가 원하는 사람들이 되라는 법도 없다. 사무엘은 훌륭했지만 그의 아들들은 그렇지 못하였다. 사무엘은 그의 아들들이 못되게 구는 것을 알았을 것이다. 그런데도 그들을 이스라엘 땅의 한 부분의 사사를 삼음으로써 오히려 아비에게 욕이 돌아오는 결과를 가져왔다. 그런 일로 인해서 백성들이 왕정을 요구하는 구실에 보탬이 되었다고 생각된다. 사람이 죽는 순간까지 무흠하게 산다는 것이 그렇게도 어려운 것이다.

2. 사사 시대 말기의 국제, 사회, 정치, 경제 여러 면에서 볼 때, 하나의 두각을 나타내는 실력자나 독재자가 나타나서 그의 힘과 지혜로 민

족과 국가를 통일하고 통치하는 제도가 있었으면 좋겠다고 이스라엘 백성이 생각하게 된 것은 자연스러운 일이다. 그러나 지금까지 야훼께 인도 받고 야훼께서 주신 복을 누리며 살아온 이스라엘 백성이 그렇게 생각한다는 것은 이상한 일이며, 하나님의 마음을 상하게 하는 일이 아닐 수 없었다.

인간은 어리석어서, 남의 떡이 더 커 보이게 마련이다. 안 해 본 것을 자기도 해보고 싶은 호기심도 있다. 야훼 신앙이 흐려진 이스라엘이 이방 국가들이 가진 제도를 가지고 싶었던 것은 당연한 일이었다. 이미 신앙을 잃고 왕정을 선호하는 쪽으로 기울어 돌이킬 수 없는 지경에 이른 이스라엘에게 하나님은 "한 번 할 테면 해 보라!"는 식으로 왕정을 허용하는 방향으로 사무엘을 인도하셨다. 어리석은 인간은 선악을 아는 나무 열매를 따 먹어본 다음에야 비로소 하나님의 의도를 깨닫는 것이다.

3. 세습적으로 한 집안이 왕권을 가진다는 것은 부패의 소지가 너무도 많은 제도임을 과거의 역사가 잘 증명해주고 있다. 과거의 군주제도가 오늘까지 지속된 것이 어디 있는가? 있다면 그것은 박물관의 유물로서 구경거리에 불과하다. 하나님의 백성은 역사의 주인이신 하나님을 왕으로 모시고 그의 법을 준수하는 나라 곧 하나님의 왕국을 이상으로 삼아야 한다. 통치자가 없을 수 없지만 그들도 하나님께 복종하고 하나님의 신하인 자리에서 하나님의 백성을 섬기는 체제가 된다면 그것이 이상적이고 하나님이 원하시는 일이다. 교회가 그런 체제의 모범이 되어야 할 것이다.

4. 왕도 인간이고 욕심과 죄가 있는 존재이므로 욕심을 부리고 자기 이익을 위하여 통치하게 된다. 결국 불공평하고 불의가 자행될 수밖에

없다. 하나님은 그것을 아시기에 군주체제를 좋지 않게 보셨고, 하나님의 사람이라면 으레 하나님 편이 되어야 할 것이다. 그러나 이스라엘 백성은 하나님의 뜻을 마다하고 고집스럽게 왕정을 요구했다. 하나님은 고집하는 인간이라고 해서 그들을 방치하실 수가 없었다. 고삐를 풀어주어 그 악한 제도의 손실과 해가 어떻다는 것을 체험하게 하신다. 어리석은 인간이 뒤늦게라도 하나님의 진의를 깨닫기를 바라신다.

왕정 요구를 들어주시다 (삼상 8:19-22)

해설

사무엘을 통하여 주신 하나님의 경고를 이스라엘은 들으려고 하지 않았다. 자기들에게 군림하더라도 왕은 꼭 있어야 하겠다고 고집한 것이다. 주변의 이방 나라들과 같아지고 싶다는 것이었다. 왕이 자기들을 다스릴 뿐만 아니라 전쟁에서 선봉이 되어 싸워 줄 왕이 꼭 있어야 하겠다는 것이었다. 사무엘은 백성의 완강한 요구를 들었을 때, 행여나 하는 마음으로 또 한 번 하나님의 경고의 말씀을 되풀이해 들려주었다. 그러나 그들의 마음을 요지부동이었다. 마침내 하나님은 사무엘에게 말씀하셨다. 백성의 요구를 들어 왕을 세워주라는 것이었다. 그래서 사무엘도 마지못해 허락하였다.

교훈

1. 이스라엘 백성은 사무엘을 통하여 하나님이 들려주신 경고의 말씀을 두 번이나 거부하고 자기들의 인간적인 계획과 생각을 고집했다. 사람의 눈에 좋아 보이고 먹음직한 선악과를 따먹은 아담과 하와처럼

이스라엘은 자기들 생각에 옳아 보이고 좋아 보이는 것을 택했다. 하나님이 말리시는 데는 그만한 이유가 있고 근거가 있는데, 하나님의 뜻에 복종하고 그 뜻을 알아보려는 생각은 하지 않고 경솔하게 자기들의 초라한 생각을 고집한 것은 참으로 어리석은 짓이었다.

2. 진리를 깨닫는 것은 매우 어려운 법이다. 진리는 오랜 세월에 걸쳐 경험하며 체험을 통해서 조금씩 깨달을 수 있다. 하나님은 어쩔 수 없이 이스라엘의 요구를 들어주기로 하셨다. 그들의 요구가 옳아서가 아니라 그들이 스스로 진리를 깨닫기 위해서는 어쩔 수 없이 어떤 과정이 필요하기에 뻔히 그들의 앞날의 재난과 고통을 예견하시면서도 그 요구를 허락하신 것이다. 우리들의 간구가 참으로 하나님의 뜻에 맞은 것인가를 살펴보아야 할 것이다. 너무도 고집스럽기 때문에 하나님이 마지못해 허락하신 것인가를 깨닫는 지혜가 있어야 하지 않을까?

사울이 왕으로 뽑히다(삼상 9:1-10:8)

해설

벤야민* 지파 사람 중에 키쉬*라는 부자가 있었고 그에게 사울이라는 아들이 있었는데, 그는 아주 미남이었고 그 키가 다른 사람들보다 훨씬 커서 보통 사람의 머리 꼭대기가 그의 어깨에 닿을 정도였다.

그런데 키쉬*의 나귀 몇 마리가 행방불명이 되었기 때문에 키쉬*는 아들 사울더러 시종 한 사람을 데리고서 그 나귀들을 찾아오라고 지시했다. 그래서 사울과 그의 종은 나귀를 찾아 나섰다. 에브라임 산지를 뒤지고 살리사 지방을 뒤졌지만 찾지 못했다. 그래서 샤알림*과 벤야민* 땅을 온통 헤맸지만 허사였다.

  그들이 추프* 땅에 이르렀을 때 사울이 종에게 제안했다. "집으로 돌아가자! 이제는 아버지가 나귀 걱정은 그만 두고 우리를 걱정하겠다." 그러자 그 종은 "이 동네에 사람들에게 존경을 받는 하나님의 사람이 한 분 계십니다. 그분이 말하는 것은 무엇이든지 그대로 됩니다. 지금 우리가 그리로 가면 아마도 우리가 목적하고 떠난 여행에 대해서 어떤 해결책을 말씀해 주실 지도 모릅니다."라고 말했다.

  사울은 그 말을 반기면서 "우리가 그에게로 간다면, 무언가 그 분에게 드릴 것이 있어야 하지 않겠느냐? 우리 자루에는 남은 빵이 없고, 우리가 가지고 갈 것이 아무 것도 없지 않느냐?"라고 하자, 그 종은 "여기에 은 반 세겔이 있으니, 그 것을 하나님의 사람에게 드리고 우리가 갈 길을 말해 달라고 합시다."라고 제안했다. 그러자 사울은 좋게 생각하며 그 종과 함께 그 하나님의 사람이 있는 마을로 향하였다.

  사울은 산에 있는 그 마을을 향해 올라가다가 물을 길러 나오는 소녀들을 만나 "그 선견자가 어디 있습니까?"라고 물었다. 그러자 그들이 다음과 같이 알려 주었다. "그 분이 당신들 바로 앞에 가고 계시니, 서두르십시오! 백성들이 오늘 신당에서 제사를 드려야 하기 때문에 그 분이 방금 이 마을에 오신 것입니다. 당신들이 동네로 들어서자마자, 그 분이 제사음식을 잡수시려고 신당에서 도착하시기 전에 그를 만날 것입니다. 그분이 와서 제물에 축복하기 전에는 백성이 먹지 않습니다. 이제 올라가면 곧 그분을 만날 것입니다." 그래서 사울과 그의 종이 올라가 동네로 들어가니, 신당을 향해서 가고 있는 사울을 볼 수 있었다.

  사울이 거기에 나타나기 전 날이었다. 야훼께서 사무엘에게 나타나 말씀하셨다. "내일 이맘 때 내가 벤야민* 땅에서 오는 사람을 너에게 보내겠다. 너는 그에게 기름을 부어 나의 백성 이스라엘의 통치자를 삼아라. 그가 나의 백성을 블레셋 사람들의 손에서 구출할 것이다. 내가 내 백성의 울부짖음을 들어서, 그들의 수난을 알고 있다."

사무엘이 사울을 보자마자, 야훼께서 사무엘에게 "내가 네게 말한 그 사람이 여기 있다. 그가 바로 내 백성을 다스릴 사람이다."라고 말씀하셨다.

그러자 사울이 성문 안에서 사무엘에게 접근했다. 그리고 사무엘에게 "청컨대 그 선견자의 집이 어딘지 말해주십시오!"라고 말을 걸었다. 그러자 사무엘이 사울에게 대답했다. "내가 그 선견자요. 내 앞에서서 신당으로 올라가십시오! 오늘 당신이 나와 함께 식사를 하겠고 내일 내가 당신을 보내드릴 것이며 당신이 생각하는 바를 다 말해드리겠소. 사흘 전에 잃어버린 당신의 나귀들에 관해서는 그것들을 이미 찾았으니 더는 괘념치 마시오! 이스라엘의 모든 염원이 당신과 당신의 모든 선조의 가정에 쏠려 있소."

그러자 사울은 "나는 이스라엘의 가장 작은 지파인 벤야민* 지파의 한 사람에 불과합니다. 나의 가정은 벤야민* 지파 가문들 가운데서도 가장 비천한 가정입니다. 그런데 어째서 그런 말씀을 저에게 하십니까?"라고 하면서 황송해 했다.

사무엘은 사울과 그의 종을 데리고 신당의 방으로 들어가 초대받은 약 30명 중에서 맨 윗 자리를 그들에게 주었다. 그리고는 음식 만드는 사람에게 "내가 당신에 준 그 부분, 곧 따로 떼어놓으라고 이른 그 것을 가져오시오!"라고 명령했다.

그러자 그가 넓적다리와 거기 딸린 것을 집어가지고 사울 앞에 놓았다. 사무엘은 사울에게, "보십시오! 당신을 위하여 떼 놓았던 것입니다. 그것이 정한 시간에 당신 앞에 놓였고, 손님들과 함께 먹도록 한 것이니 어서 잡수십시오!"라고 말했다.

이렇게 해서 사울은 사무엘과 함께 그 날을 지냈다. 그리고 그들이 그 신당에서 마을로 내려오자 옥상에다 사울을 위하여 침상을 마련해 놓았고, 사울이 거기에 누워 잤다.

그리고 아침 미명에 사무엘이 옥상에 있는 사울에게, "일어나시오. 당신이 갈 길로 보내 드리겠습니다." 라고 말하였다. 사울이 일어나 사무엘과 함께 거리로 나갔다.

그들이 마을을 내려와 변두리에 이르렀을 때 사무엘이 사울에게, "저 소년을 우리보다 앞서 보내십시오! 그가 우리를 지나 앞으로 간 다음에, 잠깐만 당신은 멈추어 서시오! 그러면 내가 하나님의 말씀을 당신에게 알려드리겠습니다."라고 말했다.

사무엘이 병에 준비해 두었던 기름을 사울의 머리에 쏟아 붓고 사울에게 다음과 같이 말했다.

"야훼께서 당신을 그의 백성 이스라엘의 통치자를 삼으시려고 기름을 부으셨습니다. 당신은 야훼의 백성을 다스릴 것이며 주변에 있는 그들의 원수들의 손에서 그들을 구출하실 것입니다.

야훼께서 당신에게 기름을 부어 그의 기업이신 이스라엘의 통치자가 되게 하셨다는 표지는 이것입니다. 당신이 오늘 나를 떠나 가다가 벤야민* 영토인 첼차*에 있는 라헬의 무덤가에서 두 사람을 만날 것입니다. 그리고 그들이 당신에게 '당신이 찾으러 오신 그 나귀들은 찾았습니다. 당신의 아버지는 이제 그 짐승들 걱정은 접고, 자기 아들이 어찌 됐나 하며 당신들을 걱정하고 있습니다.'라고 말할 것입니다.

그 다음에는 당신이 거기서 좀 더 가서 타볼*의 상수리나무에 다다를 될 것입니다. 거기서 당신은 벧엘에 계시는 하나님께로 올라가는 사람 셋을 만날 것입니다. 그 중 하나는 새끼 염소 세 마리를 끌고 오고, 또 하나는 빵 세 덩이를 들고 오며, 또 한 사람은 포도주 한 부대를 가지고 올 것입니다. 그들이 당신에게 인사를 하고 빵 두 덩이를 줄 것이니 그것들을 받으십시오!

그 후에 블레셋 수비대가 있는 기브앗엘로힘4)에 이를 것이며, 그 마

---

4) 개역성경 사무엘상 10장 5절에서는 '하나님의 산'으로 옮겼다.

을에 오는 도중에 거문고와 탬버린과 퉁소5)와 수금을 타는 사람들과
함께 신당에서 내려오는 열광적인 예언자 무리를 만나게 될 것입니다.
그 때에 야훼의 영이 당신을 사로잡아, 당신은 그들과 함께 열광적인
예언자가 되고 하나의 다른 인간이 될 것입니다.

　이런 표지들이 당신에게 나타나면, 하나님이 당신과 같이 계시므로,
당신이 알맞다고 보이는 일을 무엇이든지 하십시오! 그리고는 나보다
앞서서 길갈로 내려가십시오! 그 다음에 내가 당신에게 내려가서 번제
와 화목제를 드리겠습니다. 내가 당신에게 내려가서 당신이 할 일을 보
여주기까지 이레를 기다려야 할 것입니다.”

교훈

　1. 하나님은 이스라엘의 가장 작은 지파의 가장 보잘것없는 집안에
서 이스라엘의 초대 왕을 고르셨다. 하나님은 인간의 외적 조건을 전제
로 하여 사람을 택하시지 않는다. 그리스도 안에서 사람이 구원을 얻는
것은 외모나 인간적인 조건에 좌우되는 것이 아니다. 하나님의 선하신
뜻과 그의 은총의 소치이다.

　2. 사울은 키가 남들보다 훨씬 크고 외모가 빼어나게 잘생겼고 힘이
무척 센 장수였다. 즉 많은 사람의 우두머리가 될 만한 외적이 조건들
을 갖추었다고 볼 수 있다. 이스라엘 사람들이 인간적인 견지에서 그들
의 지도자가 될 만 하다고 생각할 수 있는 인물이었다. 그래서 하나님
은 그를 점지하시고 왕으로 허락하셨던 것이다. 하나님은 또 그에게 영
력 곧 카리스마를 주서서 왕이 되게 하셨다. 그러나 그의 외모의 준수
함과 그의 완력과 그에게 덧붙여주신 영력이 그를 훌륭한 왕이 되게 한

---

5) ‘탬버린’과 ‘퉁소’를 개역성경 사무엘상 10장 5절에서는 각각 ‘소고’와 ‘저’로
옮겼다.

것이 아니었다. 사울은 결국 하나님을 배반하는 사람으로 실패하고 만다. 끝까지 하나님을 의지하고 복종하지 않는다면 사람의 외적인 조건도 그의 첫 신앙도 소명도 무효가 되고 자멸을 초래하게 된다.

3. 하나님이 사울을 이스라엘의 왕으로 삼기 위해 그에게 보여주신 표징들은 그로 하여금 두고두고 감격하고 잊을 수 없게 하는 신기하고 기묘한 것들이었다. 즉 아버지의 잃어버린 나귀들을 찾는 과정과 하나님의 사람 사무엘을 만나는 일과 그를 통하여 경험한 여러 가지 신비한 체험들에 비추어 볼 때, 사울은 매사에 하나님만 의지하고 그의 섭리와 인도를 바랐어야 했다. 즉 하나님께서 사울을 뽑으실 때 하나님 편에서 하실 수 있는 일을 다 하시고 넘치게 해 주셨으므로, 사울이 몰라서 그랬다는 식으로 핑계를 댈 수가 없는 것이다.

어리석은 인간은 잊어서는 안 될 하나님의 능력과 사랑을 잊고 배반하기가 일수이다. 애굽에서 구출된 이스라엘이 그 능력의 하나님을 배반할 수 없는 것인데도 하나님 배반하기를 식은 밥 먹듯 하지 않았는가? 하나님께 잘못이 있는 것이 아니라, 언제나 인간에게 그 책임이 있다.

4. 사무엘은 이스라엘 백성이 바라는 군주정치를 반대했지만 하나님의 뜻을 받들어 허용하기로 하고 하나님의 지시와 인도를 따라 사울에게 기름을 붓고 그를 왕으로 삼는 작업을 수행함으로 하나님께 순종하였다. 하나님의 명령이기에 내키지 않는 일이지만 순종하는 하나님의 사람 사무엘의 겸손과 책임수행은 매우 아름답고 본받을 만하다. 자기 생각에 옳지 않아 보여도, 하나님이 하라고 하는 일을 무엇이든지 수행하는 것이 인간의 도리이다.

5. 하나님은 사무엘을 통하여 사울의 앞날을 보여주시며 그가 해야할 일을 세밀하게 일러주셨다. 하나님의 영을 받아 예언 활동을 하게

될 것과, 사무엘이 그의 제사장으로서 그에게 할 일과 그 기간 등을 밝히 말해 주었다.

그런데 사울은 과연 얼마나 사무엘을 통한 하나님의 지시와 명령을 복종하였는가? 하나님의 선택과 은총에 대한 인간의 반응이 문제이다. 하나님은 성령을 통하여 우리를 개종시키고 하나님의 일감을 맡기시지만, 과연 우리가 하나님의 뜻에 부응하는 행동을 하는가가 문제이다. 믿음 생활의 책임이 나 자신에게 있다. 은총으로 다가오는 하나님의 구원을 내가 믿고 내 손을 내밀어 붙들어야 한다. 남이 대신 해 주는 것이 아니다.

사울이 예언하다(삼상 10:9-16)

해설

사무엘은 사울에 대한 임무를 마치고 사울을 떠났다. 사무엘이 예언한 대로 하나님은 사울에게 새로운 마음을 주셨고, 사울이 경험하리라고 사무엘이 예고한 바가 다 그대로 이루어졌다. 사울과 그의 하인이 기브아로 갈 때 사울은 예언자의 무리를 만났고, 하나님의 영이 사울에게 임하여 사울은 그들과 함께 광적으로 예언했다. 전부터 사울을 알고 있던 사람들은 그가 여러 예언자들과 함께 예언하는 것을 보고 "키쉬*의 아들에게 무슨 일이 생긴 거야? 사울도 예언자들 가운데 하나인가?"라고 서로 말했다. 그 고장 사람 하나는 "그 사람의 아버지가 누구야?"라고 물었다. 사울은 그렇게 광적으로 예언한 뒤에 집으로 돌아갔다.

돌아온 사울과 그의 종에게 사울의 숙부가 "너희들은 어디에 갔다왔느냐?"라고 물었다. "나귀들을 찾으러 갔는데, 아무래도 찾을 수가 없어서 사무엘에게 갔습니다."라고 대답했다. 그러자 사울의 숙부가

"사무엘이 너에게 뭐라고 하였는지 말해 보아라!"고 했다. 그래서 사울은 "나귀를 찾았다고 우리에게 말씀하셨습니다."라고 대답했다. 그러나 사무엘이 말한 왕권에 관해서는 아무 말도 하지 않았다.

교훈

1. 사무엘이 사울에게 한 약속은 그대로 이루어졌다. 즉 사울은 하나님이 보여주시는 모든 표징을 낱낱이 보고 체험함으로써 자기에 대한 하나님의 뜻과 자신의 비상한 운명과 사명을 느낄 수 있었을 것이다. 즉 하나님 편에서 하시려는 일은 하자 없이 이루어짐으로써, 장차 사울이 핑계를 댈 여지가 없게 된 것이다. 하나님 편에서 하실 일은 완전히 하신 셈이다. 문제는 사울이 이제 어떻게 처사하느냐에 있다.

2. 하나님은 이스라엘의 영도자인 사울에게 하나님의 영을 부어주심으로써 힘을 실어주셨다. 완력이나 인간적 수단이 아니라 하나님이 주시는 영으로 하나님의 뜻을 알아서 백성에게 전하는 예언자적 통치자가 되게 하셨다. 맥 빠진 예언이 아니라 열광적으로 예언 활동할 수 있는 능을 사울이 받은 것이다. 사울은 하나님이 주시는 새 마음과 하나님의 영을 받았으므로 계속 하나님의 영의 지배를 받았으면 얼마나 좋았을까! 우리들도 하나님의 영의 지배를 받으면서, 새로워지고 그 안에서 산다면 아무런 문제가 없을 것이다.

3. 사울이 그 당시의 사사요 예언자였던 사무엘에게로 간 것은 백번 잘한 일이었다. 우리가 스스로 해결할 수 없는 문제를 만났을 때 하나님의 사람을 찾아가 의논하고 그의 지시를 받는 것을 옳은 일이며 마땅한 일이다. 하나님이 한 시대의 지도자로 세우신 사람에게 백성이 지도를 받는 것은 당연하고 현명한 일이다. 사울이 사무엘을 찾아갔다는 것은 순리요 옳은 일이었다.

4. 사울은 자기가 사무엘에 의하여 왕으로 기름부음을 받은 사실을 우선은 감추고 있었다. 사무엘이 말한 대로 남은 절차가 있기 때문이었을 것이다. 사울은 그 점에서 신중한 사람이었고, 사무엘의 말을 순종한 사람이었다. 경솔하게, 아니 너무도 기뻐서 때가 되기도 전에 발설할 가능성이 있는 상황이었다. 그러나 사울은 그 비밀을 지킨 점에서 그런대로 어느 정도 신의가 있는 사람이었다고 보아야 할 것이다.

사울이 임금으로 선포되다(삼상 10:17-27a)

해설

사사 사무엘은 이스라엘 백성을 역사적인 장소(7:5-11) 미츠파*로 소집했다. 그것은 야훼 앞에 모이는 엄숙한 총회였다. 사무엘은 사울을 왕으로 선포하기에 앞서 야훼의 말씀이라고 하면서 하나님과 자기의 진의를 개진했다. 하나님께서 이스라엘을 애굽에서 구출하시고 이스라엘을 압박하는 애굽인들과 모든 나라들의 손에서 구출하셨는데도, 이스라엘은 그 모든 재난과 어려움에서 구원하신 하나님을 거절하고, "아닙니다. 우리에게 임금을 세워주시오!"라고 말한다고 하면서, 지파들과 문중들이 야훼 앞에서 이 문제를 해결하라고 일렀다. 즉 하나님 앞에서 제비를 뽑아 적당한 사람을 고르라는 것이었다. 하나님은 이미 사울을 점지하시고 사무엘을 통하여 사울에게 기름을 붓기까지 하셨지만, 사무엘은 하나님의 본뜻을 알기에, 반기를 들고 제비 뽑는 일을 통해서 하나님의 뜻을 확인하려는 것이었다.

백성이 제비를 뽑으니 우선 벤야민* 지파가 뽑혔다. 벤야민* 지파에 속한 문중을 세우고 또 제비를 뽑으니 마트리* 가문이 뽑혔고, 마트리* 가문의 남자들을 다 세우고 제비를 뽑으니 키쉬*의 아들 사울이 뽑했다. 하나님은 이렇게 신비하게 역사하여 당신의 계획을 관철하셨다.

그래도 사무엘과 백성은 다시 하나님의 뜻을 물었다. "그 사람이 여기에 왔습니까?" 아마도 우림과 둠밈을 가지고 가부를 물었을 것이다. 그 와중에 사울은 혼란을 느꼈을 것이다. 그는 짐짝들 틈에 숨어버렸다. 그러나 왕정을 찬성하는 사람들이 사울을 짐짝 틈에서 끌어내어 모셔다가 백성 한 가운데 세웠다. 과연 그의 키가 일반인보다 머리 하나가 더 컸다. 사무엘은 하나님의 뜻에 승복하고 온 백성에게 말했다. "야훼께서 택하신 이 사람을 보십니까? 온 백성 중에 이만한 사람이 없습니다." 그러자 백성은 소리를 높여, "왕 만세!"라고 고함을 질렀다.

이쯤 된 이상 사무엘은 백성을 선도하여 왕정의 권리와 의무를 말해 주어야만 했고, 말로 끝나는 것이 아니라 글로 적어 책을 만들어 야훼의 성소에 둠으로써 하나님과 백성이 변할 수 없게 맺은 계약으로 삼게 하였다. 이렇게 안전장치까지 한 다음에 백성을 해산시켰다.

그리고 사울도 기브아로 돌아갔다. 사울은 이제 왕이므로 하나님이 감동을 준 전사(戰士)들을 붙여 주어서 돌아가게 했다. 그러나 어떤 맹랑한 사람들은 사울을 비웃으며, "어떻게 이 사람이 우리를 구한단 말이냐?"라고 말하면서 사울을 깔보고 예물도 바치지 않았다. 그러나 사울은 침묵을 지켰다.

교훈

1. 사무엘은 충직한 하나님의 사람으로서 하나님의 본심을 알고 있었다. 이스라엘 백성이 하나님의 은혜와 능력을 잊어버리고 하나님을 배반하여 하나님 대신 인간 왕을 세워달라고 한 어리석음을 하나님이 통탄하고 계신다는 사실을 다시금 백성에게 알려 줌으로써 뒤늦게라도 깨달음을 주려고 시도한 것은 마땅한 일이다. 몰라서 그러는 사람에게 거듭 깨우침을 주는 것은 지도자의 책임이며 의무이다.

2. 그러나 이미 하나님은 차선책을 택하셨으므로, 즉 내키지 않는 일이지만 이스라엘 백성의 요구를 들어주기로 하셨으므로, 이미 내막적으로는 사무엘을 통하여 사울에게 기름을 부은 바 있지만, 백성이 스스로 선발하는 민주적 방식을 취하여 사울을 골라내게 하셨다. 신비한 방법으로 조정하셔서 사울이 뽑히도록 하신 것이다. 전능자 하나님께서 당신의 계획을 당신의 방법으로 이루시는 것이다.

3. 사무엘은 백성의 요구를 부당하게 생각하지만, 하나님의 방법과 뜻을 따르기로 하고 사울을 왕으로 삼는 일을 적극적으로 알선하였다. 차선책을 택한 바에는 그것이 가장 순탄하게 효과적으로 진행되도록 하는 것이 현명한 일이 아니겠는가? 하나님의 최선책을 어리석은 인간은 깨닫지 못하고, 자기들의 뜻을 고집한다. 하나님께서 그것이 차선책임을 아시면서도 허용하신 이상, 그것으로써 이루시려는 하나님의 뜻을 알아서 그것을 십분 활용하도록 노력하는 것이 현명한 일이다. 지도자 사무엘은 그런 슬기가 있는 사람이었다.

4. 말로 하는 것은 일회적이다. 그러나 글로 적어두는 것은 영구적이고 보다 더 확실하고 효과적이다. 사무엘이 백성들에게 구두로 왕정의 권리와 의무를 말해 주었을 뿐만 아니라 그것을 글로 적어 책을 만들어 성전에 둔 것은 하나님의 계획이 보다 더 영구적이고 확실성을 가지는데 큰 도움이 될 것이다. 말보다는 글의 힘이 더 크다. 무슨 일이든지, 보다 나은 길이나 최선의 길을 택해 해야 하는 것이다.

5. 사울에 대한 지지가 완전한 것은 아니었다. 즉 어떤 사람은 사울을 깔보고 동조하지 않았다. 어떻게 모두의 찬성을 받아낼 수 있겠는가? 몇 사람의 반대가 있다고 해서 낙심하거나 분노하거나 포기해서는 안 된다. 평화로운 마음을 가지고 하나님의 선도를 구해야 할 것이다.

사울이 암몬 사람들을 쳐부수다(삼상 10:27b-11:15)

해설

이즈음에 요단강 동쪽 암몬 왕국 북쪽에 영토를 분배받은 르우벤과 갓 지파 사람들은 암몬 왕 나하쉬*의 노략질과 거센 탄압에 시달리고 있었다. 나하쉬*는 이스라엘 사람들을 닥치는 대로 오른쪽 눈알을 빼버리는 행패를 부렸기 때문에, 요단 강 동쪽에서 두 눈을 가진 이스라엘 사람을 찾아볼 수 없을 정도가 되었다. 그런 지경인데도 누구 하나 이스라엘을 그 곤경에서 구출할 사람이 나서지 않고 있었던 것이다. 그러나 그 행패를 면하기 위해서, 그 두 지파 사람들 약 7000명이 암몬 사람들의 눈을 피하여, 북쪽 므낫세 지파의 땅 야베쉬길앗*으로 달아났다. 그리고 한 달이 지났다.6)

암몬 왕 나하쉬*는 북쪽으로 밀고 올라가 야베쉬길앗*을 포위했다. 그 때 야베쉬* 사람들은 나하쉬*에게 그를 섬기겠다는 조건으로 조약을 맺자고 제안했다. 그러나 나하쉬*는 조건을 붙였다. 즉 그들 모두의 오른쪽 눈을 파내어, 온 이스라엘에게 욕을 보일 수 있어야 한다는 것이었다. 그래서 야베쉬*의 장로들이 이레의 말미를 요구했다. 이스라엘 전역으로 사신을 보내어 구출자를 찾아보고, 구출자가 없으면 암몬 왕 나하쉬*가 하자는 대로 하겠다고 했다. 그래서 사신들이 사울이 있는 기브아로 가서 모든 사람들 앞에서 그 사정을 전하였다. 그 말을 들은 온 백성은 대성통곡 했다.

사울이 소를 몰고 들에서 집으로 돌아오다가 그 통곡 소리를 듣고 무슨 일로 백성이 온통 울고 있느냐고 물었다. 사람들은 야베쉬* 주민들이 전해 온 소식을 사울에게 알려주었다. 사울이 그 말을 듣는 순간

---

6) 이 단락의 내용은 개역성경에는 없고 사해 사본의 사무엘상 11장 1절 앞에 나오는 것이다. 표준새번역 성경의 사무엘상 11장 1절 각주를 보라.

하나님의 영이 사울에게 강력하게 임하였다. 사울은 멍에를 같이 메는 황소 한 마리를 잡아 여러 조각으로 나누고 이스라엘의 모든 영토로 사신들을 보내며 그 조각들을 들고 가게 하였다. 그리고 말하게 했다. "누구를 막론하고 사울과 사무엘을 따라 나서지 않는 사람은 그의 소가 이 지경이 될 것이다." 그러자 야훼를 향한 두려움이 백성에게 임하였고, 모두가 하나가 되어 나왔다. 사울을 그들을 베젝*에 불러 모았는데, 그 수가 30만이었고, 유다 지파 사람만 해도 7만명이었다. 기브아 사람들은 자기들에게 소식을 알려 준 사신더러 야베쉬길앗* 사람들에게 "내일 해가 뜨거워지는 때쯤에는 야베쉬길앗* 사람들이 구출될 것이다."라는 말을 전하라고 했다. 이 말을 전해 들은 야베쉬길앗* 주민은 물론 기뻐하였고, "내일 우리 자신을 당신들에게 드릴 터이니, 당신들이 좋게 생각하는 대로 우리에게 하십시오!"라고 말했다.

다음 날 사울은 백성을 세 무리로 나누었다. 이른 아침 곧 첫 교대 시간에 이스라엘 군이 삼면에서 암몬 사람들의 진지를 습격하여 대낮까지 그들을 도륙했다. 거기서 살아남은 사람들은 알알이 흩어져 달아났다. 결국 암몬 군이 대패하고 말았다.

사울의 영도 하에 이스라엘이 큰 승리를 거두자, 백성은 사울에게 "'사울이 우리를 다스린단 말입니까?'라 하면서 사울을 달갑게 여기지 않던 자들을 우리에게 주십시오! 우리가 죽여 버리겠습니다." 라고 말했다. 사울 반대자들을 숙청하자는 안이었다. 그러나 사울은 그것을 말리며, "오늘은 야훼께서 이스라엘을 구출하신 날이니, 오늘은 아무도 죽이면 안 됩니다."라고 하면서 이를 제지했다.

사무엘이 백성에게 "자, 길갈로 갑시다! 거기서 새롭게 왕을 세웁시다!"라고 말했다. 그래서 백성이 길갈로 가서 야훼 앞에서 사울을 정식으로 왕으로 모셨다. 그들이 야훼 앞에서 화목제물을 바쳤고, 사울과 모든 이스라엘 백성이 크게 기뻐하였다.

교훈

1. 사울을 택하시고 사무엘을 통하여 그에게 기름을 붓게 하셔서 이스라엘의 왕을 삼으신 것은 하나님이셨다. 그리고 사울로 하여금 왕으로 활동하게끔 발동을 걸어주신 분도 하나님이셨다. 암몬 왕 나하쉬*의 천인공노할 만행은 사울을 격분케 하였고, 하나님이 그에게 내리신 영력은 그가 무난히 암몬 사람들을 무찌를 수 있게 했다. 즉 사울이 장사여서가 아니라 하나님의 신령한 힘이 그에게 임했기 때문이었다.

2. 사울은 하나님의 영의 인도와 도움을 받아 현명한 처사를 했다. 즉 자기가 장사라고 해서 자기 힘을 믿은 것이 아니고, 이스라엘 온 백성을 단결하게 하고, 거국적인 힘을 도출하여 함께 싸워서 이겼다. 이스라엘 백성이 사울의 말을 듣지 않고 방관하였더라면 그 전쟁에서 이길 수 있었겠는가? 이 승리는 국민 전체가 왕 사울을 중심하여 단합하고 적극 협력하였기 때문에 이루어 낸 쾌거였다. 그리고 이 사건을 통하여 사울의 입지가 견고해져서 사울은 명실 공히 이스라엘의 왕으로 인정 받을 수 있게 되었다. 하나님의 묘한 방법을 통하여 선민 이스라엘이 새로운 체제를 가질 수 있었던 것이다.

3. 이스라엘 백성이 모두 사울을 적극 환영하는 것만은 아니었다. 즉 그를 반대하고 그를 우습게 보는 사람들도 있었다. 그것이 인간의 상정이 아니겠는가? 사울이 대승했을 때, 사울을 적극 지지하는 파 사람들은 아마도 아첨하는 뜻에서 그 반대파 사람들을 색출하여 제거하자는 안을 제시했다. 그러나 사울은 그 안을 우선 묵살하고 야훼의 도우심을 기억하고 찬양하는 일에 전념하기로 했다. 그것은 통치자의 미덕에 속하는 것이다. 그 마음이 지속되었으면 좋으련만! 사람의 마음은 변하는 것이어서, 자기의 반대파를 제거하려는 악의를 품는 것이 문제가 아닌가?

4. 하나님의 사람 사무엘은 사울과 백성을 하나님 앞으로 선도하여 하나님 앞에서 대관식을 치르게 함으로써, 사울을 모두가 공인하는 이스라엘의 초대 왕으로 취임하게 하였다. 하나님과 사람들 앞에서 제사 드리며 공식 예식을 거행함으로써, 사울의 직위는 일단락되었고 아무도 이의를 제기할 수 없게 되었다. 사울은 보통 임금이 아니라 야훼 하나님이 재가하신 왕이어서 언제나 하나님의 의견을 묻고 그의 지시를 받아야 하는 그러한 체제의 임금이라는 특성이 있다. 그런데 이스라엘의 임금들이 하나님을 잊어버리고 자기들의 뜻대로 하는 데 문제가 있었다.

5. 사울에게 하나님의 영이 강력하게 임함으로써 금상첨화의 결과를 가져왔다. 하나님의 영이 나에게 임하신다면 나도 큰일을 해 낼 수 있다. 때로는 하나님의 영으로 말미암아 엄청난 일을 해 낸 후에, 그 영광을 사람이 가로채는 수가 있다. 자기 힘과 꾀로 그 일이 이루어진 양 생각하고 선전하는 사람들이 있다. 그런 우를 범해서는 안 될 것이다.

사무엘의 고별사(삼상 12:1-25a)

해설

모세와 여호수아가, 각각 신명기와 여호수아기에 나타난 대로, 이스라엘 백성에게 고별 연설을 한 것처럼 사무엘도 고별 연설을 했다. 이제는 백성을 다스릴 왕이 생겼으니 자기는 물러날 때가 된 것을 알고, 마지막 사사로서 자기 임무를 마감하는 의미에서 고별의 말을 한 것이다.

백성이 왕을 세워달라고 요청하는 말을 귀담아 듣고 자기가 왕을 세웠으니, 이제는 백성을 지도할 자는 그 왕이지 자기가 아니라는 것이

다. 자기는 이제 늙어 백발이 되어 더는 통치자 노릇하기 어렵다는 것
이다. 아쉬운 마음이 없을 수 없으나 자기가 죽어 없어지더라도 자기
아들들이 남아서 함께 있으니 상심하지 말라는 것이다. 그러면서 사무
엘은 사사로서 자신이 떳떳하게 살아왔음을 내세운다. 젊어서부터 사
사의 직임을 수행하는 가운데 야훼 앞에서나 그의 후계자(기름부음을
받은 자) 앞에서 책망들을 만한 일을 한 것이 없다고 자신 있게 말했
다. 있으면 한 번 대보라는 것이다. 남의 소나 나귀를 빼앗은 일이 없
다. 남을 속이거나 억누르거나 뇌물을 받아먹고 재판을 공정하지 않게
한 일이 없다. 부지중에라도 그런 일을 했거든 지적해 달라. 변상할 용
의가 있다. 이런 말을 들은 군중은 사무엘의 말한 것이 사실이었으므로
그의 말이 맞다고 수긍했다. 사무엘은 그들의 긍정적인 반응을 듣자,
자기가 결백하다고 수긍한 사실에 대한 증인이 야훼 하나님이시고 사
울 왕이라고 못 박았다.

사무엘의 고별사는 계속된다. 야훼께서는 모세와 아론에게 기름을
부으셨고 이스라엘 백성을 애굽 사람들의 손에서 건져내신 분이신데,
그 분이 바로 지금 자기 사무엘에 대한 증인이라는 것이다. 이제 자기
가 하나님의 법정에 나서서 심판을 받을 것이고 이스라엘 백성과 그들
의 조상들을 위해서 하신 구원의 행위들을 말할 터이니, 그의 청중인
백성들도 하나님의 그 법정에 서라고 이른다.

그리고는 이스라엘의 역사의 주요 사건들을 간추려나갔다. 야곱이
애굽으로 내려갔다. 애굽 사람들이 그들을 탄압했다. 그래서 선조들이
야훼께 울부짖었고, 야훼께서 모세와 아론을 보내셨다. 그들이 애굽에
서 조상들을 구출하여 이곳에 정착하게 했다. 그런데 조상들이 야훼를
잊어버렸다. 그래서 야훼께서는 그들을 하솔의 야빈 왕의 군대 사령관
시세라*(삿 4:1-22)와 블레셋 사람들(삿 13:1)과 모압 왕의 손에 넘
기셨다(삿 3:12). 조상들이 그 원수들과 맞서 싸웠으나 힘이 모자라자

"우리가 야훼를 버리고 바알과 아세라를 섬김으로 죄를 지었습니다. 그러나 우리의 원수들의 손에서 건져주십시오! 그러면 우리가 당신을 섬기겠습니다."라고 야훼께 부르짖었다. 그래서 야훼께서는 여룹바알 (기드온)(삿 4-5장)과 바락과 엡다*와 삼손(삿 4-5;11-16장)을 보내어, 사면에 있는 원수들의 손에서 건져내셨다. 그래서 평안하게 살 수 있었다. 그러나 암몬 왕 나하쉬*가 싸움을 걸어오자, 야훼 하나님이 이스라엘의 왕이신데도 그들이 사무엘에게 찾아와 '아닙니다. 우리를 다스릴 왕을 세워주시오!'라고 하면서 졸랐다는 것이다.

뒤이어 사무엘은 다음과 같이 말했다. "자, 당신들이 요구한 대로 그리고 당신들이 택해 세운 왕이 여기에 있소. 야훼께서 당신들을 다스릴 왕을 세우셨소. 그러니 야훼를 두려워하고 그를 섬기며 그의 말씀에 귀를 기울이고 야훼의 계명을 거역하지 않는다면, 당신들과 왕이 다 같이 야훼 하나님을 따른다면, 잘 될 것입니다. 그러나 만일 야훼의 말씀에 귀를 기울이지 않고, 그의 계명을 어긴다면, 야훼의 손은 당신들과 왕과 맞설 것입니다. 그러니까 오늘 이 자리 하나님 앞에 서서 야훼께서 당신들이 보는 앞에서 행하실 위대한 일들을 똑똑히 보시오. 지금이 밀을 추수하는 때 곧 비가 절대로 오지 않는 때가 아니오? 내가 야훼께 청하여, 천둥이 치고 비가 내리도록 하겠소. 그것을 보거든, 당신들이 당신들을 위하여 왕을 세워달라고 요구한 것이 야훼 보시기에 얼마나 악한 일이었는지를 아십시오!"

이렇게 말하고는 사무엘이 야훼를 불렀다. 그러자 야훼께서는 바로 그날 천둥과 비를 보내셨다. 그러자 온 백성은 야훼와 사무엘을 크게 두려워했다. 두려움에 사로잡힌 백성은 모두 사무엘에게 애원했다. "제발 당신의 하나님 야훼께 기도하여 당신의 종인 우리로 하여금 죽지 않도록 해 주십시오! 우리를 위해서 왕을 달라고 요구하는 죄를 지음으로써 우리 모두의 죄에다 한 가지 죄를 더하였습니다."

그러자 사무엘이 백성에게 말했다. "두려워 마십시오! 당신들이 이 모든 악을 행했지만, 야훼 따르기를 그만두지 않고 전심으로 그를 섬기며, 아무 이익도 주지 못하고 구원하지도 못하는 무용지물에게로 돌아서지만 않는다면, 야훼께서는 자기의 이름 때문에 자기의 백성을 차버리시지 않을 것입니다. 즉 그는 당신들을 자신의 백성으로 삼으신 것을 기뻐하셨으니 말입니다. 그리고 나는 당신들을 위하여 드리는 기도를 멈춤으로써 야훼께 범죄하는 일을 결코 하지 않고 당신들에게 선하고 올바른 길을 가르칠 것입니다. 그러니까 야훼를 두려워하기만 하십시오! 그리고 성심으로 충성스럽게 야훼를 섬기십시오. 그가 당신들을 위하여 행하신 그 위대한 일들을 생각하십시오. 그러나 만일 당신들이 악하게 굴면, 당신들과 당신들의 왕이 다 같이 쓸려날 것입니다."

교훈

1. 사무엘은 하나님과 사람 앞에서 흠 잡힐 만한 것이 하나도 없는 훌륭한 지도자로 일생을 마쳤다. 날 때부터 그의 부모가 하나님께 봉헌한 사람으로서 일편단심 계속 하나님만 섬기며 살아온 사무엘은 우리가 참으로 본받아야 할 충성된 일꾼이다.

2. 권력의 자리에 있으면서도 자기의 책임이 백성을 바르게 지도하고 그들의 목자가 되어야 한다는 심정으로 공정무사하고 청렴결백한 지도자가 된 사무엘은 진정으로 세상에서 또다시 찾아 볼 수 없는 훌륭한 지도자였다. 결국 그는 하나님을 두려워하고 하나님의 법도대로 살려고 노력하였기 때문에 그런 깨끗한 삶을 살았을 것이다.

3. 사무엘이 그렇게 선한 통치를 했지만 백성들은 그 지도자의 말에 귀를 기울이지 않았다. 모세도 여호수아도 선한 지도자였지만, 백성은

언제나 곁길을 가기가 일쑤였고 하나님의 진노를 살 만큼 죄를 지었다.
그런 훌륭한 지도자를 가진 백성도 그렇게 타락하기를 쉽게 했다면, 그
런 지도자가 없었더라면 얼마나 더 흉악한 백성으로 전락되었겠는가!
지도자를 지도자로 알아주지 않고 인정하지 않는 것이 백성의 운명을
좌우한다.

4. 과거의 역사가 말해주고 현재의 충성된 지도자가 가르치고 인도
하는데도 이스라엘 백성은 야훼 하나님을 접어두고 눈에 보이는 인간
지도자 즉 왕을 간절히 원했다. 다른 민족은 몰라도 이스라엘 민족 곧
야훼의 손길을 너무도 역력하게 체험한 백성이 그를 뒷전으로 물러나
게 했다는 것은, 야훼 하나님의 마음을 크게 상하게 하고 분노케 한 사
건이며 그에게 죄를 짓는 일이었다.

5. 이스라엘 백성의 죄악에서 비롯된 요구를 하나님은 용납하시고
왕을 세워주셨다. 하나님의 관대하심이 여기서 드러난다. 인간이 부족
하고 죄 투성이일지라도 자비로우신 하나님은 종종 그들을 용납하시
고 고삐를 풀어 갈 데까지 가게 하신다. 그러면서도 그들이 하나님을
잊지 않고 그의 법도 안에서 살기 바라신다. 어떤 처지에서도 하나님을
배반하지 않고 섬기며 그의 법을 따라서 사는 데 성공이 있고, 하나님
의 주시는 복이 있다.

6. 비가 결코 오지 않는 건기(乾期)에 천둥을 치게 하고 비를 내리
게 하는 권능을 보고서야 자기들의 죄를 깨달은 이스라엘 백성의 어리
석음은 그들의 것만이 아니라 우리 모두의 것이다. 하나님은 전능자이
시며 두려운 분이시므로, 그의 눈에서 벗어나지 않아야 한다. 진심으로
야훼 하나님을 두려워하여 섬기고, 하나님이 하신 일들을 항상 상기하

면서 살아야 한다. 그렇지 않고 하나님을 버리고 그의 법을 어기며 살면, 수하를 막론하고 하나님의 심판을 받고야 만다는 것이 하나님이 정하신 철칙이다.

사울이 불법적인 제사를 드리다(삼상 13:1-15a)

해설

정식으로 이스라엘의 왕이 된 사울은 정식으로 백성을 다스리기 시작하였다. 그가 통치를 시작할 때 그의 나이가 얼마였는지는 본문에 나타나 있지 않다. 사도행전 13장 21절에서는 그가 40년간 통치했다고 했는데, 학계의 일반적인 추산에 따르면 주전 1020년에 통치를 시작했을 것이다.

그가 통치를 시작한 지 두 해가 됐을 때 전쟁을 치러야 하는 형편이 되었다. 그래서 병사 3000명을 뽑아서, 2000명은 사울이 벤엘 산지에 있는 믹마쉬*에서 거느리고 있었고, 1000명은 자기의 아들 요나단에 맡겼다. 요나단은 벤야민* 땅 기브아에서 그 군대를 거느리고 있었다. 그리고 남은 사람들은 다 집으로 돌려보냈다.

요나단이 게바에 있는 블레셋 군대를 물리쳤고, 그 소식이 다른 블레셋 사람들 귀에 들어갔다. 결국 블레셋 사람들과 대대적인 전쟁을 벌일 수밖에 없는 상황이 되었다. 사울은 가나안 전역에 있는 이스라엘 지파들에게 군인 징집령을 내렸고, 아직 정식으로 이스라엘 지파에 편입되지 않고 있던 소위 히브리 사람들에게도 가담을 종용하였다. 겁을 집어먹고 있던 모든 이스라엘 사람들은 사울이 블레셋 군대를 물리쳤다는 소문을 듣고, 또 이스라엘이 블레셋 사람들의 미움의 대상이라는 사실을 알고는 어쩔 수 없이 길갈에 있는 사울에게로 모여들었다.

국지전에서 이스라엘 군대에게 패배한 블레셋 사람들은 대대적으로 이스라엘을 응징할 차비를 했다. 병거 30000대와 기병 6000명과 무수한 보병이 벧아웬(벧엘) 동쪽에 있는 믹마쉬*에 진지를 구축했다. 이 광경을 본 이스라엘 사람들은 왕정으로 인한 곤욕과 강압적 군대 생활에 지쳐 저마다 대오를 벗어나 동굴이나 구멍이나 바위나 무덤이나 물통에 몸을 숨겼다. 어떤 히브리 사람은 요단강을 건너 갓*과 길앗* 땅으로 피신하였다. 사울은 아직 길갈에 있었고, 모든 백성은 떨면서 그를 뒤따랐다.

큰 전쟁을 앞에 둔 사울은, 사무엘이 7일 후에 길갈로 와서 번제와 화목제를 드리겠다고 했으므로, 그 후에 전쟁을 시작하려는 생각으로 그를 기다리고 있었다. 사태는 시시각각 어려워지고만 있는데, 사무엘은 제 시간에 도착하지 않았다. 군인들은 전쟁이 무섭고 사울 밑에서 하는 군인생활이 지겨워서 사울을 떠나가고 있었다. 다급해진 사울은 파격적인 행동을 감행하였다. 즉 사무엘이 오지 않자 제사장도 아닌 사울이 번제와 화목제물을 가져오라고 한 후에 사무엘을 대신하여 번제를 드린 것이다.

이렇게 번제를 드리고 난 직후에 사무엘이 도착했다. 사울이 나가서 사무엘을 맞이하고 그에게 인사를 드렸다. 그러나 사무엘은 "왕께서 무엇을 하셨습니까?"하고 사울에게 물었다.

사울이 대답했다. "백성은 하나둘 저를 떠나가는데 어르신은 정한 시간에 오시지 않고 블레셋 사람들은 믹마쉬*에 모여들기에, 제가 백성들에게 말했습니다. '이제 블레셋 사람들이 우리를 치러 길갈로 내리 닥칠 것입니다. 그리고 나는 야훼의 총애를 청해본 적이 없습니다.' 그래서 나는 스스로 재촉하여 번제를 드렸습니다."

그러자 사무엘이 사울에게 다음과 같이 말했다. "왕께서는 어리석은 일을 하셨습니다. 야훼 당신의 하나님께서 당신에게 명령하신 명령

을 지키지 않으셨습니다. 야훼께서 이스라엘을 다스리기 위하여 세우
신 왕국이 영구하지 않을 것입니다. 이제 당신의 나라는 존속되지 않을
것입니다. 야훼께서 자신의 마음에 맞는 사람 하나를 찾아 내셨습니다.
당신은 야훼께서 당신에게 명령하신 것을 지키지 않았으므로, 그의 백
성을 다스릴 권한을 그 사람에게 맡기셨습니다."

이 말을 들은 사울은 길갈을 떠나 자기가 갈 길로 갔다. 남은 백성은
(군주정치를 주장하는 사람들이었을 것이다) 사울을 따라가 그의 군
대에 가담하였고, 길갈을 떠나 벤야민* 지파의 땅 경내에 있는 기브아
로 향하였다.

교훈

1. 사울을 왕으로 세우신 분은 하나님이신데, 사울은 그 하나님의
뜻이나 명령에 충실하기보다 자기의 인간적인 수단과 방법으로 백성
을 다스린 것으로 보인다. 즉 하나님의 법을 따라서 덕스럽게 통치하지
않고 무단 정치를 한 듯하다. 그래서 민심이 그에게서 떠나가고 있었
다. 하나님을 지성으로 모시고 그의 명령을 따라야 할 이스라엘의 왕이
그렇지 않을 때 백성이 그를 이탈하는 것은 있을 수밖에 없지 않았을
까?

2. 사울은 자기의 힘을 믿고, 자기가 뽑은 정예부대 3000명의 힘을
의지하고 있었던 것으로 보인다. 블레셋 군과 벌인 국지전에서 아들 요
나단이 승리하자 우선은 기고만장하여 자만했을 것이다. 그러나 블레
셋이 상상을 초월하는 막대한 수의 군인과 무장을 가지고 전면전을 하
려고 나섰을 때, 사울은 당황하기 시작했다. 할 수 있는 방도를 다 썼
다. 우선 전 국민 동원령을 내렸고, 아직 이스라엘 국민으로 영입되어
있지 않던 소위 히브리 족이라는 무리에게 가담을 종용하였다.

그래서 사람들이 전쟁을 위하여 모여들었지만, 엄청난 수와 세력의 블레셋 군대를 보자 그들의 간담은 녹아나서 사기를 잃었고 우선 몸을 숨기기에 바빴다. 그리고 히브리 족 사람들 일부는 요단강을 건너 도망을 쳤다. 그럴 용기가 없는 사람들은 떨면서 사울 진영에 남아 있었다.

이런 상황에 마주친 사울이 어떤 태도를 보여야 했는가? 일국의 통치자요 최고 사령관으로서 할 일이 무엇이었을까? 이스라엘 군과 블레셋 군의 세력은 비교가 되지 않는 것이어서, 사람의 힘이나 전략으로는 이겨낼 희망이 전혀 없는 판국이었다. 전적으로 전능자 하나님을 의지하는 수밖에 없는 상황이었다.

그런데 사무엘이 약속한 대로 오기를 기다리던 사울은 사무엘이 조금 지체한다고 해서 끝까지 참지 못하고 자기 생각대로 하여 하나님의 질서를 어기는 잘못을 저질렀다. 즉 사무엘의 임무 영역을 침범한 것이다. 그것을 결국 하나님을 자기의 힘으로 조종하려는 어리석은 행동이었다. 여기서 우리는 사울의 약점과 오점을 발견할 수 있다. 사울은 하나님의 말씀을 따르기보다 자기의 생각과 판단을 앞세우는 사람이었다. 조급한 사람이었다. 판단력이 모자라는 사람이었다.

3. 하나님의 사람 사무엘은 영으로 사울의 마음가짐을 간파하였고 하나님의 생각과 계획도 알아차리고 있었다. 하나님은 하나님의 명령에 복종하지 않고 자기 마음대로 하는 왕의 통치를 오래 방치할 수 없었다. 그리하여 겸손히 하나님께 충성하고 복종할 마음이 있는 자를 왕으로 세울 수밖에 없었다.

사무엘은 이러한 하나님의 의중을 알기에, 법을 어기는 사울에게 하나님의 계획을 일러주었다. 그런데 이는 목숨을 걸고 하는 행동이었다.

사울이 사무엘의 말을 들었을 때 얼마나 분개했겠는가! 그래도 감히 사울은 사무엘을 해하지 않고, 나름의 계획을 가지고 자기의 고향 땅으로 물러갔고, 그를 지지하는 일부 세력이 그와 동행했다.

사울이 하나님의 명령을 따르고 하나님의 뜻을 받들어 섬겼더라면 하나님의 눈 밖에 나지 않았을 것을! 하나님의 편이 되는 것이 승리의 관건인데, 그것을 깨닫지 못하고 자기의 꾀와 힘을 믿은 사울의 어리석음을 여기서 엿볼 수 있다.

전투 준비(삼상 13:15b-22)

해설

사울에게 충성하려고 남아 있는 사람은 겨우 600명 정도였다. 사울과 그의 아들 요나단과 그들과 같이 있는 사람들은 벤야민* 땅 게바에 있었고, 블레셋 군은 믹마쉬*에 진을 치고 있었다. 적군은 이스라엘 군을 공격하기 위하여 세 무리로 나누어 세 곳에다 포진하였다. 결국은 이스라엘 군을 포위하는 작전이었다. 게다가 이스라엘 땅에는 쇠를 다루는 대장간이 하나도 없었다. 그래서 이스라엘 군인들은 쇠로 만든 검이나 창을 가지고 있지 않았다. 블레셋 사람들은 그 사실을 알고 있었다. 그래서 이스라엘 사람들은 쇠로 만든 보습이나 곡괭이나 도끼나 낫을 벼르기 위해서는 블레셋 사람들에게로 내려가야만 했던 것이다. 게다가 보습과 곡괭이를 가는 데는 2/3세겔, 도끼를 가는 데와 말뚝을 만드는 데는 1/3세겔을 내야 했다. 그래서 사울과 요나단의 군대는 그 두 지휘관 외에는 검과 창을 가진 자가 없었다. 적군에 비하면 상대가 되지 않는 너무도 초라한 무장이었다.

교훈

1. 사울은 이스라엘의 왕으로 등극하였지만 그를 따르는 사람들은 극히 적었다. 그것은 하나님의 은총이 그에게서 떠났기 때문이었다. 그

에게 하나님을 의뢰하는 마음이 적거나 없었으므로, 하나님의 마음도 그에게서 떠났던 것이다. 당연한 결과가 아닌가? 그런 처지에 있을 때 사울은 마음을 고쳐먹고 하나님 편이 되려고 했어야 하지 않았을까? 그런데 그가 자기의 힘과 인간적인 생각을 고집하고 스스로 해결하려고 한 것이 문제였다.

2. 블레셋 사람들은 이미 철기(鐵器) 문명을 누리고 있었고, 이스라엘은 아직 청동기 시대에 남아 있었다. 인간적인 계산으로 본다면 사울의 군대는 블레셋 군대의 상대가 될 수 없는 약하기 짝이 없는 군대였다. 그런데도 사울은 거기에 대한 대책을 세우지 않고 있었다. 거기서 그가 취할 태도는 블레셋에게 사전에 항복을 하든가, 아니면 전능자의 원조를 구하는 것이었는데, 어리석게도 그 어느 길도 택하지 않았다. 결국 자멸의 길을 걷게 되었다.

요나단의 블레셋 군 기습과 승리(삼상 13:23-14:23)

해설

블레셋 군이 발동하여 자기들의 진지인 믹마쉬* 어구까지 나와 있었다. 싸움을 걸어온 셈이다. 그러던 어떤 날 요나단이 그의 갑옷을 들어주는 부하더러, 맞은편에 있는 블레셋 진지로 들어가자*고 했다. 그런데 그의 아버지 사울에게는 말하지 않고 행동하기로 한 것이다.

사울은 약 600명의 군인을 거느리고 기브아 외곽의 석류나무 밑에 머물고 있었고, 야훼의 제사장 엘리의 손자인 아히야와 같이 있었다. 아히야는 신기(神器)라고 생각되는 에봇을 간직하고 있는 사람이었다. 다른 사람들은 요나단이 진지를 벗어난 것을 눈치 채지 못하고 있었다. 맞은편에 있는 블레셋 부대로 가는 통로 양쪽에 험한 바위산이 있었는데, 하나는 보제즈*라고 하고 하나는 세네라는 이름을 가지고 있었다. 요나단은 블레셋 사람들을 할례 받지 못한 놈들이라고 천시(賤視)하면서, 자기들의 수가 아무리 적어도 상관없이 야훼께서 자기들을 통해서 구원하실 것이라고 믿고 길을 재촉했다. 그의 부하는 "상관께서 마음 내키시는 대로 하십시오. 저는 귀관과 같이 있고, 귀관의 생각이 바로 제 생각입니다."라고 하면서 맞장구쳤다. 요나단이 말했다. "우리가 저 사람들에게로 가서 우리의 모습을 드러냈을 때, 그들이 '우리가 당신들에게 갈 터이니 그 자리에서 기다리시오!' 라고 하면 올라가지 않을 것이고, 반대로 자기들에게로 올라오라고 하면 올라갈 것이다. 그것은 바로 야훼께서 그들을 우리 손에 붙이셨다는 표징이다." 그렇게 말을 주고받은 후에 그 둘은 블레셋 진지로 다가가서 자기들의 모습을 드러냈다. 그러자 블레셋 군인들이 "보라! 숨어 있던 히브리인들이 구멍에서 나오고 있다."라고 하면서, "올라오라! 우리가 무언가를 보여주겠다."라고 말하는 것이었다. 요나단은 야훼께서 기회를 주셨다는 것을 확신하고, 부하더러 자기를 따르라고 하면서 바위산을 기어 올라갔다. 야훼의 힘을 힘입은 요나단과 그의 부하는 닥치는 대로 블레셋 사람들을 도륙했다. 그 좁을 협곡에서 20명을 때려 눕혔다. 그러자 블레셋 진지와 그 일대와 온 백성이 공포에 사로잡혔다.

기브아에 있는 사울의 초소들에서는 밖에서 많은 사람들이 왔다 갔다 하는 것을 지켜보고 있었다. 이상한 기미를 느낀 사울은 그의 군대를 점호하여 누가 빠져나갔는가를 알아보게 했다. 점호한 결과 요나단과 그의 갑옷 운반자가 없는 것을 알게 됐다. 그러자 사울이 제사장 아히야더러 하나님의 언약궤를 가져오라고 했다(LXX에는 언약궤 대신 에봇으로 되어 있다. 14장 3절에도 에봇으로 나타나 있다. 에봇에 달린 둠밈과 우림을 가지고 판가름을 하는 것이다). 그 시대에는 하나님의 언약궤(또는 에봇)가 이스라엘 사람들과 같이 있었다. 블레셋 진지에서 들려오는 소요의 소리가 점점 커지고 있었다.

제사장의 판단을 기다리던 사울은 "그만 하고 손을 떼라!"고 한 후 직접 행동에 나섰다. 사울과 그의 군인들이 전투에 나선 것이다. 그러나 서로 검을 휘둘러대는 바람에[7] 큰 혼란이 일어났다. 전에 블레셋 편이 되었던 히브리인들이 돌아서서 사울과 요나단 편에 들어 싸웠다. 그리고 달아나서 에브라임 산지에 숨어 있던 이스라엘 사람들도 블레셋 사람들이 패주하고 있다는 소식이 들리자, 나서서 블레셋 군인들을 추격하였다.

결국 그날 야훼께서 이스라엘에게 큰 승리를 안겨주셨다. 벧아웬 너머까지 블레셋 군을 추격하였고, 그 전투에 참가한 이스라엘 군은 약 10000명이었다. 에브라임 산지 전역에서 전투가 벌어졌던 것이다.

교훈

1. 사울의 아들 요나단은 그의 아비 사울과는 판이한 사람이었다. 용감무쌍한 요나단에게는, 단 둘뿐이지만 하나님이 도우시면 블레셋을 이길 수 있다는 믿음이 있었다. 요나단과 그의 부하 한 사람의 용감한 행동으로 말미암아 블레셋 진영은 대 소란에 빠졌고, 마침내 사울과 이스라엘 군은 기회를 만나 블레셋을 무난히 공격하고 패주하게 할 수 있었다. 이는 결국 요나단의 믿음 때문에 얻은 승리였다.

2. 인간의 계산으로 볼 때에는 블레셋이 패주한다는 것을 상상도 할 수 없는 일이다. 사울이 아무리 힘이 있는 장사라고 해도 그를 따르는

---

7) 사무엘상 14장 20절 개역한글판에서는 '블레셋 사람이'라는 주어를, 개역개정판에서는 '블레셋 사람들이'라는 주어를 작은 글씨로 적어 놓았다. 위에서는 사울의 군대를 주어로 이해한다. 아래 '교훈'의 2번을 보라.

군인은 불과 600명이었으므로 그 많은 블레셋 군대에 맞서 싸울 엄두도 내지 못했다. 블레셋 진영이 요나단 때문에 혼란에 빠졌을 때 사울이 제사장 아히야를 동원하여 미신적인 도움을 얻어 보려고 했지만, 성격이 조급하여 아히야의 정식 판단을 기다리지 않고 스스로 행동에 나섰다. 그러나 결국 군인들이 자기들끼리 칼질을 하면서 오히려 더 큰 혼란에 빠지고 말았다. 그런 중에도 블레셋에 붙어 있던 히브리 족이 사울과 요나단 편이 되고, 숨었던 이스라엘 백성들이 자리를 털고 일어나 같이 싸워주어 승리를 거두게 됐다.

그러나 이스라엘 군의 수는 불과 10000이었고 무기도 형편없었으니, 이스라엘이 물리적인 힘으로 그 대군을 이긴 것이 아니었다. 그래서 23절에서 말한 대로 야훼께서 이스라엘에게 승리를 주신 것으로 볼 수밖에 없다. 요나단이 말한 대로 비록 적은 수이지만 하나님이 같이 하시면, 아무리 큰 적군도 물리칠 수 있음이 확인된 것이다.

사울의 경솔한 맹세(삼상 14:24-35)

해설

에브라임 산악지대에서 벌인 전투는 매우 고달팠을 것이다. 그런데 총 사령관인 사울은 부하들의 고충을 별로 생각하지 않고 자기 감정에 사로잡혀 있었던 것으로 보인다. 그리하여 원수들의 습격을 받았으니 그들에게 원수를 갚아야 한다는 생각에만 사로잡혀서 앞뒤를 재지 않고 경솔하게 맹세했다. 곧 저녁까지 원수를 추격하여 모두 잡아 죽이기까지는 아무것도 먹지 말라는 명령을 내리고는, 먹는 사람은 저주를 받는다고 못을 박은 것이다. 허기진 군인들은 이 명령 때문에 아무것도 입에 댈 수가 없었다. 그 산지 도처에 석청이 줄줄 흐르고 있는데, 사울의 맹세가 무서워서 그 꿀에 손을 댈 수 없었다.

그런데 사울이 맹세하는 말을 듣지 못한 요나단은 허기진 참에 꿀벌집을 보고는 막대기로 꿀을 찍어 입으로 가져갔다. 꿀을 먹은 요나단은 눈이 번쩍 뜨일 정도로 기운이 돋았다. 요나단의 행동을 지켜본 군인 하나가 사울이 맹세한 이야기를 해 주었다. 그러나 군인들은 꿀을 먹지 못하고 기진맥진한 상태에 있었다. 요나단은 탄식하며 뇌까렸다. "내 아버지가 이 땅에 어려움을 주는구나. 꿀을 조금만 먹었는데도 내 눈이 번쩍 뜨이지 않았는가. 블레셋 도륙전은 이제 겨우 시작인데 원수들에게서 노획한 것을 마음대로 먹었으면 얼마나 좋겠는가!"

군인들은 그날 사령관의 명령에 복종하여 굶은 채 블레셋 소탕전을 전개하여 믹마쉬*에서 아이얄론*까지 정벌하였다. 군인들은 완전히 맥이 빠졌다. 전투가 끝나자 군인들은 미친 듯이 달려들어 노획한 양과 소와 어린 소를 땅에서 마구 잡아 피까지 먹어버렸다. 즉 피를 제거하는 절차를 거치지 않고 마구 먹은 것이다.

이 소식이 사울에게 보고됐다. 사울은 이제라도 그런 범죄를 막을 심산으로 우선 큰 돌을 굴려오게 한 후에 소와 양을 그 돌 위에서 잡아 피를 빼고 먹도록 했다. 그렇게 해서 야훼께 죄를 짓는 일이 없게 하라고 했다. 군인들이 그 명령을 따랐다. 사울은 거기에 야훼를 위한 제단을 쌓았는데, 그것이 그가 쌓은 첫 제단이었다.

교훈

1. 사울은 전후좌우를 재고 생각하여 신중하게 판단하는 사람이 아니었던 것으로 보인다. 일국의 왕이라면 좀 더 사려 깊이 처신했어야 했다. 자기 기분 내키는 대로, 즉 남을 고려하지 않고 경솔하게 행동하는 사람이었다. 산악전이 전사들에게 힘 드는 일이며 에너지 소모가 크다는 것을 생각하여 군량을 계속 공급해 주어도 시원치 않을 텐데 저녁

때까지 아무것도 먹지 말라고 명령을 내렸으니, 그것도 자기 기분 만족을 위해서 그랬으니, 이 얼마나 경솔한 행동이었는가!

2. 반면에 군인들은 순진하여 상관의 명령에 복종했다. 그러나 그날 하루의 전투가 그들에게 얼마나 고통스러운 일이었겠는가!

만일 사울이 명령을 내려 그들로 하여금 꿀을 먹게 했더라면, 전투는 더 수월했을 것이고 전과는 더 컸을 것이 아닌가? 결국 승리를 하기는 했지만, 미칠 듯이 배고픈 군인들은 이성을 잃고 닥치는 대로 짐승을 잡아 피까지 먹는 죄를 범했다. 그들의 범죄의 원인은 결국 어리석은 상관 사울에게 있지 않은가?

3. 요나단은 부지중에 아버지 사울의 명령을 어겼으나, 냉철한 사람으로서 아버지의 처사를 비판할 수 있었다. 그러나 아버지의 명령에 항거하는 행동은 하지 않았다. 즉 자기는 부지중에 꿀을 먹었고 득을 보았지만, 군인들을 선동하거나 아버지를 악선전하여, 군인들의 충성을 가로채는 등의 일을 하지 않은 훌륭한 인격자였다.

4. 사울이 굶주린 군인들의 행동을 양해하고, 그런대로 하나님의 법으로 돌아가고 제단을 쌓은 것은 잘 한 일이다. 그에게는 아직 야훼에 대한 신앙이 살아 있었던 것이다.

그러나 아마도 율법주의적인 공포심에서 나온 행동이었을 수도 있다. 즉 하나님의 법을 어기면 벌 받는다는 생각에서 앞으로 자기에게 행운이 닥치기를 바라서 한 조치였을 수도 있다. 즉 진심으로 야훼를 경외하는 마음에서라기보다는 하나님의 벌이 무서워 기복적인 생각으로 제단을 쌓았던 것으로 보인다.

죽음의 위험에 빠졌던 요나단(삼상 14:36-46)

해설

아이얄론*까지 블레셋 군을 추격한 사울은 적군을 한 사람도 남기지 않고 다 토벌하려는 생각으로 군인들의 의견을 물었다. 어느 안전이라고 반대를 하겠는가? 모두가 왕의 뜻대로 하라고 찬성해 주었다.

그러나 제사장은 신중했다. 하나님의 뜻을 여쭈어 보아야 한다는 것이었다. 그래서 사울은 제사장을 통하여 하나님께 여쭈어 보기로 했다. 그리하여 블레셋을 추격할 터인데 하나님이 그들을 사울의 손에 붙여 주시겠는지를 여쭈었다. 그러나 하나님은 이스라엘 군에게 죄가 있다는 이유로 진군을 허락하지 않으셨다.

사울은 원로들을 불러가지고, 어디에 잘못이 있는 지를 물었지만 대답을 하지 않기 때문에 그 죄를 찾아내기로 하고, 우림과 둠밈으로 점을 치기로 했다. 즉 백성에게 죄가 있는지 아니면 통솔자들인 사울과 그의 아들에게 죄가 있는지를 먼저 가려내자는 것이었다. 그 안에 백성은 동의했다.

그리하여 사울은 자기와 요나단에게 죄가 있으면 자기들에게 우림이 떨어지고, 백성에게 죄가 있으면 둠밈이 그들에게 떨어지게 해달라고 하나님께 청했다. 그 결과 결국 백성은 결백한 것으로 판명되었다. 이번에는 사울과 요나단을 놓고 제비를 뽑으니 결국 요나단이 죄인으로 드러났다. 그래서 사울이 요나단더러 무슨 죄를 지었느냐고 물었다. 그래서 요나단이 이실직고하며 자기가 그 죄값으로 죽겠다고 했다. 그러자 사울이 말했다. "제가 죄인이면, 하나님께서 저를 죽이십시오! 아니 더 큰 벌도 받겠습니다. 요나단아! 네가 죄를 지었으니, 네가 죽어야 하겠구나." 그러자 백성이 들고 일어나서 말렸다. "요나단은 야훼와 함께 일한 사람입니다. 결단코 그의 머리카락 하나라도 상하면 안됩니다."

라고 하며 자기들이 대신 죽겠다고 나섰다. 그래서 요나단은 죽음을 면했다. 사울은 블레셋 군 추격을 멈추었고, 블레셋 사람들은 자기 고장으로 돌아갔다.

교훈

1. 이스라엘의 특색은 하나님이 그들과 같이 하시고 하나님의 감시 하에서 일거수일투족을 하게 되어 있다는 사실에 있다. 인간은 하나님으로 말미암아 생겨난 존재이고, 특히 이스라엘이 그 전형이므로, 사사건건 하나님이 간섭하고 참견하심을 볼 수 있다. 거룩하신 하나님을 섬기는 이스라엘이므로, 그들의 행동과 몸과 마음가짐이 거룩해야 하는 것이다. 이스라엘이 블레셋 군을 추격하는 문제에 있어서도 하나님은 거룩하지 않은 이스라엘의 진군을 제사장을 통하여 만류하셨다. 사사건건 거룩함을 도모해야 하는 것이 선민의 의무이다. 우리들 그리스도인들이 그러한 선민의식을 가지고 살아야 할 것이다.

2. 요나단의 죄가 무엇인가? 아버지 사울의 명령을 듣지 못하여 부지중에 그 명령을 어긴 것뿐이다. 즉 저녁까지 음식을 먹지 말라는 왕명을 부지중에 어기고 꿀을 조금 먹은 죄였다. 이유여하를 막론하고 전쟁에서 상관의 명을 어긴 것은 죄일 수밖에 없다. 그러나 요나단은 평계를 대려고 하지 않고 정직하게 이실직고 죽음을 달게 받기로 한 홀륭한 군인이었다. 우리가 본받아야 할 인격자였다.

3. 제비가 요나단에게 떨어져 범인이 밝혀졌을 때, 사울은 자기 아들이 죽어야 하는 처지에 이르렀지만 의연히 하나님의 뜻을 따르기로 결심했다. 공과 사를 확실히 구분하고 하나님의 판단에 승복하는 정신은 본받을 만하다. 그런 정의가 그의 삶의 전역에 적용되었으면 좋았을 것이다.

4. 이스라엘 백성은 사울을 무서워하면서도 요나단의 무죄를 알기에 단연코 그의 편이 되어 그들이 대신 죽겠다는 식으로 요나단의 구명 운동을 적극적으로 했다. 죄를 그냥 묵과하는 것이 아니라, 그 대가를 반드시 치르려고 한 것이다. 무엇으로 어떻게 속상(贖償) 했는지 알 수 없지만 요나단은 죽음을 면했다. 결국 의(義)가 승리한, 사필귀정 (事必歸正)의 사례라고 할 수 있다.

사울이 전쟁을 계속하다(삼상 14:47-52)

해설

사울은 이스라엘을 다스리는 왕으로서 사방에서 침노하는 원수들과 계속 싸워야만 했다. 그리하여 모압과 암몬과 에돔과 초바*의 왕들과 블레셋 사람들과 맞서 싸워 모두 물리쳤다. 용감하게 싸워서 아말렉을 무찌르고, 약탈하는 그들의 손에서 이스라엘을 구출했다. 이처럼 사울은 전쟁에 대승한 왕이 되었다.

이제 사울의 가정을 소개한다면, 그의 아들로는 요나단과 이스위와 말기수아가 있었고, 맏딸은 메랍이고 둘째 딸은 미갈이었으며, 사울의 아내는 아히노암이었다. 사울의 아버지는 키쉬*이고, 군대장관은 사울의 삼촌 넬의 아들 압넬*이었다.

사울은 평생 블레셋과 싸웠고 힘 있고 용맹스러운 사람을 보기만 하면 그의 부하로 채용하였다.

교훈

사울은 이스라엘의 초대 왕으로서 혼란한 사사 시대에 이스라엘을 괴롭히고 해코지하던 주변의 모든 원수들을 무찌르고 평정하는 데 큰 공을 세웠다. 무사(武士)의 용맹을 떨치면서 건국 초기의 모든 난관을 극복한 공로가 큰 사람이었다.

그가 문(文)과 무(武)를 겸비했더라면 더더욱 좋았겠지만, 성경의 표현으로 한다면 영성과 세상의 양식(良識)이 겸전했더라면 좋았을 텐데, 이는 지나친 기대인 것으로 보인다. 사울이 무사로서 성공할 때 하나님은 제사장을 통하여 그의 무모한 행동을 제지하여 큰 실수를 면하게 하셨다. 하나님의 보호하심과 인도하심이 없었다면, 사울 홀로서는 그만한 성과를 내지 못했을 것이다.

사울이 그 성공을 자신의 것으로 알고 자만에 빠지지 않아야 했는데, 거기에 문제가 있었다. 실패의 책임은 사울 자신에게 있다.

사울의 아말렉 정벌(삼상 15:1-9)

해설

사울이 왕이 된 후에도 사무엘은 이스라엘의 정신적이고도 영적인 지도자로서 지도력을 유지하고 있었다. 예언자이기도 한 사무엘은 하나님의 음성을 듣고 사울에게 전했다. 야훼께서 자기를 보내어 사울에게 기름을 부어 이스라엘의 임금이 되게 했으니, 야훼의 말씀을 잘 들으라고 하면서, 당장에 아말렉을 섬멸하라고 했다. 즉 아말렉은 이스라엘이 애굽에서 나와 가나안으로 진군할 때 방해를 한 백성이므로 남녀노소 몽땅 죽이고 우양과 나귀도 아낌없이 다 죽이라는 것이었다.

사울은 그 명령을 받들어 행하려고 전국에 소집령을 내렸다. 그래서 텔라임*에 소집된 군인이 보병만도 20만 명이었다. 유대 지파 사람이 1만 명이었다. 사울은 우선 아말렉 도시에 와서 계곡에 은신하고, 아말렉 사람들과 같이 사는 켄 족* 사람들에게 그 곳을 빨리 떠나라고 일렀다. 그들은 이스라엘이 출애굽할 때 친절을 보여주었기 때문이라고 하면서, 그대로 남아 있으면 아말렉 사람들과 함께 파멸될 것이라고 알렸다. 그래서 켄 족*이 빠져나간 후에야 아말렉을 공격하여 하윌라에서 수르까지에서 섬멸전을 벌였다. 그러나 사울은 하나님의 명령을 어기고 아말렉 왕 아각을 그냥 살려두었고 우양 중에서 가장 좋은 것들은 남겨두었다.

교훈

1. 사울이 비록 외모만 그럴듯하고 내실이 없다고 하더라도 야훼의 명령만 끝까지 복종하였다면 하나님께 복 받아 성군의 반열에 올랐을 것이다. 그가 그런 대로 군사적 성공을 거두었기 때문에 백성이 그를 신임하고, 거국적인 전쟁을 위하여 소집에 대거 응하였던 것이다. 그리하여 성공적으로 아말렉을 쳐부수었지만, 하나님의 명령 일부분을 무시하는 항명죄를 저질렀다. 하나님의 말씀은 인간의 마음에 납득되지 않는 점이 있더라도 복종해야 하는 것이었다.

2. 아말렉은 하나님의 백성 이스라엘의 행로에 거침돌이 되어 해코지를 한 백성으로 하나님의 응징 대상이 되었다. 이스라엘의 원수가 바로 하나님의 원수였다. 그리스도를 영접하는 사람은 하나님을 영접하는 것이다. 그를 반대하는 것은 바로 하나님을 반대하는 것이다. 하나님의 사람을 해코지하는 것은 큰 벌을 받을 가능성을 만드는 것이다.

3. 사울이 아말렉 왕 아각을 살려둔 것은 아각의 단수 높은 아첨과 회유에 속았기 때문이었을 것이다. 그리고 산골에서 보던 우양들과는 비교가 안 되는 탐스럽게 살진 우양들을 보고 탐심이 생겼기 때문이었을 것이다.

사람에게 인심을 쓴다, 인도적인 대우를 한다, 짐승이 무슨 죄가 있는가 등등 인간적이거나 합리적인 생각을 하다 보면, 하나님의 명령이 비합리하게 보일 수 있다. 그러나 하나님의 생각은 인간의 생각과는 차원이 다르고, 우리가 이해할 수 없어도 거기에 고상한 목적이 있는 것이므로, 인간은 무조건 그 명령에 복종해야 하는 것이다. 사울은 이점에서 하나님을 깔아뭉개고 자기가 그 위에 군림한 죄를 범한 것이다.

사울의 왕 직분을 거두시다(삼상 15:10-35)

해설

사울이 하나님의 명령을 거스른 일 때문에 사무엘이 그를 경책한 일이 이미 있었는데(13:13-14), 이제 다시 그를 경책하게 된다. 사울이 다시 하나님의 뜻을 따르지 않고 그의 명령을 수행하지 않았으므로 하나님이 사울을 이스라엘 왕으로 세우신 것을 후회하신다는 것을 사무엘에게 말씀하셨다. 사무엘은 왕정을 반대하는 사람이었지만, 일단 사울을 왕으로 기름을 부어 세운 이상, 사울을 사랑하고 그를 위해 충성을 하던 신하였기 때문에 마음이 착잡했을 것이다.

하나님과 이스라엘과 사울 사이에 있는 하나님의 사람으로서 사무엘은 하나님의 이 말씀을 듣자 분통이 터졌다. 모든 일이 제대로 되기를 바랐는데 사울의 범죄와 실책으로 이스라엘 나라의 역사가 꼬여나가는 것을 보면서 마음이 답답하여 밤새도록 울었다. 사무엘의 충정을 우리는 이해할 수 있다. 밤새도록 울며 기도하며 생각해 본 결과 사울이 가장 문제이고 그에 대한 하나님의 진노가 당연하다고 생각하였기 때문에, 사무엘은 사울을 찾아가 하나님의 결의를 솔직히 전해줄 수밖에 없다는 생각을 했다.

사무엘이 이른 아침에 사울을 만나러 갔는데, 사울은 갈멜에 갔다는 것이고, 거기에다 자신의 기념비를 세웠다는 것이다. 그리고 돌아오는 길에 길갈로 갔다는 것이다. 사무엘은 길갈로 내려가서 사울을 만났다. 사무엘을 만난 사울은 자기의 잘못을 깨닫는 기색은 하나도 없이 태연히 사무엘을 맞아 인사하고 자기는 야훼의 명령을 잘 준수했노라고 자신 있게 말을 했다. 그러나 사무엘은 군대 진중에서는 있을 수 없는 양과 소의 울음소리를 들으면서 그 소리들이 뭐냐고 사울에게 물었다. 사울은 군인들에게 죄를 전가하며 군인들이 아말렉에서 끌고 온 우양들이라고 하면서 다른 것은 다 죽이고 야훼 하나님께 제사를 드리기 위해서 가장 좋은 양과 소만을 끌고 왔다고 대답했다. 어쨌든 그것은 야훼의 명령을 어기는 행동이었다.

사무엘은 사울의 말을 중단시키고, 지난밤에 야훼께서 자기에게 하신 말씀을 전하겠다고 하였다. 사울은 자기의 위치를 대수롭지 않게 여기고 있다는 것이다. 실은 그가 이스라엘 모든 지파의 우두머리이고, 야훼께서 이스라엘의 임금으로 기름 부어 세우신 막중한 사명자인데 말이다. 그리고 야훼께서 사명을 주시며, 이스라엘을 해코지한 죄인들 곧 아말렉을 파멸하되 하나도 남김없이 없애라고 한 것이었다. 그런데 어째서 야훼의 말씀에 복종하지 않았느냐는 것이다. 어째서 노획물에 눈을 팔고 야훼 보시기에 악한 짓을 했느냐는 것이다. 여기서 사울은 사무엘에게 변명을 늘어놓았다. 자기는 야훼의 명령에 복종하여 분부하신 일을 수행하러 나가 아말렉 왕 아각을 끌어왔고 다른 사람들을 다 죽였다는 것이다. 그런데 군인들이 길갈에 있는 야훼께 제사를 드리려고 가장 좋은 양과 소를 남겨두었을 뿐, 다른 것은 다 죽여 없앴다는 것이다.

거기서 사무엘은 사울을 반박하였다. 야훼께서는 번제보다 야훼의 말씀에 복종하는 것을 기뻐하신다. 제사보다는 복종을 더 기뻐하신다. 양의 기름보다 명령에 청종하는 것을 더 기뻐하신다. 하나님을 배반하

는 일은 점을 치는 행동보다 더 나쁘고, 완악한 마음은 악의와 우상숭
배와 같은 것이다. 당신 사울은 야훼의 말씀을 거부하였기에, 하나님
역시 당신이 왕이 되는 것을 마다하셨다.

사울은 하나님의 결단을 사무엘을 통하여 전해 들었을 때, 사무엘에
게 매달려 졸랐다. 백성을 두려워하여 그들의 말에 복종함으로써 야훼
의 계명과 사무엘의 말을 어기는 죄를 지었다고 자백하였다. 그러니 자
기 죄를 용서하고 자기에게로 돌아서 달라는 것이었다. 야훼께 예배를
드리겠다는 것이었다. 그러나 사무엘은 단호하였다. 사울이 야훼의 말
씀을 거역하였고, 따라서 사울이 이스라엘의 왕이 되는 것을 이미 거절
하셨기 때문에, 사무엘도 어쩔 수 없다는 것이다. 사울에게로 돌아설
수가 없다는 것이다.

사무엘이 사울을 떠나가려고 할 때, 사울이 사무엘의 옷자락을 부여
잡았다. 팽팽히 잡아당기는 바람에 사무엘의 옷이 찢어졌다. 사무엘이
덧붙여 말했다. 야훼께서 바로 오늘 이스라엘 왕국을 사울에게서 빼앗
아, 사울의 이웃이고 사울보다 나은 어떤 사람에게 이미 주셨다는 것이
다. 하나님은 마음을 바꾸는 인간이 아니시기에, 이스라엘의 영광이신
그 하나님은 결정을 철회하시거나 마음을 바꾸시지 않으신다고 잘라
말했다.

그러자 사울은 다시 자기가 죄를 지었노라고 고백하며, 다시 졸라댔
다. 자기 백성 이스라엘의 원로들과 백성 앞에서 자기를 높여주고, 자
기편에 되어달라고 하며 야훼 하나님께 예배를 드리겠다는 것이었다.
그래서 사무엘은 일단 사울에게 돌아섰고, 사울은 야훼께 예배를 드렸
다. 예배를 막을 필요는 없었던 것이다.

그리고 나서 사무엘은 사울더러 아말렉 왕 아각을 데려오라고 일렀
다. 아각이 절뚝거리며 사무엘 앞에 나타났다. 그리고 아각은 "정녕 이
렇게 죽음의 고통을 당하는군."이라고 말하면서 체념하였다.8) 그러나

사무엘은 말했다. "네놈의 칼이 사람들을 죽여 자식 없는 여인들을 만들었으니, 네 어미도 자식 없는 여인이 될 것이다." 그리고는 사무엘이 이스라엘의 마지막 사사로서 야훼 앞에서 아각을 난도질하여 죽여 버렸다. 그러고 나서 사무엘은 라마로 갔고, 사울은 기브아로 갔다. 사울이 죽을 때까지 사무엘은 그를 보지 않았다. 그러나 사무엘은 사울을 두고 슬퍼했다. 야훼께서는 사울을 이스라엘 왕으로 삼으셨던 일을 마음 아파했다.

교훈

1. 왕정을 요구하는 이스라엘 백성에게, 그 당시에는 사울만한 사람이 없었기에 하나님은 사울을 왕으로 세우셨던 것이다. 사울이 비록 모자라는 인간이지만 야훼 하나님의 명령을 잘 지키고 복종하기만 했다면, 하나님의 능력으로 성공할 수 있었을 것이다. 따라서 하나님이 사울을 왕으로 세우신 것을 후회하시지 않았을 것이다. 사울이 거듭 하나님의 명령을 어기고 반역할 때 하나님은 후회하셨고, 사무엘은 분통이 터져 밤새도록 울어야만 했다. 하나님께 잘못이 있는 것이 아니고, 어디까지나 인간에게 책임이 있다. 결국 더 나은 장래를 위하여 다른 사람을 택하여 세울 수밖에 없었다. 하나님의 역사 경륜은 이런 식으로 진전하고 있다.

2. 사울은 자기가 하는 일이 다 잘하는 일로 알고 스스로 자기를 위해 갈멜 산 높은 곳에 기념비를 세웠다. 사울은 얼마 전에도 책망을 받

---

8) 개역성경 사무엘상 15장 32절에서는 끌려나오는 "아각이 즐거이 오며 이르되 진실로 사망의 괴로움이 지났도다 하니라"로 옮겼다. 위에서는 헬라어 구약성경 칠십인역 등을 참고하여 "아각이 절뚝거리며 걸어나와 참으로 이것이 죽음의 쓴 맛이로구나 라고 말했다."로 옮긴 New Revised Standard Version을 따랐다.

은 경험이 있는데, 승승장구 성공하는 듯이 보이자 그만 교만해져 모든 것이 자기 힘으로 된 줄 알아 하나님의 명령을 아랑곳하지 않았다. 그리하여 하나님의 명령을 거스르고 아말렉 왕을 살려두었고, 노획물의 일부가 자기 눈에 좋아 보이자 이를 아깝게 여겨 죽이지 않고 남겨두었다. 그리고는 백성이 그랬다고 죄를 전가하였고, 예배를 빙자하여 그 죄를 정당화하려고 했다. 사람은 무조건 하나님의 명령을 순종하면 되는 것인데, 자기들의 어리석은 판단을 하나님의 말씀보다 낫다고 오판함으로 하나님께 범죄한다.

3. 사무엘의 말처럼 하나님은 제사보다 복종을 기뻐하신다. 하나님의 말씀을 경청하고 따른 것을 기뻐하신다. 완고한 마음을 가지고 자기 마음대로 하고 하나님을 반역하는 것은 우상숭배나 점치는 미신 행위와 다를 바 없는 죄라는 사실을 깨달아야 한다. 사울에게는 그런 깨달음이 없었다. 그런 사람을 그냥 이스라엘의 왕으로 남겨둔다는 것은 정의의 하나님으로서 하실 수 없는 일이었다. 그래서 사울에게서 그 왕의 직책을 박탈하신 것이다.

4. 이미 때는 늦었다. 사울이 뒤늦게 죄를 깨달았지만, 잘못을 거듭하는 그 사람을 하나님이 그냥 방치하실 수는 없었다. 하나님은 이미 마음을 정하셨고, 아무리 사울이 졸라도 하나님의 단호한 마음을 돌이킬 수는 없었다. 하나님의 마음이 우리에게서 떠나기 전에 우리가 하나님의 뜻에 복종하고 그의 뜻을 헤아려 행해야 할 것이다.

5. 이스라엘을 괴롭힌 아말렉은 철저히 응징되었다. 그 나라의 왕 아각을 비롯하여 모든 백성이 몰살하는 벌을 받았다. 하나님의 백성을 해코지하는 일은 곧 하나님 자신을 대항하는 일과 같다. 즉 하나님은 당신의 선민을 그렇게 끔찍이 사랑하여, 선민의 원수를 갚아주신다.

6. 사울은 장수요 일국의 왕으로서 권세가 하늘을 찔렀지만, 사무엘의 말과 행동에 조금도 대항하거나 반대하고 나설 수 없었다. 사무엘은 비록 늙은이요 체력으로 사울과 비교도 되지 않는 사람이었지만, 하나님의 사람으로서 위력과 권위를 지니고 있었다. 그 앞에서 어느 누구도 항거하거나 반대할 수 없었다. 오늘 하나님의 사람들이 과연 사무엘처럼 권위를 지니고 당당할 수 있을까? 사무엘은 야훼의 사람으로 목숨을 내걸고 사명을 수행한 사역자였다. 이는 그 배후에 야훼 하나님이 계셨기 때문이다. 또 그것을 사무엘이 알고 믿었기에 그렇게 담대할 수 있었을 것이다.

다윗이 왕으로 기름부음을 받다(삼상 16:1-13)

해설

사울에게서 왕의 직책을 빼앗고 다른 사람을 왕으로 세우기로 계획하신 하나님은 사울을 위해 울고 있는 사무엘을 달래시며 사무엘이 다른 사람에게 기름을 부어 왕으로 삼는 일을 서둘러 하게 하셨다. 짐승 뿔에 올리브기름을 담아가지고 베들레헴에 있는 이새의 집으로 가라고 지시를 내리셨다. 이새의 아들 가운데서 왕을 고르시겠다는 것이었다. 왕의 직책을 박탈당한 그즈음에 사울은 신경이 날카롭고 제정신이 아니고 사무엘의 동태를 예의 주시하고 있을 터이므로, 사무엘은 걱정이 앞설 수밖에 없었다. 사무엘이 다른 사람에게 기름을 붓는 행동을 한다면 사울이 사무엘을 죽일지도 모를 일이었다. 야훼께서 사무엘이 그런 위기를 면할 방도까지 가르쳐주셨다. 어린 암소 한 마리를 끌고 가면서 야훼께 제사를 드리기 위해서 간다고 말하라는 것이었다. 그리고 이새를 그 제사 행사에 초대하라고 하셨다. 그러면 거기서 사무엘이 할 일을 지시하시겠고 하신 것이다.

사무엘은 야훼의 명령대로 베들레헴으로 갔다. 사울 왕의 사건을 알고 있는 베들레헴 원로들은 어떤 벼락이 자기들에게 떨어질까 두려워하고 벌벌 떨면서 사무엘을 맞았다. "무사히 오셨습니까?"라는 말이 그들의 인사였다. 사무엘은 "그렇소. 무사히 왔고, 야훼께 제사를 드리려는 것이니, 목욕재계를 하고 같이 제사를 드립시다!"라고 대답한 뒤에 이새와 그의 아들들을 목욕하게 하고 제사에 초대했다.

이새와 그의 아들들이 나타났다. 사무엘은 이새의 맏아들 엘리압을 보자, 이 사람이 바로 야훼께서 기름 부어 세울 사람일 것이라고 생각했다. 그러나 야훼께서 사무엘에게 말씀하셨다. "그의 외모나 키를 보지 말라! 나 야훼는 사람들이 보는 것처럼 보는 것이 아니다. 나는 그를 거부하였다. 사람들은 외모를 보지만 나 야훼는 마음을 본다." 이새가 둘째 아들 아미나답을 사무엘 앞으로 지나가게 했다. 하나님의 영의 눈으로 보는 사무엘은 그 둘째 아들도 야훼께서 택하시지 않았음을 간파했다. 다음으로 이새의 셋째 아들 샴마*를 지나가게 했다. 그 역시 하나님은 택하시지 않는다고 사무엘이 이새에게 말했다. 이새의 일곱 아들을 다 보았지만, 그 누구도 하나님은 택하시지 않으셨다. 사무엘은 이새더러 그들이 전부냐고 물었다. 이새는 막둥이가 있는데 그는 양을 치고 있다고 말했다. 사무엘은 사람을 시켜서 그를 데려오라고 하며, 그가 오기까지는 자리에 앉지 않겠다고 했다. 그래서 다윗을 데려왔는데, 그는 얼굴이 붉고 눈이 아름답고 미남이었다. 야훼께서 사무엘에게 말씀하셨다. "일어나 그에게 기름을 부어라! 그 사람이 바로 왕이 될 사람이다." 사무엘은 뿔에 담긴 기름을 가지고, 형제들이 보는 앞에서 다윗에게 기름을 부었다. 그날부터 하나님의 영이 강력하게 다윗에게 임하였다. 그런 후에 사무엘은 그 곳을 떠나 라마로 돌아왔다.

교훈

1. 하나님의 시간과 사람의 시간은 그 단위가 다르다. 인간의 천 년이 하나님께는 순식간일 수 있다. 하나님이 정하신 때와 인간의 때도 서로 다르다. 하나님은 이 때가 제 때라고 보시는데, 인간은 그것을 깨닫지 못하고 있을 수 있다. 하나님은 이미 사울을 왕의 자리에서 제거하시고 그 대신 다윗을 세워야 할 때가 됐다고 보셨다. 그러나 인간인 사무엘은 사울 시대에 아직 머물고 그를 위해서 슬퍼하고 있었다.

우리는 하나님의 때를 알아서 시대를 잘못 보지 않고 하나님의 뜻이 차질 없이 이루어지도록 노력해야 할 것이다. 우리는 옛것에 연연하여 과거에 사로잡혀 있기가 쉽다. 그러나 하나님의 뜻을 언제나 여쭙고, 하나님의 지시를 따라 신속히 하나님의 계획을 이루도록 힘써야 한다.

2. 인간 역사 속에서 사는 우리들은 그 시대의 권력 구조를 무시할 수 없다. 집권자에게 잘못 보이면 일신상에 큰 손해를 입거나 생명까지도 위태로울 수 있다. 그러나 하나님의 뜻을 이루기 위해서는 모험과 용기가 필요하다. 하나님의 뜻을 이루기 위해서 하는 노력에는 하나님의 가호가 따를 것이기에, 하나님의 명령을 용감히 복종하고 수행하기를 애써야 한다. 사무엘은 용감한 사람이었다. 현실의 위험을 돌아보지 않고 하나님의 명령을 수행하였다.

3. 사람은 흔히 사람의 외모를 보고 판단하기 쉽다. 사물을 판단하는 데 있어서 외적인 조건들이 상당한 작용을 하는 것이 사실이다. 가문이나 학벌이나 용모 등이 빼어났을 때 그런 사람을 선호하기 쉽다. 그러나 인간은 겉모양이 전부는 아니다. 아무리 잘 생겼어도, 마음이 못될 수도 있다. 사람의 마음을 들여다 볼 수 있는 것은 하나님뿐이시다. 하나님이 좋다고 하는 것을 좋게 볼 수 있어야 한다. 다윗은 이새의

막내둥이요 그 집안에서 별 볼일 없는 자로 취급되었지만, 하나님은 다윗의 속사람을 아시고 그 인격의 됨됨이를 높이 보신 것이다. 하나님께서 좋게 보신 것을 우리도 좋게 여길 수밖에 없다. 다윗은 이스라엘 굴지의 성군이 되지 않았는가?

다윗이 사울을 위하여 수금을 타다 (삼상 16:14-23)

해설

사울은 야훼의 영이 그에게 임하여 이스라엘의 왕이 되었는데, 야훼께서 당신의 영을 사울에게서 거두셨으니, 사울에게 정신 이상(異狀)이 생길 수밖에 없었다. 아마도 사울이 헛소리도 하고 광적인 언동을 했던 모양이다. 14절에서는 그것을 야훼께로부터 온 악령 탓이라고 한다. 구약 시대에는 악령도 하나님의 지배 하에 있는 것으로 이해했다. 상전인 사울이 정신 이상 현상을 나타내자 종들은 좋은 말로 왕에게, 야훼께로부터 온 악령이 왕을 괴롭히고 있으니 수금을 잘 타는 사람을 구하여 그에게서 음악 소리를 들으면 좋아질 것이라고 아뢰었다. 사울은 일리가 있다고 생각하여 그런 음악가를 불러오라고 명령했다. 젊은 부하 한 사람이 말했다. 베들레헴에 있는 이새라는 사람의 아들이 수금을 잘 타는데, 그는 용맹스럽고 투사요 말도 잘하고 용모도 빼어난데다가 야훼께서 그와 함께 하시는 사람이라고 아뢰었다. 그래서 사울은 이새에게 사람을 보내어, 양을 치고 있는 아들 다윗을 자기에게 보내라고 했다.

이새는 나귀에다가 빵과 포도주와 양 새끼 한 마리를 실어 다윗에게 딸려 보냈다. 그래서 다윗은 사울을 섬기는 자가 되었다. 사울은 다윗을 매우 사랑했고 그의 무기를 다루는 부하로 삼았다. 이는 사울이 다윗을 극히 신임했다는 말이 된다. 사울은 이새에게 사람을 보내어, "다윗이 내 마음에 꼭 드는 사람이니, 그로 하여금 나를 섬기는 사람으로 남게 해주시오!"라고 요청했다.

사울이 하나님의 악령에게 시달리는 때마다, 다윗은 수금을 탔고, 사울은 마음의 안정을 얻고 기분이 좋아졌으며, 악령이 그에게서 떠나가는 것이었다.

교훈

1. 야훼 하나님은 우주 만물의 주인이시다. 그가 지배하시지 못할 것이 하나도 없다. 악은 물론 악마의 것이지만, 하나님께서 마귀와 악령도 지배하실 수 있음이 사실이다. 사울에게 영을 주셔서 이스라엘 왕을 삼으셨던 하나님께서 그 영을 거두심으로써, 사울은 정신적인 타격을 입을 수밖에 없었다. 그것을 달리 말하여 악령이 그를 지배했다는 말로 표현한 것이다. 그렇지만 이는 결국 다 하나님께서 하신 일이다. 무저갱 문을 열어 사탄을 잠시 풀어줄 수 있는 분도 하나님이시다(계 20:3b).

2. 사람에게 정신 이상이 생기는 것을 악령의 탓이라고 보려고 하지만, 실은 하나님이 주신 선한 영을 따라서 바로 살지 못하고 하나님의 뜻을 어기는 생활의 결과가 정신 이상이라고 보아야 할 것이다. 사울의 경우가 그런 것이 아닌가? 그가 하나님을 복종하고 그의 명령을 지켰더라면, 하나님의 눈 밖에 날 리가 없을 것이고, 따라서 고민거리가 생기지 않았을 것이다. 결국 자업자득이 아닌가?

3. 하나님의 영을 받은 다윗의 음악은 악령에 시달리는 사울의 마음에 안정을 주고 고통에서 풀려나게 할 수 있었다. 신령한 음악의 치유

효과를 여기서 알 수 있다. 사람을 광란케 하는 세속적인 음악이 있는가 하면, 사람의 정신과 영혼을 위로하고 안정을 주고 치유하는 거룩한 음악도 있는 법이다. 다윗이 그런 은사를 가지고 일국의 왕을 감화시키고 치유했다면, 우리가 신령한 음악을 익히고 장려하는 것이 옳지 않을까? 음악은 인간 삶의 다양한 차원 중의 하나로 누구나가 다 습득하여 즐기고 또 남을 즐겁게 할 수 있는 것이 아니다. 음악은 특별한 은사에 속한다고 말 할 수 있을 것이다.

4. 하나님은 기묘한 섭리를 통하여 다윗과 사울을 만나게 해 주셨고, 그 만남을 통하여 다윗으로 하여금 이스라엘 왕궁과 조정의 내막을 익히고 연단을 받게 하셨다. 그 삶이 험난하기는 했지만, 다윗이 후에 성군이 된 데는 이러한 경험이 큰 작용을 했다고 보아야 할 것이다.

다윗과 골리앗 (삼상 17:1-58)

해설

블레셋 사람들은 끈질기게 이스라엘 군에게 도전해 왔다. 그들은 유대 땅을 침범하여, 에페스담밈*에 있는 소코*와 아제카* 사이에 진을 쳤고, 이스라엘은 엘라 계곡에 진을 치고 적군과 대치하였다. 계곡을 가운데 두고 각각 산마루에 진을 친 것이다.

블레셋 진영에서 골리앗이라는 최고 장수가 나왔는데, 그는 갓* 출신으로 키가 6큐빗*하고도 한 뼘이고, 청동 투구를 쓰고 쇠사슬 갑옷을 입었으며, 저고리는 5000세겔이나 되는 청동 옷이고 다리에도 청동 받이를 대고 그의 어깨에는 청동으로 된 투창이 매달렸다. 그의 창대는 배틀만 했고, 창머리는 600세겔 무게의 쇠로 되어 있었다. 그리고 그의 방패를 든 자가 그 앞을 막고 있었다. 그런 장수가 버티고 서서 이스라엘 진영을 향하여 소리를 질렀다. "너희가 어쩌자고 싸움을 걸어오느냐? 나는 블레셋 사람이고 너희는 사울의 종들이 아니더냐? 너희를 대표할 한 사람을 뽑아 나에게 보내어라! 그가 나와 싸워서 나를 죽이면, 우리가 너희의 종이 될 것이다. 그러나 내가 그를 이기고 그를 죽이면, 너희가 우리의 종이 되어 우리를 섬겨야 할 것이다." 사울과 모든 이스라엘 군대는 골리앗의 말을 듣자, 질리고 몹시 무서워했다.

여기에 다윗이 등장한다. 다윗은 베들레헴 에브랏 사람 이새의 여덟째 아들이다. 사울 시대에 이새는 이미 늙은 사람이었다. 그의 아들 중 위로 세 아들 곧 엘리압과 아비나답과 샴마*는 이미 사울의 군대에 합류하여 전선에 나가 있었다. 막둥이 다윗은 사울에게 음악을 들려주고, 남는 시간에는 집으로 가서 아버지의 양을 쳤다. 골리앗이 밤낮 40일간 진두에 나서서 전쟁을 부추겼다.

전쟁터에 아들을 셋이나 내보낸 아버지 이새의 마음이 그들에게 가 있을 수밖에 없었다. 그리하여 이새는 다윗을 불러 심부름을 시켰다. 전선에 가 있는 형들에게 한 에바의 마른 곡식과 열 덩어리 빵을 빨리 가져다주라고 일렀다. 동시에 천부장에게도 치즈 열 덩어리를 가져다주라고 했다(아들들을 잘 봐 달라고 부탁하는 뜻일 것이다). 그러면서 형들이 어떻게 지내지를 알아보고 그들에게서 무언가 소식을 가져오라고 일렀다.

사울은 이스라엘의 모든 군인들과 함께 블레셋과 전쟁하는 일에 골몰하고 있었다. 아버지의 명령을 받은 다윗은 아침 일찍 일어나, 그가 지키던 양을 다른 사람에게 맡기고, 심부름 길을 떠났다. 이스라엘 군인들이 전투하노라 여념이 없고 전쟁 소리가 요란한 가운데 다윗은 가지고 온 물건을 하물(荷物) 보관자에게 맡겨놓고 전선으로 달려가 형들을 만나 인사를 나누었다. 그들이 대화를 하고 있는데, 블레셋 진지

선두에 나선 골리앗이 늘 하는 말을 거듭했다. 다윗이 그 말을 들었다.

모든 이스라엘 군인들은 골리앗을 직접 보고는 무서워서 달아나는 것이었다. 이스라엘 사람들이 다윗에게 말했다. "저기에 나선 저 사람을 보았느냐? 그가 나타나 이스라엘을 도발하는데, 누구든지 저 사람을 죽이기만 하면, 임금께서 큰 부자가 되게 하고 그의 딸을 줄 뿐 아니라 그의 가정을 이스라엘에서 마음대로 살게 하리라고 하셨단다." 다윗은 그 사람의 말에 귀가 솔깃하여 물었다. "이 블레셋 사람을 죽이고 이스라엘이 당하는 이 곤욕을 제거하는 사람이 어떻게 된다고요? 살아계신 하나님의 군대에 대드는 저 할례 받지 못한 블레셋 사람이 도대체 누굽니까?" 사람들은 앞에서 말 한 것을 되풀이하며, "그 사람을 죽이기만 하면 그대로 된다."라고 확인해 주었다.

다윗의 맏형 엘리압이 그 대화를 듣자 다윗에게 성을 내며, "네가 어째서 여기까지 내려왔느냐? 들에 있는 그 몇 마리 양은 누구에게 맡기고 여기까지 왔느냐? 네가 전쟁 구경을 온 듯한데, 건방지고 소갈머리가 못 됐어."라고 말하며 다윗을 꾸짖었다. 그러자 다윗이 "내가 지금 무엇을 했다고 그럽니까? 나는 질문을 한 것뿐입니다."라고 대꾸했다. 다윗은 형을 제쳐놓고 다른 사람들에게 다시 물었고, 그들도 같은 대답을 해 주었다.

다윗이 한 말이 사울의 귀에 들어갔다. 그래서 사울이 다윗을 불러들였다. 임금 앞에서 다윗이 말했다. "아무도 저자 때문에 걱정할 필요가 없습니다. 저, 당신의 종이 저 블레셋 사람과 싸우겠습니다." 사울이 다윗에게 말했다. "너는 아직 소년이고, 저 사람은 젊어서부터 전사(戰士)이다. 그러니 네가 저 사람과 싸운다는 것은 불가능한 일이다." 그러자 다윗이 사울에게 자기의 경력을 말했다. "임금님의 종, 저는 제 아버지의 양을 지키는 사람이었습니다. 사자나 곰이 나타나 어린 양을 채 갈 때마다, 저는 쫓아가서 그것들을 때려눕히고 그것의 입에서 어린양

을 구출하곤 했습니다. 그것이 돌아서서 저에게 달려들면, 그 아가리9)
를 잡아 그것을 때려눕히고 죽였습니다. 저는 사자도 곰도 여러 마리를
죽였습니다. 할례 받지 못한 저 블레셋 놈이 살아계신 하나님의 군대에
대들었으니, 그놈의 신세도 제가 죽인 사자와 곰처럼 될 것입니다." 다
윗은 또 "저를 사자와 곰의 발톱에서 구출하신 야훼께서 저 블레셋 놈
의 손에서도 저를 구출하실 것입니다."라고 말했다.

   이 말을 들은 사울은 "가거라! 야훼께서 너와 같이 하시기를 빈다."
라고 다윗에게 말했다. 그리고는 사울이 자기의 갑옷을 다윗에게 입혔
다. 머리에 청동 투구를 씌우고 쇠사슬 갑옷을 입혔다. 갑옷 위에는 사
울의 검을 채워주었다. 그러나 다윗은 그런 것들에 익숙하지 않아 걸을
수가 없었다. 그래서 사울에게 "저는 이것들에 익숙하지 않아 걸을 수
가 없습니다." 라고 말하고는 그것들은 벗어버렸다. 다윗은 자기의 지
팡이를 들고, 자기의 목동(牧童) 자루 안에 건천에서 다섯 개의 매끈
한 돌을 골라 주워 넣고 손에 물매를 들고 골리앗에 가까이 나아갔다.

   골리앗이 나와서 다윗에게 다가갔다. 그의 방패를 든 부하가 다윗을
막아섰다. 골리앗이 다윗을 보자, 그를 깔보았다. 다윗은 홍안에다 예
쁘장한 소년에 불과했기 때문이었다. 그래서 골리앗이 내뱉었다. "네
가 막대기를 가지고 나왔는데, 내가 개새끼라는 말이냐?" 그리고는 그
가 섬기는 신(神)들의 이름으로 다윗을 저주하면서 다윗에게 "오너
라! 내가 네 살을 하늘의 새와 들짐승의 밥이 되도록 하겠다."라고 말
했다. 그러자 다윗은 다음과 같이 말하면서 골리앗에 맞섰다. "당신은
검과 창과 투창을 가지고 나에게 왔다만, 나는 당신이 도전한 이스라엘
군대의 하나님 곧 만군의 야훼의 이름을 가지고 당신에게 왔소. 바로
오늘 야훼께서 당신을 내 손에 넘겨주셨으니, 내가 당신을 때려눕혀 당
신의 머리를 자르고, 블레셋 군대의 시체들을 하늘의 새와 들짐승들의

---

9) 개역성경 사무엘상 17장 35절에서는 '수염'으로 옮겼다.

밥이 되게 하겠소. 그리하여 온 땅으로 하여금 이스라엘의 하나님이 계
심을 알게 할 것이며, 여기 모인 사람들로 하여금 야훼께서는 검와 창
으로 사람을 구원하는 것이 아니라는 것을 알도록 하겠소. 전투는 야훼
에게 달려 있고, 그가 당신을 내 손에 넣어주실 것이니 말이오."

골리앗이 다윗에게 점점 가까이 다가서고 있었다. 다윗 역시 골리앗
을 맞으러 잽싸게 전선(戰線)으로 달려 나갔다. 그가 주머니에 손을
넣어 돌 한 개를 꺼내어서 물매에 실어 던졌다. 그 돌이 골리앗의 이마
에 명중하여 그의 이마에 박혔다. 그 거구가 땅에 거꾸러졌다.

이렇게 다윗은 물매와 돌 한 개로 골리앗을 때려 눕혔다. 즉 다윗의
손에는 검이 없었다. 다윗이 달려들어 골리앗을 밟고 골리앗의 검을 그
칼집에서 빼어 그를 죽이고 그의 머리를 잘랐다. 블레셋 군인들은 그들
의 장수가 죽는 것을 보자 달아났다. 이스라엘 군대들 특히 유다 지파
군인들이 일어나 갓*과 에크론*까지 적군을 추격했다. 그러다가 이스
라엘 군은 블레셋 추격을 멈추고 적군의 진영에 있는 것들을 약탈했다.
다윗은 골리앗의 수급(首級)을 예루살렘으로 가져갔고, 그의 갑옷과
무기는 자기 막사에 두었다.

사울은 다윗이 골리앗과 싸우러 나가는 것을 보았을 때, 군대 사령
관 압넬*에게 그 청년이 누구냐고 물었고, 압넬*은 모르겠다고 대답했
다. 그러자 사울은 그 젊은이가 누구의 아들인지 알아보라고 지시했다.
다윗이 골리앗을 죽이고 돌아오자, 압넬*이 골리앗의 수급을 들고 온
다윗을 사울 앞으로 데리고 갔다. 사울이 다윗에게 "젊은이! 자네는
누구의 아들이야?"라고 물었다. "저는 임금님의 종 베들레헴 사람 이
새의 아들입니다."라고 다윗이 대답했다. 사울이 정신 발작 상태에 있
을 때마다, 다윗이 수금을 타서 임금의 정신을 안정시키곤 했지만, 그
후에는 다윗이 궁에서 물러나곤 했을 것이고, 사울의 주목을 끌 기회가
없었던 모양이다. 사울이 다윗을 알았을지라도, 골리앗을 죽이고 난 후
에야 본격적으로 그에게 관심을 가지게 된 것으로 보인다.

교훈

1. 옛날에는 전쟁이 장수와 장수의 싸움이었으므로 골리앗 같은 출중한 장수를 가진 블레셋 사람들은 전쟁을 다 이긴 줄 알고 이스라엘을 얕잡고 나섰다. 하나님을 모르는 인간은 인간의 힘과 꾀를 믿고 의지한다. 약육강식이 그들의 생활원칙이다. 물질적으로 강한 자가 약한 자를 이겨 부리고 세도를 부리는 것이 인간 사회의 원칙이다. 그 원칙을 가지고 본다면 이스라엘은 의례 블레셋 사람들의 노예가 되어 그들을 섬겨야 했다. 그런데 물질적으로나 외형적으로는 비교도 안 되는 이스라엘이 승리하였다. 다윗이 승리하고 골리앗의 수급을 베어 사울에게 바치는 기적이 일어난 것이다. 한 마디로 전능자 하나님, 이스라엘의 하나님 야훼의 능력이 이런 결과를 이룬 것이다. 그 배후에는 다윗의 믿음이 작용했다. 믿고 의심하지 않는 자에게는 산을 옮기는 기적이 일어날 수 있다. 다윗의 힘이나 꾀가 아니라 믿음을 보시고 그를 도우신 야훼로 말미암아 골리앗은 죽었고 블레셋은 패배한 것이다.

2. 다윗의 물매돌이 단번에 골리앗의 이마에 명중했는데, 그 돌이 얼마나 힘 있게 날아갔기에, 골리앗의 두개골을 깨고 그의 두개골 속에 박힐 지경이 되었을까? 다윗이 아무리 물매 던지기 선수라고 해도, 단번에 그런 결과를 가져왔다는 것은 기적이고, 하나님의 초능력으로 된 일이 아닐 수 없다. 이는 다윗의 말대로 만군의 야훼 곧 이스라엘 군대의 하나님께서 하신 일이다. 사람의 계산으로는 불가능한 일이 전능자 하나님에 의해서 이루어졌다. 사람은 어느 누구도 다윗이 골리앗을 이기고 그를 죽이리라고 생각할 수 없었다. 그러나 하나님께는 불가능이 없는 법이다.

3. 다윗은 골리앗에 비하면 애송이요 아무것도 아니었다. 그는 세상 사람들의 눈으로 보면 촌놈이요 불학무식한 사람이요 보잘것없는 존

재였다. 그러나 그에게는 순수함이 있었고, 자기 책임에 충성하는 사람으로서 책임을 완수하기 위해서는 물불을 가리지 않는 용맹스러움이 있었다. 자기가 지키는 양이 야수에게 끌려가는 경우에는 괴력을 발휘하여 사자든 곰이든 때려눕히는 용기와 힘을 발휘한 사람이 다윗이었다. 게다가 그는 야훼 하나님을 진심으로 믿는 모범적인 사람이었다. 전능자 하나님을 조금도 의심하지 않고 믿고 의지하는 순수한 신앙의 소유자였다. 결국 믿음이 이긴다는 훌륭한 전례를 다윗에게서 찾아볼 수 있다. 다윗은 음악을 아는 멋있는 사람이기도 했다. 그도 사람이기에 실수도 하지만, 인간 중에서는 참으로 흠모의 대상이 될 만한 인물이었다.

4. 다윗은 자기 나라를 위기에서 건져냈을 뿐만 아니라 야훼 하나님의 이름을 날리고 그의 영광을 드러내는 놀라운 결과를 이루어냈다. 할례 받지 못한 오랑캐들이 감히 하나님께 대든다고 생각하여 야훼 하나님의 존재와 능력을 이방에 알릴 생각으로 결사적인 노력을 했다. 골리앗의 손에 죽을 수 있는 가능성이 100% 있는 싸움이었지만, 하나님이 결코 그렇게 내버려 두시지 않을 것을 믿었고, 결국은 승리했다. 그것이 다윗의 힘으로 말미암은 것이라고 생각하는 사람이 얼마나 있겠는가? 그것은 야훼 하나님이 일으키신 기적이요, 결국 하나님의 영광을 나타낸 행동이었다.

요나단과 다윗의 언약 체결(삼상 18:1-9)

해설

사울과 다윗의 대화를 듣고 있던 왕자 요나단은 다윗에게 홀딱 반하고 말았다. 마음이 통하는 친구가 되어버린 것이다. 사울은 이제 다윗을 언제나 자기 곁에 두기로 하고, 더는 자기 집으로 돌려보내지 않았다. 요나단은 다윗을 자기 영혼처럼 사랑하고, 다윗과 영원한 친구의 의를 맺었다. 그리고는 자기가 입고 있던 긴 예복을 벗어 다윗에게 입히고, 자기의 갑옷과 검과 활과 띠까지 다윗에게 주었다.

사울의 신임을 받고 있는 다윗은 어디로 파송되든지 성공하였고, 드디어 사울은 자기의 군대 전부를 그에게 맡겼다. 군대 사령관 압넬*의 자리를 다윗에게 내 준 것으로 보인다. 그리고 온 백성 역시, 또 사울의 종들까지 다윗을 알아주었다. 이스라엘 조정에는 다윗으로 말미암아 권력 다툼이 생겼을 수 있다.

다윗이 골리앗을 죽이고 다 같이 개선하여 돌아올 때, 이스라엘의 모든 도시를 지나오는데, 여자들이 탬버린과 여러 다른 악기를 가지고 노래하고 춤을 추면서 사울 왕을 맞이했다. 그 때 여인들이 기뻐하며 서로 노래를 주고받는데, 그 내용에 "사울은 수천 명을 죽였는데, 다윗은 수만 명을 죽였다."는 말이 들어 있었다. 이 말은 사울의 기분을 몹시 상하게 하였고, 그를 분노케 했다. 사람들이 다윗은 수만 명을 죽인 사람으로, 사울은 수천 명을 죽인 사람으로 치고 있으니, 결국은 다윗에게 왕국이 돌아가겠구나 하는 생각을 사울이 하면서, 그 시간부터 다윗을 보는 사울의 눈은 심상치 않았다.

교훈

1. 다윗 한 사람에 대한 사울과 요나단의 시각은 판이하였다. 다윗은 여러 모로 사람의 사랑을 받고 고임을 받을 만한 훌륭한 사람이었다. 사울도 다윗의 공로를 다른 신하들과 백성들과 함께 인정하면서도, 또 다윗이 그럴 사람이 아닌데도 다윗을 자기의 적으로 생각하기 시작했다. 자기보다 더 칭찬 받는 다윗을 시기하고 질투하는 마음이 사울에

게 생기기 시작한 것이다. 공로자를 믿어주고 높여주려고 해야 하는데, 사울 나름으로는 그렇게 하기로 시작하기도 했는데, 속에서 분출하는 악의에게 양보하는 어리석음을 저지른 것이다. 이는 졸장부가 하는 일이 아닌가?

반면에 요나단은 결국 아버지의 대를 이어 왕이 될 가능성이 있는 사람이면서도, 다윗의 진가를 알아주고, 자기보다는 다윗이 앞서야 한다고 생각한 것으로 보인다. 기득권을 포기하면서까지 진주를 진주로 알고 그 가치를 인정하며 친구가 되려한 것은 참으로 아름다운 우정의 표현이요, 본받을 만한 태도이다.

2. 민심은 천심이다. 여론은 무시할 수 없다. 이스라엘의 여성들이 이구동성으로 다윗을 칭찬하고 그를 높인다면, 그것이 천심이 아니겠는가? 그 천심을 겸손히 받아들였어야 하는데, 사울은 그럴 만한 아량이 없는 졸장부였다. 남을 자기보다 낮게 여기는 마음은 성령을 통해서만 있을 수 있는 것이기에(빌 2:3), 사울에게 그것을 요구하는 것은 무리일 수 있다.

사울이 다윗을 죽이려 하다 (삼상 18:10-16)

해설

사울의 이상 심리는 걷잡을 수 없었다. 이제는 거의 날마다 그가 집에서 정신 발작을 일으켰고, 그 때문에 다윗을 불러 수금을 타게 했던 것으로 보인다. 하나님께로부터 온 악령이 사울을 덮쳐서 그런 현상이 일어난다고 보는 것이 일반인의 이해였기 때문이다. 다윗이 음악을 연주하고 있는데, 사울은 발작을 일으켜 다윗을 겨냥하고 창을 던졌다.

그런데 다윗을 용케도 그 창을 피했다. 사울은 그런 행동을 또다시 했다. 다윗은 두 번 다 창을 피했다.

사울은 야훼께서 자기에게서 떠나 다윗에게 와 계셨기 때문에 다윗을 무서워했다. 사울은 이제 다윗을 그의 어전에 두지 않고 천부장의 자리로 좌천시켰다. 그러나 다윗은 괘념하지 않고 군대를 거느리고 드나들었는데, 그가 하는 일마다 성공하였다. 야훼께서 그와 함께하셨기 때문이다. 사울은 다윗이 성공하는 것을 보면서, 다윗이 더 무서워졌다. 그러나 이스라엘 사람은 모두, 특히 유다 지파 사람들 전체가(다윗이 자기 지파 출신이므로) 다윗을 사랑했다. 이스라엘 군을 성공적으로 인도하여 드나드는 사람은 다름 아닌 다윗이었기 때문이었다.

교훈

1. 악령은 이름 그대로 악한 영이어서 좋은 일을 할 수 없다. 다윗은 사울과 이스라엘 온 국민의 은인이고 매우 큰 공로자이므로 그를 극진히 높여 주었으면 그것으로 만족하고 있어야 할 처지인데, 악령에 들린 사울은 그 다윗을 죽이려고 생각하여 그렇게 행동했다. 살인미수로 끝나기는 했지만, 사울의 행동은 도리에 한참 어긋나는 것이었다. 선을 선으로 갚지 않고, 선을 악으로 갚으려는 모순을 행했다. 악령이기에 악을 행할 수밖에 없었다고 보아야 할 것이다.

오늘도 악령은 모순투성이요, 인간이 이성으로는 판단하기 어려운 악을 자행하고 있다. 하나님의 선하신 영을 견지하고, 악령의 감염을 받지 않으려고 힘써야 할 것이다.

2. 사울은 거의 직업군인으로서 창을 던지는 데도 능숙했을 것이다. 따라서 같은 방, 그리 멀지 않은 거리에서 수금을 타는 다윗에게 사울이 던진 창이 두 번이나 다윗을 맞추지 못한 것은 기적이라 할 만하다.

야훼께서 지키고 도와주신 은총 덕택에 다윗은 사울의 창을 피할 수 있었다. 사울이 정신착란 중에 던진 창이기 때문에 빗나갔으리라고 볼 수도 있다. 또 다윗의 감각이 첨예하여 그 창들을 피할 수 있었다고도 볼 수 있다. 그러나 근본적으로 이는 야훼 하나님의 절대적인 가호의 덕택이라고 보아야 할 것이다. 하나님을 믿는 사람, 하나님이 사랑하시는 사람을 어찌 하나님께서 상하도록 버려두실 것인가?

3. 하나님 앞에 떳떳한 다윗은 나가나 들어오나 성공하였고 모든 사람에게 칭송을 받았다. 하나님은 당신이 택해 세우신 일꾼을 적극 후원하고 보호하여 하나님 자신의 뜻을 이루어나가신다. 하나님과 사람들에게 고임을 받는 지도자가 되는 것이 중요하다.

다윗이 사울의 딸 미갈과 결혼하다(삼상 18:17-30)

해설

사울은 자나 깨나 다윗을 없앨 방도를 찾고 있었다. 사울은 그의 맏딸 메랍을 이미 아드리엘이라는 사람에게 아내로 준 상태였는데, 다윗을 없애기 위해서 다윗에게 그 딸을 아내로 주겠다고 거짓 제안을 했다. 조건은 임금께 충성하는 의미에서 블레셋 전쟁에 나가 싸우라는 것이었다. 그것은 사울이 직접 손을 대어 다윗을 죽이지 않고, 전쟁에서 전사하게 하려는 것이었다. 임금의 이 제안을 다윗은 점잖게 거절했다. 즉 자기는 보잘것없는 집안 출신이어서 감히 임금의 사위가 될 자격이 없다고 하면서 사양했다.

그런데 사울의 둘째 딸 미갈이 다윗을 연모하였다. 이 사실이 사울에게 보고되자 사울은 좋다구나 하고 그 기회를 이용하려고 했다. 그 딸을 다윗에게 주어 덫으로 삼으려고 한 것이다. 즉 그 딸을 준다는 조건으로 다윗을 블레셋과 벌이는 전쟁에 내보내 죽게 하려한 것이다. 사울은 그런 흑심을 품고 재차 다윗더러 자기 사위가 되어 달라고 청했다. 그리고 신하들로 임금이 일러주는 대로 말하도록 시켜서 사사로이 다윗을 설득하게 했다. 즉 임금이 다윗을 마음에 두고 있고, 임금의 모든 신하들이 다윗을 사랑하고 있으니 임금의 사위가 되는 것이 좋겠다고 말하게 한 것이었다. 그러나 다윗은 그 신하들의 말을 듣고 여전히 겸손한 대답을 했다. "나는 가난하고 보잘것없는 집안 출신인데 어떻게 임금의 사위가 됩니까?" 다윗의 말을 신하들이 사울에게 보고하자, 사울은 다시 자기의 말을 다윗에게 전하게 했다. 사울은 결혼 지참금을 원하지 않고, 단지 블레셋 사람들에 대한 사울의 원수를 갚아주는 방식으로 그들 100명의 포피만 가져오면 된다고 하라 한 것이었다. 이 또한 다윗이 블레셋 군과 싸우다가 죽기를 바라는 마음에서 나온 사울의 술책이었다. 사울의 신하를 통하여 그 제안을 들은 다윗은 사울의 사위가 될 것을 승낙하였다. 다윗은 기한이 차기 전에 조건을 채우려고 부하 몇 사람을 대동하고 나가서 블레셋 사람 100명을 죽이고 그들의 포피를 잘라가지고 돌아왔다. 그래서 결국 사울은 그의 딸 미갈을 다윗의 아내로 내주었다. 여기서 사울은 야훼께서 다윗과 같이 계심을 깨달았다. 그리고 미갈이 다윗을 사랑한다는 사실도 확인했다. 그러나 사울은 다윗이 더욱 무서워졌다. 그 때부터 사울과 다윗은 원수가 되었다.

블레셋 장수들이 그 후에도 계속 싸우러 나왔지만, 나올 때마다 다윗이 사울의 어떤 부하들보다 더 성공적으로 싸웠고, 따라서 그의 명성은 매우 높아졌다.

교훈

1. 악령은 파괴의 영이다. 하나님은 다윗을 택하여 세움으로써 선민

이스라엘을 바로 세우시려고 하는데, 사울은 악령에 사로잡혀서 하나님이 계획하신 일을 망가뜨리려고 안간힘을 쓰고 있었다. 갖은 술책을 동원하여 다윗을 죽이려고 애썼다. 그것은 다윗을 대항하는 것이 아니라 하나님을 대항하는 일이어서, 그의 뜻은 이루어질 수가 없었다. 자기가 하나님을 이길 수 있다고 생각하는 데 인간의 어리석음이 있다. 그것은 망상에 지나지 않는다.

2. 사울의 권력과 꾀와 술수가 그렇게도 크고 압도적인데, 다윗이 그것을 이겨낼 수 있었던 것 역시 하나님의 축복과 보호와 간섭 덕택이다. 다윗이 잘나서가 아니라 하나님의 은혜의 소치였다고 보아야 한다. 물론 다윗에게는 하나님을 믿는 믿음과 그 나름의 순수함과 용맹과 겸손이라는 미덕이 있은 것이 사실이지만, 그것들이 그를 이기게 한 것은 아니었다.

3. 사울이 사용한 여러 가지 음모 중에는 남자들이 걸려 넘어지기 쉬운 것들이 있었다. 임금의 딸을 아내로 얻는다는 것, 즉 임금의 사위가 된다는 것, 이는 권력과 재물이 따르는 일이 아닌가? 이는 당사자와 그 가문에게 여러 가지 이익을 주는 것이어서 매우 유혹적인 것이다. 그러나 다윗은 자기의 주제를 파악하여 그 유혹을 물리칠 수 있는 침착성과 사려가 있는 사람이었다. 그런 사람이면서도 미갈의 사랑 때문에 그 마음이 달라졌다. 그 사랑은 우선 육욕적이 것이었겠지만 그래도 그 힘은 매우 컸다. 사랑의 끌림이 없었다면 다윗이 사울의 제안을 받아들이지 않았을 것이다. 그 사랑 때문에 다윗은 용기를 냈고 더 큰 공적을 쌓았다. 다윗에게 있어서 사랑은 좋기도 하고 나쁘기도 했다. 그것이 인생인 것을 어찌하랴!

요나단이 다윗을 위하여 중재에 나서다(삼상 19:1-7)

해설

다윗은 사울의 부글거리는 적개심을 알기 때문에 몸을 숨길 수밖에 없었다. 사울이 그렇다고 다윗을 방치할 리가 없었다. 그를 찾아내어서 죽이려 한 것이다. 사울은 요나단과 만조백관을 모아놓고 다윗 죽일 작전을 논하였다. 그러나 다윗을 그토록 사랑하는 요나단은 아버지 사울의 계획을 다윗에게 알려 주었다. 즉 내일 아침이 거사할 날이니까 비밀스러운 곳에 숨어 있으라고 일러 주었다. 자기도 아버지 사울과 같이 나가서 그의 곁에 붙어서 다윗에 대해 좋게 말할 것이고, 무언가 일이 있으면 알려 주겠다고 약속했다. 그리고는 요나단은 사울에게 다윗을 변호하는 말을 했다. 다윗이 임금의 부하로 임금에게 죄를 지은 것이 없고, 오히려 훌륭한 봉사를 한 사람이며, 다윗이 골리앗을 공격할 때 자기 목숨을 아끼지 않았고 야훼의 도우심으로 이스라엘에게 큰 승리를 안겨준 사람이며, 임금이 그 사실을 친히 보고 기뻐하신 마당에, 어째서 그 무죄한 사람을 죽임으로 죄를 지으려느냐고 간하였다. 사울은 아들 요나단의 말에 감동이 되었는지, 맹세코 다윗을 죽이지 않겠다고 다짐했다. 요나단은 그 소식을 다윗에게 전하였고, 다윗을 데리고 들어와 종전같이 임금 어전에서 살게 했다.

교훈

1. 요나단과 다윗의 우의는 참으로 모범적이다. 요나단은 친구 다윗을 위하여 최선을 다하였고, 구명 운동을 적극적으로 벌여 친구와 아버지의 관계를 원상복구 시켰다. 이는 말로만 하는 사랑이 아니라 실속이 있는 우정이었다. 사랑과 진실을 가진 호소는 효과가 있는 법이다. 진

심으로 사랑하는 마음을 가지고 사울에게 드린 요나단의 호소는 먹혀
들어갔다. 사울이 아무리 악하여도 아들의 진실된 호소는 그 마음을 돌
리게 했던 것이다.

2. 요나단은 아버지에게 효성을 바칠 의무가 있다. 동시에 사랑하는
친구를 도와야 할 우의가 있다. 어느 것을 택할 것인가? 효인가, 우정인
가? 요나단은 그 두 가지 사이에서 진실을 택한 셈이다. 하나님 편에 손
을 든 셈이다. 다윗 뒤에는 하나님이 계시다는 사실을 알기에, 진실된
하나님의 사람의 편을 들어 변호하고, 이 경우에 있어서는 효보다 우의
를 더 소중하게 여긴 것이다. 그것이 바로 효의 길이기 때문이다. 아버
지로 하여금 범죄하지 않게 하는 아들이 참으로 효자가 아니겠는가?

미갈이 다윗을 피신시키다(삼상 19:8-17)

해설

블레셋과 이스라엘의 전쟁이 다시 터졌다. 다윗이 용감히 싸워 적군
을 성공적으로 물리쳤다. 사울의 마음에는 다시 악령이 발동하여 사울
은 음악을 들려주는 다윗을 죽이려고 그를 향하여 창을 던졌다. 그러나
다윗은 용케 그 창을 피하여 그 밤으로 도망쳤다. 사울은 다윗의 집으
로 사신들을 보내어 다윗을 감시하게 했다. 아침에 다윗이 일어나면 그
를 죽일 심산이었다. 미갈이 다윗에게 귀뜸했다. "당신이 오늘 밤에 스
스로 생명을 구하지 않으면, 내일은 당신이 남에게 살해될 것입니다."
그리고 그녀는 창문을 통하여 다윗을 빠져나가게 한 후에 사람 모양의
우상을 대신 침대에 누이고 그 머리에 염소 털로 된 그물을 씌운 다음
에 여러 벌의 옷으로 그 우상을 덮었다. 아침에 사울이 사신들을 보내

어 다윗을 데려오라고 했다. 그랬더니 미갈은 "다윗이 아프다."라고 말
했다. 그래서 사울이 다시 사신을 보내어 직접 다윗을 보라고 하고, 침
대에 누운 채로 그를 데려오면 자기가 그를 죽이겠다는 계획을 말했다.
그래서 사신들이 들어가 보니, 침대에 있는 것은 우상이었고 그 머리에
는 염소 털 덮개가 가려 있는 것이었다. 사울이 미갈에게 "네가 어째서
나를 이런 식으로 속이고, 내 원수로 하여금 달아나도록 했느냐?" 라고
물었다. 미갈은 "그가 말하기를, 자기를 보내주지 않으면 나를 죽이겠
다고 했습니다."라고 슬기로운 대답하여 위기를 모면했다.

교훈

1. 사람의 마음은 약하다. 한 번 약속하고 맹세한 것도 쉽게 파기하
고 딴전 부리는 것이 인간이다. 특히 악령은 거짓의 영, 속이는 영이 아
닌가? 사울의 마음을 사로잡은 악령은 사울이 다윗을 질투하는 마음으
로 가득 차게 만들었고, 사울이 이성을 잃고 자기의 사위이자 국가 유공
자요, 그렇게도 신사적이고 조금도 악의가 없는 다윗을 죽이려는 마음
을 먹게 했다. 악마의 본질이 그런 것이니 어찌하랴? 그 무서운 세력을
이겨야 하는데, 그 힘이 우리 자신에게는 없다. 하나님의 영만이 그를
물리칠 수 있으니, 우리는 언제나 하나님께 우리의 손을 벌려야 한다.

2. 아버지와 딸은 일촌이고, 남편과 아내는 무촌이지만, 영촌(零寸)
이 일촌(一寸)보다 나은 보기가 다윗과 미갈의 경우였다. 아버지 사울
의 병적인 정신 상태를 알고 사울의 처사가 옳지 않음을 파악한 미갈은
남편의 편이 되어 정당하게 처신했다. 지성인은 인간의 전통이나 인습
등을 초월하여 참을 찾아야 하고, 하나님 편이 되어야 한다.

3. 미갈은 양처(良妻)로서 자기 남편을 살리는 일에 전심전력하였

다. 슬기를 가지고 난국을 타개하고 극복한 미갈은 참으로 부러워할 만한 여걸이었던 것으로 짐작된다. 아내가 슬기가 없어서 남편을 고통으로 몰아넣는 수가 너무도 많은 세상이기에, 미갈의 지혜가 부럽고 칭송할 만하다. 악령에 걸린 아버지의 정체를 바로 알고 사태를 냉정하게 판단할 줄 알았던 미갈에게는 장차 일국의 국모가 될 자질이 있었던 것으로 보인다.

다윗이 라마에 있는 사무엘과 합류하다(삼상 19:18-24)

해설

다윗이 사울을 피하여 간 곳은 라마에 있는 사무엘의 집이었다. 다윗은 하나님의 사람을 찾아가서 그를 통해 전능자 하나님의 신령한 지시와 명령을 받는 것이 가장 현명하다고 생각했던 것으로 보인다. 다윗은 사울이 그에게 한 일을 사무엘에게 털어놓았다. 사울이 언제 추적해 올지 모르는 다급한 상황이었다. 다윗과 사무엘은 라마에 있는 예언자들의 집합소 나이옷*이라는 곳에 자리를 잡았다.

그 소문이 곧 사울의 귀에도 들어갔다. 사울은 사신들을 보내어 거기에 있는 다윗을 데려오게 했다. 그러나 그 사신들이 나이옷*에 가서 보니, 사무엘이 책임자가 되어 있는 예언자들의 무리가 열광적으로 예언하는 상태에 있었고, 하나님의 영이 사울의 사신들에게도 임하여 그들도 광적으로 예언을 하는 사람들로 변해버렸다. 그런 사실을 보고받은 사울은 다시 다른 사신들을 보냈는데, 그들도 광적인 예언자들이 되고 말았다. 그래서 사울은 세 번째로 사신들을 보냈다. 그들마저 광적인 예언자들이 되었다. 마침내 사울 자신이 라마로 가서 세쿠*에 있는 큰 우물에서 사람들에게 사무엘과 다윗이 어디 있느냐고 물었다. 어떤 사람이 그들이 나이옷*에 있다고 사실대로 대답했다. 그리하여 사울이 나이옷*으로 가는데, 하나님의 영이 사울에게 임하였다. 그래서 사울이 그리로 가는 중에 줄곧 광적으로 예언했다. 사울이 자기 옷을 벗어 던지고, 사무엘 앞에서 광적으로 예언한 것이다. 그날 낮과 밤 동안 사울은 벌거벗은 상태에 있었다. 그래서 "사울도 그 예언자들 가운데 있었는가?"라는 말이 파다했다.

교훈

1. 하나님은 사울을 이스라엘의 왕으로 삼으시려고 한 시초에 당신의 영을 그에게 보내어 광적으로 예언하게 하셨다(10:6). 이번에는 그를 왕위에서 물러나게 하시는 하나의 절차로서 광적으로 예언하게 하신 것이다. 양날이 있는 검처럼 한 가지 현상을 두 가지 목적으로 사용하신 것이다. 사울이 이렇게 미치지 않았다면, 다윗은 사울의 손에 죽었을 것이다. 하나님께서 다윗을 살려 왕의 자리에 오르게 하시는 방법은 사람이 상상할 수 없는 기상천외의 것이었다. 하나님의 능력과 지혜가 여러 가지로 나타나고 사람들을 놀라게 한다.

2. 일시적이기는 하지만 사울이 하나님의 영으로 변화됨이 없었더라면, 역사는 다른 방향으로 갔을지 모른다. 일시적이기는 하지만 사울은 하나님의 영에 의하여 변화되어 하나님의 사람이 되고 하나님이 주시는 말씀을 말하는 자가 되었다. 하나님의 영에게 사로잡혀 자기 마음대로는 할 수 없는 상태에 빠졌다.

하나님의 선한 영이 우리에게도 임하여, 악한 마음을 버리고 선만을 행하는 사람이 된다면 얼마나 좋을까! 그리스도인은 하나님의 영을 받은 사람이지만, 사울의 경우처럼 특별한 성령 은사를 받음으로 특별한 일을 해 낼 수도 있으므로, 그런 은사를 요구하는 것도 잘못은 아닐 것이다.

다윗과 요나단의 우의(삼상 20:1-42)

해설

나이옷*에 나타난 사울을 하나님의 영으로 미치게 하지 않았더라면, 다윗은 거기서 사울에게 죽었을 것이다. 다윗은 그 자리에서 달아나 요나단에게로 왔다. 그리고 친구 요나단에게 "내가 한 일이 무엇이냐? 내 잘못이 무엇이냐? 내가 친구의 아버지께 무슨 죄를 지었기에 그가 내 생명을 없애려 하시는가?" 라고 하소연했다. 요나단은 다윗을 위로하며, 다윗이 결코 죽지 않는다고 했다. 자기 아버지 사울은 큰 일이든 작은 일이든 자기에게 알리지 않고는 아무 것도 하시지 않으며, 자기에게 숨기시는 것이 결코 없다고 말했다. 그리하여 다윗도 맹세했다. "네 아버지는 네가 나를 좋아한다는 것을 아신다. 그리고 네가 걱정할까봐, 그는 나를 죽이려는 계획을 너에게 알리지 말아야 한다고 생각하고 계신다. 그러나 내가 확실히 알기는 나와 죽음 사이에는 한 발자국 간격밖에 없다." 그 말을 들은 요나단은 "나는 네가 말하는 것을 무엇이든지 할 것이다."라고 말했다.

그래서 다윗이 그의 계획을 말했다. "내일은 신월(新月)제의 날이고, 임금님의 식사 자리에 같이 하지 않으면 안 되는 날이다. 그러나 나는 가서, 제3일까지 숨어 있으련다. 네 아버지가 나를 보고 싶어 하신다면, '다윗이 제게 간청하며 자기 동네 베들레헴으로 가게 해 달라고 했습니다. 그의 온 가족이 해마다 드리는 제사가 있답니다.'라고 말씀드려라! 그 말을 들으시고 임금께서 '좋다.'라고 하시면 나에게 별일이 없을 것이고, 만일 그가 화를 내시면, 그가 나에 대하여 악한 생각을 가지고 계신다는 것을 알아라! 너와 내가 거룩한 언약을 맺은 관계에 있으니, 네가 나를 잘 보살펴 다오! 그러나 나에게 잘못이 있거든, 나를 네 아버지에 데려갈 것 없이 네가 네 손으로 나를 죽여다오!" 이 말을 들은 요나단은, "그럴 수는 없다. 만의 하나 내 아버지가 너를 해하려는 결정을 한 것을 내가 안다면, 내가 네게 말하지 않겠느냐?"라고 말했다. 그러나 다윗은 요나단에게 "만일 네 아버지가 네게 좋지 않은 응답을 하신다면, 그 사실을 누가 나에게 알려 줄 것이냐?"라고 물었다. 요나단은 계획이 있었기에 다윗더러 "들로 나가자!"라고 했다. 그래서 두 사람은 들로 나갔다.

요나단이 다윗에게 할 일을 구체적으로 말했다. 야훼 이스라엘의 하나님의 이름을 걸어 맹세하겠다고 다짐하면서 설명했다. 자기가 우선 내일 이맘때나 제3일에 아버지 사울의 의중을 탐지해서, 아버지가 다윗에 대하여 호의적이면 그 사실을 다윗에게 알려 줄 것이고, 만일 아버지가 다윗을 해칠 뜻을 품었는데도 내가 그 사실을 다윗에게 알리지 않는다면, 야훼께서 이 요나단에게 해를 주고 그 이상의 처단을 해도 달게 받겠다는 것이다. 그런 일은 없을 것이고, 자기는 다윗을 안전한 곳으로 도피시키겠다는 것이다. 또 과거에 야훼께서 자기 아버지와 함께 하셨던 것처럼 다윗과 함께하시기를 빌겠다고 했다. 이런 상황에서 자기가 살아남는다면, 야훼의 불변하는 사랑을 자기에게 베풀어 달라고 부탁했다. 그리고 만일 자기가 죽는다면, 야훼께서 다윗의 원수의 집안을 몰살시키는 경우에라도, 자기 집에 대하여 다윗의 성실한 사랑을 끊지 말아달라고 했다. 이렇게 다윗과 언약을 맺으면서 요나단은 "야훼께서 다윗의 원수를 다 찾아주소서!"라고 빌었다. 그리고는 다윗에게도 맹세하게 했다. 즉 다윗이 요나단을 자기 목숨처럼 사랑했으니, 그 사랑으로 사랑하겠다고 다시 맹세하라고 한 것이다.

그리고 요나단은 다윗에게 구체적인 안을 냈다. 내일 신월잔치 자리에 다윗이 나가지 않으면, 그 자리가 비고 사람들이 아쉬워 할 것이다. 그 다음 날 다윗은 멀리 나가 전번에 숨었던 그 바위 옆에 숨어 있으라는 것이다. 그러면 요나단이 표적을 향하여 활을 쏘는 척 하면서 화살

세 개를 쏠 것인데, 그 때에 요나단이 하인더러 그 화살들을 주어오라고 할 것이다. 그 때 하인더러 "화살들이 그 바위에 미치지 않은 곳에 떨어졌으니 주워오라!"고 명령을 내린다면, 확실히 다윗은 안전하고 위험이 없으니 나와도 된다는 것이다. 그러나 만일 하인더러 "화살들이 그 바위 저쪽에 떨어졌으니 주워오라!"고 한다면, 그것은 야훼께서 다윗을 멀리 가라고 지시하는 것이므로 거기서 달아나라는 것이다. 자기와 다윗이 한 이 약속은 야훼께서 바로 증인이라고 하며 영원히 불변하는 약속임을 다짐했다.

다윗이 혼자서 들에 숨어 있었는데, 신월 잔치가 벌어졌다. 임금은 종전대로 벽을 등지고 앉고, 요나단은 서 있었다. 압넬*은 사울 곁에 앉았는데, 물론 다윗의 자리는 비어 있었다. 첫날에는 사울이 아무 말도 하지 않았다. 다윗에게 무슨 일이 생겼겠지, 아마도 몸에 부정을 타는 것이 있는 것이겠지 정도로 생각했다. 둘째 날이었다. 다윗의 자리가 여전히 비어 있으므로, 임금이 요나단에게 "이새의 아들이 어제도 오늘도 잔치에 나오지 않는데, 어째서냐?"라고 물었다. 그래서 요나단이 대답을 했다. "다윗이 베들레헴에 가게 해달라고 제게 간청을 했습니다. 그 도시에서 그의 가족의 제사가 있고, 그의 형이 거기 오라고 명령을 했으니, 제발 그를 보내어 형들을 만나게 해 달라고 졸랐습니다. 바로 그 때문에 임금의 식탁에 올 수 없었습니다."

그러자 왕의 진노가 요나단을 향하여 터져 나왔다. 다윗 편을 드는 요나단에게 사울은 심한 욕을 하면서 그를 책망했다. 이새의 아들 다윗이 살아 있는 한 요나단과 그의 왕국은 건설될 수 없다고 하면서, 당장에 사람을 보내어 다윗을 잡아오라고 했다. 그를 살려 둘 수 없다는 것이다. 그러자 요나단이 "그를 왜 죽여야 합니까? 그가 무슨 일을 했습니까?"라고 하면서 다시 다윗을 옹호하고 나섰다. 이 말을 들은 사울은 요나단을 치려고 창을 던졌다. 요나단은 사울이 다윗을 죽이기로 결심한 것을 확인했다. 요나단은 다윗이 걱정되고, 또 아버지가 다윗을 모욕하였으므로, 아무 것도 먹지 않고 노발대발하여 그 식탁에서 일어나고 말았다.

다음날 아침 요나단은 다윗과 약속한 곳으로 소년 하나를 데리고 나갔다. 그 소년더러, "달려가서, 내가 쏜 화살들을 찾아라!"고 일렀다. 소년이 달려가는 동안, 요나단은 다윗이 있는 곳 너머로 화살을 날렸다. 그 소년이 그 화살들이 떨어진 곳에 이르렀을 때, 소년에게 "화살이 너보다 더 멀리 있지 않느냐? 어서, 빨리, 그리고 머뭇거리지 말라!"고 소리쳤다. 그래서 소년은 화살들을 모아 가지고 그의 주인에게로 왔다. 그러나 소년은 아무 것도 몰랐다. 요나단과 다윗만이 그 계략을 알고 있었다. 요나단이 그의 무기들을 그 소년에게 주며 그것들을 성내로 가지고 가라고 명했다.

소년이 사라지자 다윗이 그 돌더미 옆에서 일어나 얼굴을 땅에 대고 엎드렸다. 세 번 절하고 그 둘이 입을 맞추고 서로 울었다. 다윗이 더 많이 울었다. 그리고 요나단이 다윗에게 말했다. "야훼께서 나와 너 사이에, 또 내 후손과 네 후손 사이에 영원히 계실 것이다."라고 하면서 두 사람이 야훼의 이름으로 맹세한 뒤에 평안히 가라고 인사했다. 다윗이 일어나 떠났고, 요나단은 성내로 들어갔다.

교훈

이 장면에서 눈에 드러나게 나오는 배역은 사울과 다윗과 요나단과 압넬*의 네 사람이다. 이들은 각각 서로 다르면서도 특이한 역할을 하고 태도를 드러내 보인다.

1. 사울은 이미 하나님의 영이 떠난 상태여서 이른바 세속적 인간이라고 할 수 있다. 그래서 세상에서 흔히 쓰는 권모술수를 사용하고 있

다. 어떻게 하면 자기의 자리를 굳힐까? 어떻게 하면 대를 이어가며 권력의 자리에서 부귀영화를 누릴 수 있을까? 그 목적을 달성하기 위해서는 방해물을 가차 없이 제거해야 한다고 생각한다. 화가 나면 아들이라도 죽일 수 있는 사람이었다. 한 때 하나님의 영을 받은 귀한 존재도 타락하여 하나님의 눈 밖에 나고, 악마의 하수인이 될 수 있다. 우리가 사울과 같아져서는 안 될 것이다.

2. 요나단은 일국의 황태자로서 아버지의 뒤를 이어 왕이 될 가능성을 100% 가지고 있는 행운아였다. 그는 훌륭한 군인이요 유능한 사람으로서 큰 실수만 없다면 그 영광의 자리를 누릴 수 있는 사람이었다. 그러나 그는 자기 아버지를 무조건 편들거나 맹종하는 위인은 아니었다. 원칙의 사람으로서 옳은 것은 옳고 그른 것은 그르다고 생각하는 사람이었다. 아버지의 생각이나 처사의 잘못된 점을 간파하고 시비를 가릴 줄 아는 사람이었다. 그리고 다윗의 인품과 실력과 역량을 그대로 인정하고, 앞으로 왕이 될 만한 그릇이라는 것을 깨닫는 통찰력이 있는 사람이었다. 그래서 아버지보다는 오히려 다윗을 불변의 친구로 삼고 그 우의를 끝까지 지키기로 맹세까지 하였다. 이처럼 요나단은 원칙의 사람, 의리의 사람, 미래를 내다보는 사람, 참된 우정을 가진 사람, 이렇게 많은 장점을 가진 사람이었다. 일신상의 안락만을 도모하지 않고, 거시적인 안목을 가진 사람이 많이 필요한 세상이 아닌가?

3. 다윗은 하나님이 이미 점지하여 기름 부으신 사람으로서 임금의 자리에 정식으로 오르기까지 많은 우여곡절을 겪지만 그것들을 슬기롭게 잘 이겨나가고 해결해 나가는 신중한 신앙인이었다. 그런 사람을 하나님께서 이스라엘의 왕으로 삼으시려 훈련하고 계셨고, 그는 그 훈련을 잘 받고 있었다. 그 시련이 그에게는 양약이 되었을 것이다.

4. 압넬*은 일국의 군대 사령관으로서 중차대한 지위에 있지만 그는 사울 임금과 혈족관계에 있는 사람이고 무조건 충성파여서 임금이 하는 일을 무엇이나 그냥 동조하는 사람이므로 사울의 패망에 대한 연대책임을 져야 한다. 나라의 녹을 먹는 사람이라면, 그런 높은 위치에서 임금의 선한 참모가 되어 임금이 바르게 정치할 수 있게 돕는 역할을 잘 했어야 했다. 그러나 압넬*은 그렇지 못해 좋지 않은 신하였다 적절한 충고와 자문을 통하여 정치가 바로 되게 하는 것이 참된 신하의 도리일 것이다.

5. 하나님은 전면에 나타나시지 않았지만 막후에서 다윗을 위험에서 건지시고 좋은 친구 요나단을 통하여 다윗의 앞길을 열어 주셨다. 하나님은 역사를 총괄적으로 조종하시면서 역사의 무대에서 제거하실 자는 제거하시고 들어 쓰실 자는 무대 한 가운데로 끌어내신다. 하나님은 언제나 역사의 연출자이시다. 사울이 발악을 해도 하나님의 장중에 있는 다윗을 해칠 수 없었다.

다윗과 거룩한 빵(삼상 21:1-9)

해설

도망자의 신세가 된 다윗은 부하 몇 명을 거느리고 놉으로 갔다. 우선 배가 고파서 음식과 무기가 있어야 했다. 궁리 끝에 부하들을 은신처에 숨겨두고 혼자서 제사장이 있는 성소로 들어갔다. 성소는 아무나 들어가는 곳이 아니고, 보통사람이 들어가리라고는 기대도 하지 않는 곳이다. 다윗이 성소에서 먹을 것을 얻는 것이 가장 안전하리라고 생각했던 것으로 보인다.

그가 불쑥 성소로 들어갔을 때 제사장 아히멜렉은 놀라고 떨었다. 무기도 없이 들어온 다윗을 보고 아히멜렉은 다윗이 어떤 전투에서 패배하고 간신히 도망이라도 온 것으로 생각하고, 아마도 원수들이 추격하여 달려들 것 같은 느낌을 받았기 때문이었을 것이다. 그래서 제사장이 다윗에게 어째서 부하를 거느리지 않고 혼자냐고 물었다. 거기서 다윗은 거짓말로 둘러댔다. 임금이 어떤 일을 자기에게 맡기면서 아무도 그 임무를 알아서는 안 된다고 하셨고, 자기가 어떤 곳에서 부하 젊은이들을 만나기로 했다고 말했다. 그러면서 무엇이든지 먹을 것이 있으면 달라고 했다. 적어도 빵 다섯 덩이가 있어야 한다고 했다. 그 말을 곧이들은 제사장은, 보통 빵은 없고 거룩한 빵 만 있는데 그 젊은이들이 여자를 가까이 하지 않은 상태 곧 거룩한 상태에서만 먹을 수 있는 빵이라고 단서를 달았다. 그러자 다윗이 "내가 원정을 떠날 때에는 언제나 여자를 가까이 하지 않습니다. 그 젊은이들은 보통 여행 때에도 거룩함을 유지하는데 하물며 오늘 같은 날에야 얼마나 더 거룩하겠습니까?"라고 대답했다. 그래서 제사장은 하나님 제단에 차려놓았던 거룩한 빵을 다윗에게 내주었다.

그런데 마침 그날 사울의 부하 가운데 하나인 에돔 사람 도엑 곧 사울의 목동들 가운데 두목이 거기에 있었고, 다윗과 제사장이 만나 이야기나누는 것을 보았다. 그것이 마침내는 다윗을 도운 제사장에게 화를 가져올 줄이야 누가 알았으랴? 그러나 다윗은 그 자리에서 도엑이 문제를 일으킬 것을 예감했다(22:22). 다윗이 아히멜렉에게 창이나 검을 가진 것이 없느냐고 물었다. 임금이 시키신 일이 하도 급한 것이어서 자기의 검이나 다른 무기를 가지고 올 겨를이 없었다는 것이다. 그러자 제사장이 말했다. "당신이 엘라 계곡에서 죽인 블레셋 사람 골리앗의 검이 여기 보자기에 싸인 채 에봇 뒤에 있으니, 원한다면 그것을 가지십시오. 다른 무기는 없습니다." 다윗은 "그보다 더 좋은 것이 어디 있겠습니까? 그것을 제게 주십시오!" 라고 한 뒤에 그 검을 가져갔다.

교훈

1. 하나님의 집을 맡아보는 제사장은 정한 법 안에서 행동한다. 그런데 다윗이 배가 고프고 곤경에 빠졌을 때 성소를 침범하고, 게다가 먹을 것을 달라고 할 때, 제사장은 법을 어겨가면서까지 다윗에게 진설병을 내 주었다. 예수께서도 굶주린 제자들이 안식일에 밀밭을 지나다가 밀 이삭을 잘라 먹은 일 때문에 바리새인의 항의를 받으셨을 때 이 사건을 예를 들어서 제자들을 변호하셨다. 사람의 목숨이 더 귀하다는 말이다. 하나님의 제사법을 지켜야 하지만, 그것을 초월하는 상위법이 있다. 즉 사랑의 법이 다른 모든 법을 포괄한다. 하나님은 제사보다 인애(仁愛)를 더 높이 보신다.

2. 아히멜렉은 매우 융통성이 있는 제사장으로서 훌륭히 판단하고 행동한 사람이다. 그는 그의 선한 처사 때문에 목숨을 잃는 불행을 당했지만, 만일 그가 거기서 달리 행동했다고 가정해 보자. 하나님이 다윗을 이스라엘의 임금으로 세워서 하시려고 계획한 모든 일에 차질을 가져왔을 수 있다. 원칙대로 인간의 도리를 과감하게 행한다는 것은 일신상으로 손해가 될 수 있지만, 하나님의 뜻을 이루어드린다는 것을 알아야 할 것이다.

3. 이 장면에서 다윗이 여러 차례 거짓말을 한 것으로 되어 있다. 그의 거짓말은 자기의 영달과 이익을 위한 것이 아니었다. 악을 대항하기 위한 수단으로서 다윗이 사용한 슬기라고 보아야 할 것이다. 선을 악으로 갚으려는 행동이 아니라 악을 물리치고 선이 승리하기 위해서 사용된 일종의 무기로 볼 수 있다.

다윗이 갓*으로 도피하다 (삼상 21:10-15)

해설

다윗은 언제 어떻게 나타날지 모르는 사울의 습격을 의식하기 때문에 자리를 옮겨야 했다. 그는 갓이라는 도시국가의 왕 아기스에게로 도피했다. 아기스의 부하들은 다윗을 알아보고 "이 사람은 이 땅의 왕 다윗이 아닙니까? 사람들이 춤을 추면서 서로, '사울은 수천 사람을 죽였고, 다윗은 수만 사람을 죽였다.'라고 노래했습니다."라고 왕 아기스에게 말했다. 다윗은 그들의 말을 새겨듣고, 아기스가 자기에게 해코지나 하지 않을까 하여 몹시 무서워했다. 그래서 이번에는 그들 앞에서 작태를 변하여 미친 사람처럼 굴었다. 대문을 긁어 어떤 자국을 남기게 하고, 침을 수염에 질질 흘리기도 하였다. 그 꼴을 본 아기스는, "보아라, 저 사람 미쳤어. 그런 사람을 왜 내게 데려왔어? 미친 사람이 없어서 이런 자를 데려다가 내 앞에서 지랄하게 하느냐? 이자를 내 집에서 썩 물러나게 해라!"고 호통을 쳤다.

교훈

이스라엘의 왕으로 점지된 다윗이 당하는 시련은 여러 가지였다. 그는 한 곳에 머물러 있을 수가 없어 자리를 옮겨 다녀야만 했다. 이번에는 블레셋 땅에 있는 갓*이라는 도시로 가서 그 도시국가의 왕궁을 찾아 들어갔다. 대담한 일이기도 하고 예상을 뒤엎는 일이었다. 그를 뒤쫓는 사울의 첩자들이 상상할 수 없는 도피 행각이었다. 그러나 다윗은 자기가 얼마나 유명하다는 사실을 미처 알지 못했던 것이다. 아기스의 부하들이 다윗을 알아보지 않았는가? 그리고 블레셋 지방에서는 이미 다윗이 이스라엘의 왕으로 소문이 나 있었던 것이다. 그것도 모르고 잠시 신세를 지려고 그곳을 찾아 들어간 것이 잘못이었다. 매우 큰 위기를 만난 셈이다. 거기서 다윗은 또 기지를 발휘했다. 즉 광인의 행세를 함으로써 무사히 그 위기를 모면한 것이다. 호랑이 굴에서도 정신을 차리면 살 수 있다고 한 말처럼 다윗은 적국의 왕궁에서도 정신을 차리고 사태를 지혜롭게 수습하는 지혜를 발휘하여 살아남았다. 물론 그를 숨어서 보호하신 하나님의 솜씨를 우리는 잊지 않아야 할 것이다.

다윗과 그의 부하들이 아둘람에 가다(삼상 22:1-5)

해설

다윗은 갓*을 떠나 아둘람 동굴로 몸을 피했다. 그러나 다윗 형제들과 온 집안이 그 소식을 듣고 그리로 갔다. 사울이 다윗의 형들과 그의 아버지 일가를 주목하고 있었을 것이 분명하다. 다윗이 아둘람 굴에 있다는 소식을 어떻게 들었는지, 어려움을 겪고 있는 사람, 빚에 시달리는 사람, 불만을 품은 사람들이 다윗에게로 몰려왔다. 그들의 수가 약 400명이었는데, 다윗은 그들의 우두머리가 되었다.

다윗은 거기서 모압 지방의 미츠파*로 갔다. 그리고 모압 왕에게, 하나님께서 자기에게 어떻게 하실는지 자기가 알 때까지만 자기 아버지와 어머니를 맡아 달라고 요청했다. 모압 왕은 그 요청을 받아들였다. 그래서 다윗이 성채에 있는 동안, 다윗의 부모는 계속 모압 왕궁에 거했다. 그런데 갓이라는 예언자가 다윗에게 성채에 남아있지 말고 유대 땅으로 가라고 지시했다. 그래서 다윗은 떠나서 헤렛 숲으로 들어갔다.

교훈

1. 다윗은 갓을 떠나 자기 고향 근처에 있는 아둘람 동굴로 갔다. 그

곳은 4-5절에서 말하는 대로 요새이기도 했다. 긴장 속에 살고 있던 다 윗의 형제들은 다윗이 아둘람 굴에 온 것을 알고 그와 합세했다. 그들 뿐 아니라 무능한 사울 치하의 난세를 살아가는 불평분자들이 상당수 거기에 모여들었다. 다윗의 명성 때문에 그 주위에 사람들이 모여든 것 이었다. 다윗은 하나님이 택하신 인물이므로, 그에게 사람들이 모여드 는 것은 당연한 일이었다.

2. 다윗은 앞으로 있을 더 큰 위험을 예견하면서, 부모를 안전한 곳 으로 모시기로 했다. 다윗 집안은 모압과 연관이 있는데다가(룻1:3-4; 4:13-22) 사울과 모압은 적대 관계에 있기 때문에 사울이 모압에 접근 하는 것은 쉽지 않다고 보고, 그의 부모를 모압 왕에게 맡겨 보호를 받 게 한 것이다. 여기서 우리는 다윗의 효성을 볼 수 있다. 자기 몸 하나 도 건사하기 어려운 처지에 부모를 생각하여 그들의 안전을 적극적으 로 도모했다는 것은 놀라운 일이다.

3. 다윗은 예언자 갓의 말에 복종하여 헤렛 숲 속으로 자리를 옮겼 다. 하나님의 영이 갓 예언자를 감동하시고, 다윗을 적당한 곳으로 옮 기시는 섬세한 섭리를 우리는 여기서 볼 수 있다. 다윗은 어디까지나 하나님의 영의 지시를 따라서 행동하는 신앙인이었다.

사울이 놉에서 제사장들을 살해하다(삼상 22:6-23)

해설

사울은 다윗의 행방을 백방으로 뒤쫓고 있었으므로, 다윗의 거취를 아는 것은 문제가 아니었다. 다윗이 어디 있다는 정보를 가지고 있는 사울은 기브아 높은 곳 타마리스크(tamarisk)10) 나무 아래서 손에 창을 들고 앉아 있었다. 불안하고 위기를 의식하고 있는 상태였다. 그 둘레에 임금을 모시고 서 있는 신하들에게 사울이 불평을 털어놓았다. "당신들 벤야민* 지파 사람들아! 이새의 아들이 당신들 하나하나에게 땅을 주고 포도원을 줄 것입니까? 당신들을 다 천부장이나 백부장으로 삼을 것입니까? 그래서 당신들이 다 나에게 반기를 든 것입니까? 내 아들이 이새의 아들과 동맹을 맺었는데, 당신들은 아무도 그 일을 나에게 알려주지를 않았고, 지금 하고 있는 것처럼 내 아들이 내 부하(다윗)을 선동하여 나를 대항하고 매복하고 있는데도, 나를 걱정해 주거나 알려주는 사람이 하나도 없었소." 그러자 에돔 사람 도엑이 나서서 말했다. 자기가 놉에서 이새의 아들이 제사장 아히멜렉에게 오는 것을 보았고, 아히멜렉이 다윗을 위하여 야훼의 지시를 묻고 다윗에게 먹을 것과 골리앗의 검을 내 주었다는 것이다.

그 말을 들은 사울은 제사장 아히멜렉과 놉에 있는 그의 온 집안을 데려오게 했다. 그들이 다 오자 사울은 아히멜렉에게 "어째서 당신은 이새의 아들에게 빵과 검을 주고, 하나님의 지시를 묻고, 둘이 공모하여 나를 대항했습니까? 오늘과 같이 매복하여 나를 대항했는가 말입니다."라고 따졌다. 그러자 아히멜렉이 다음과 같이 변명했다. "임금님의 부하들 중에 다윗과 같이 임금께 충성한 자가 누구입니까? 그는 임금님의 사위요, 임금의 명을 신속히 처리하는 사람입니다. 그리고 임금님의 집안에서 존경받는 사람입니다. 그리고 제가 그를 위해서 하나님의 지시를 구한 것이 오늘 처음 있는 일입니까? 결코 그렇지 않습니다. 저는 이 모든 일에 대해서 전혀 아는 바가 없었으니, 저나 제 집안에게 아무 잘못도 돌리지 말아주십시오." 사울은 불문곡직하고 아히멜렉과 그

---

10) 개역성경 사무엘상 22장 6절에서는 히브리 낱말의 발음을 따라 '에셀'이라고 옮겼다.

의 집안을 죽이기로 하여 둘러 서있는 경호원에게 "돌아서서 야훼의 제사장들을 죽이라!"고 했다. 그들은 다윗과 내통하고 있으며, 그들이 달아난 것을 알고 있으면서도 그 사실을 왕께 보고하지 않은 죄값이라고 했다. 그러나 왕의 부하들이 아무도 야훼의 제사장들을 죽이는 데 손을 쓰려고 하지 않았다. 그러자 사울이 도엑에게 명했다. 그러자 도엑이 돌아서서 제사장들을 죽였다. 그날 에봇(제사장 예복)을 입을 제사장 85명을 죽였다. 그리고 제사장의 도시 놉의 남녀노소 우양과 나귀까지 몽땅 칼로 베어 죽였다. 다행히도 아히멜렉의 아들들 가운데 아비아달은 피신하여 다윗에게로 왔다. 아비아달이 다윗에게 "사울이 야훼의 제사장들을 죽였습니다."라고 말했다. 다윗이 다음과 같이 대답했다. "에돔 사람 도엑이 그날 거기에 있을 때, 나는 그가 틀림없이 사울에게 말하리라는 것을 알았습니다. 당신의 모든 집안사람들의 죽은 목숨에 대해서 책임이 저에게 있습니다. 당신은 나와 함께 있으십시오! 두려워하지 마십시오! 내 생명을 찾고 있는 자가 당신의 목숨도 노리고 있습니다. 당신이 나와 함께 있으니 안전합니다."

교훈

1. 하나님의 영이 떠난 사울은 악마의 하수인이 되었다. 생각하는 것과 말하는 것과 행동하는 것이 다 정상이 아니었다. 마음이 비뚤어져서 남을 의심하고 모든 것을 부정적으로 보았다. 모두가 자기를 해하는 것으로만 보였다. 신하들을 의심하여 완전히 고독에 사로잡혔다. 결국 살아있지만 미친 사람의 행동을 하고 있었다. 그래도 아직은 권세를 가지고 있으므로, 그 권세를 남용할 가능성이 있었다. 그것이 바로 인간 사회의 현실이다. 하나님의 영을 가지고 있지 않는 사람과 집단이 그들의 악마적인 판단을 가지고 행패를 부리며, 하나님의 사람들을 해롭게 하고, 하나님을 대항하며 막대한 손해를 일으킨다.

2. 도엑처럼 아부하는 사람이 있어서 악한 권력자의 편을 들고 그로 말미암아 하나님의 사람들이 박해를 당하고 무고한 많은 생명이 죽는 수가 있다. 그런 사람은 역사 속 모든 시점에 있었고 앞으로도 있을 것이다. 반대로 아히멜렉과 같은 하나님의 사람들이 할 일을 하고도 억울하게 죽음을 당하고 그 일족이 함께 해를 입는 경우가 비일비재하다. 우리가 이해할 수 없는 비극이 하나님의 역사 경륜 가운데 존재한다. 우리가 하나님 앞에 가서만 그런 일에 대한 해답을 얻게 될 것이다.

3. 도엑은 에돔 사람이고 사울이 에돔을 정벌할 때 살려준 사람이다. 자기를 살려 준 대가로 사울에게 충성을 한답시고 그런 정보를 주었는데, 그것이 인지상정일 수 있지만, 그는 그보다 더 높은 차원을 생각하여 하나님의 뜻을 추구했어야 했다. 인정과 의리보다 더 높은 것은 하나님의 뜻이다. 하나님을 두려워하는 마음을 가지고 하나님 편을 들어야 하는 것이 도리이다. 도엑은 하나님의 제사장들을 죽이는 천인무도한 죄를 지었다.

4. 아히멜렉과 그의 집안이 몰살당했다. 이는 일종의 순교로 볼 수 있다. 하나님은 그 후손을 남기시고 다윗의 보호 하에 두어 그 가문을 이어갈 수 있게 하셨다. 다윗은 아히멜렉 일가의 수난이 자기 때문이라는 것을 알고 책임을 느꼈다. 당연한 일이다. 그 책임을 말로만 아니라 그 남은 가족을 돌봄으로써 실천하려고 했다. 이 또한 당연할 일이다. 세상 사람들은 은혜를 잊기 쉽다. 은혜에 대한 보답을 등한히 하는 것이 인간 상사(常事)가 아닌가?

다윗이 케일라* 성을 구출하다(삼상 23: 1-14)

해설

블레셋 사람들이 케일라*성을 공격하며 타작마당들을 습격하여 약탈하고 있었다. 이 소식이 다윗의 귀에 들어왔다. 다윗은 민중을 영도하는 자로서 자기가 나가서 그 블레셋 사람들을 공격해야 하는지를 야훼께 여쭈었다. 야훼의 대답은 긍정적이었다. 블레셋을 공격하고 케일라*를 구출하라는 것이었다. 그러나 다윗을 따르는 사람들이 주춤하며 "우리가 여기 유다 지방에 있는 것도 두려운데, 블레셋과 싸우려고 케일라에 가면 얼마나 더 두렵겠습니까?"라고 말하면서 이의를 제기했다. 그래서 다윗은 다시 야훼께 여쭈었다. 하나님은 케일라*로 내려가라고 하시면서, 블레셋 사람들을 다윗의 손에 붙이시겠다고 약속하셨다. 그래서 다윗과 그의 군대가 케일라*로 내려가 블레셋과 싸워 그들의 우양들을 빼앗고, 그들을 크게 이겼다. 이렇게 해서 케일라* 주민을 구출했다.

제사장 아비아달이 달아나 케일라*에 있는 다윗에게로 왔고, 제사장 예복을 들고 왔다. 이 때 다윗이 케일라*에 있다는 사실이 사울에게 보고됐다. 사울은, 다윗이 대문들과 빗장이 있는 성읍에 들어가 박혀 있으니 하나님이 그를 자기 손에 넣어 주신 것이라고 생각했다. 사울은 전쟁 총동원령을 내리고 케일라*로 내려가 다윗과 그의 군인들을 포위하기로 했다. 다윗은 사울이 자기에게 그런 악한 계획을 가지고 있는 것을 알고 제사장 아비아달에게 "에봇을 이리로 가져오시오!"라고 말했다. 즉 정식으로 제사장이 집전하는 예배 가운데서 하나님의 말씀을 듣겠다는 한 것이다. 그리하여 다윗은 "야훼, 이스라엘의 하나님이시여! 사울이 저 때문에 케일라*로 내려와 이 성을 파괴하려 한다고 합니다. 제가 들은 바와 같이 사울이 정말 내려올 것입니까? 제발 말씀해

주십시오!"라고 야훼께 여쭈었다. 야훼의 대답은 사울이 정말 내려온다는 것이었다. 다윗은 다시 야훼께 "그러면 케일라* 사람들이 저와 제 군인들을 사울의 손에 내 주겠습니까?"라고 여쭈었다. 하나님은 그들이 다윗 일행을 사울에게 내주리라고 대답하셨다.

이리하여 다윗과 그의 군대 600여명은 정처 없이 케일라*를 떠났다. 사울은 다윗이 그 곳을 떠나버렸다는 소식을 듣고 그 성 공략을 없는 것으로 하였다. 다윗은 계속 광야의 요새, 지프*광야 산지에 머무르고 있었고, 야훼께서는 다윗을 사울의 손에 넘기시지 않았다.

교훈

1. 블레셋 사람들의 행패는 계속되었다. 그들이 이스라엘 성읍을 괴롭히고 노략질했다. 실은 아직도 이스라엘의 왕으로 자처하는 사울이 그런 문제에 관심을 두고 처리해야 하는데, 그는 자기의 정적인 다윗을 처치하는 데만 골몰하였다. 신앙의 사람 다윗은 이런 상황에서 블레셋을 쳐야 하는지 말아야 하는지 하나님께 여쭈었다. 다윗은 사사건건 하나님의 뜻을 여쭈어 그 지시를 따라 행동했다. 하나님은 가서 블레셋을 공격하고 케일라* 시민을 구출하라고 하셨다. 다윗의 군인들이 무서워하고 그 싸움을 만류했다. 다윗은 다시 하나님의 뜻을 여쭈었다. 이렇게 신중하게 하나님의 뜻을 따라서 전쟁을 했고 결국 큰 승리를 거두었다. 그리하여 동족을 도탄에서 구원할 수 있었다. 언제나 하나님의 뜻을 여쭈고 따르는 다윗은 우리의 모범이 아닐 수 없다.

2. 사울의 추격을 받고 있는 제사장 아비아달이 전투지에 있는 다윗을 찾아와 합류하였다. 아비멜렉은 사울의 학살에서 살아남은 귀한 제사장으로 제사장 복장까지 들고 온 정식 제사장이었다. 사울이 다윗과 그의 군대가 케일라* 성에 있다는 소식을 듣고는 독 안에 든 쥐처럼 생

각하여 총동원령을 내렸고 다윗 일행을 일망타진하려는 계획을 세웠다. 다윗이 그 소식을 알고는 역시 혼자서 가부간 결정하지 않고 제사장 아비아달을 통하여 하나님의 뜻을 구하기로 했다. 이스라엘 나라의 특징은 야훼 하나님을 주로 모시는 나라라는 점이다. 하나님을 앞세우고, 그의 뜻을 찾아서 행동하는 나라라는 점이다. 다윗을 제사장을 통하여 정식으로 하나님의 뜻을 여쭈었다. 사울이 정말 케일라*로 올 것인가를 여쭈었고, 하나님은 사울이 올 것이라고 대답하셨다.

다음은 사울이 케일라* 성을 포위하고 다윗을 내어놓으라고 할 때, 그들이 다윗을 내 줄 것인가 아닌가를 여쭈었다. 하나님은 그들이 다윗을 내 줄 것이라고 대답하셨다. 이 대답을 듣고 다윗은 부하들을 거느리고 케일라*를 떠나서, 정처 없이 광야로 나아갔다. 다윗은 이렇게 사사건건 하나님의 지시를 따라서 행동한 사람이었다. 그것이 그의 장점이었다.

3. 사울은 날마다 다윗을 찾아 헤맸다. 그러나 야훼께서는 다윗을 사울의 손에 넘겨주시지 않았다. 제 아무리 국가의 총력을 기울여 다윗을 찾아도, 하나님이 다윗을 숨겨주셨으니, 어찌 그를 찾을 수 있었겠는가? 하나님의 손에 자신을 맡긴 생활이 가장 안전하다는 진리를 우리는 여기서 발견할 수 있다.

다윗이 광야에서 사울의 공격을 면하다(삼상 23:15-29)

해설

다윗이 지프* 광야의 호레쉬[11])에 있을 때, 사울이 다윗을 죽이려고

---

11) 개역성경 사무엘상 23장 15절에서는 '수풀'로 옮겼다.

나섰다는 말을 들었다. 요나단이 사울을 앞질러 다윗에게로 와서 야훼의 이름으로 그를 격려하였다. 요나단은 다윗에게 "두려워하지 말라! 내 아버지의 손이 너를 찾아내지 못할 것이다. 결국 네가 이스라엘의 왕이 되고, 나는 네 다음 사람이 될 것이다. 내 아버지도 그렇게 될 것을 알고 있다."라고 말했다. 두 사람이 야훼 앞에서 언약을 맺은 뒤에 요나단은 집으로 가고, 다윗은 호레쉬에 남았다.

그런데 호레쉬 사람 몇이 기브아에 있는 사울에게 올라와서, "다윗이 하킬라* 언덕에 있는, 호레쉬 요새에 우리들 한 가운데 숨어 있습니다. 예쉬몬12) 남쪽입니다. 임금님이 언제든지 내려오시고 싶으면 오십시오! 우리가 할 일은 그 자를 임금께 내어주는 일일 것입니다."라고 고자질했다. 사울은 자기를 그렇게 동정하여 주니, 하나님의 축복이 그들에게 있기를 빈다고 하면서, 좀 더 확실히 하기 위하여 그들을 보내며 더 자세한 것을 알아두라고 했다. 즉 다윗이 어디 있는지, 누가 그를 거기서 보았는지, 그가 출몰하는 은신처를 찾아 알아두고 자기에게 와서 보고하라고 한 것이다. 그런 다음에 그들과 같이 가서 그가 그 지방에 있으면, 유다 지파 사람들 가운데서 그를 찾아내겠다고 하였다. 그래서 그 첩자들은 사울보다 앞서 지프*로 갔다.

다윗과 그의 군인들은 예쉬몬 남쪽, 아라바에 있는 마온 광야에 있었다. 사울과 그의 부하들이 다윗을 찾아 나섰다. 다윗이 그 이야기를 듣고는 그 바위산으로 내려가 종전대로 마온 광야에 머물렀다. 사울은 그 소식을 듣고 다윗을 찾아 마온 광야로 향했다. 사울이 그 산 한 쪽으로 갔고, 다윗과 그의 군대는 그 산 반대쪽으로 갔다. 다윗이 사울을 피하여 다급하게 달아나고, 사울과 그의 군인들은 다윗 일행을 잡으려고 다가가고 있었다. 그런데 바로 그 때 전령 한 사람이 사울에게 와서 전하는 것이었다. "어서 오셔야 하겠습니다. 블레셋 사람들이 우리 땅을

---

12) 개역성경 사무엘상 23장 19절에서는 '광야'로 옮겼다.

습격하고 있습니다." 그래서 사울은 다윗 추격을 멈추고 블레셋과 싸우려고 회군했다. 다윗은 위기일발 죽음을 모면하고 거기를 떠나 엔게디 요새에 머물었다.

교훈

1. 사울은 집요하게 다윗을 죽이려고 안간힘을 쓰고 있다. 하나님이 점지하여 이스라엘의 왕을 삼으려는 다윗을 사울이 죽이려고 한 것은 하나님을 대항하는 일이다. 자기보다 잘났고 사람들에게 더 인기가 있는 사람을 처치하려는 사울의 마음은 근본적으로 비뚤어진 것이다. 살아계신 전능자 하나님이 다윗의 편인데, 어떻게 사울에게 승산이 있겠는가? 악령에 사로잡힌 사울은 완전히 눈이 어두워서 자기가 하려는 일이 얼마나 무모한 일인지도 모르고, 그것이 결정적으로 실패하고야 말 것을 예측하지 못하고 있다. 가련한 인생이 아닌가!

2. 아버지 사울의 그릇된 결정을 알게 된 요나단은 위험을 무릅쓰고 다윗에게 그 사실을 알려주고 다윗을 격려하며 안심시켰다. 그리고 맹세까지 하면서 맺은 우의를 끝까지 지킬 것과, 자기는 어디까지 다윗의 아래 사람으로 그를 섬길 것을 약속했다. 요나단은 일국의 황태자로서 자연스레 왕위를 물려받으려고 당연히 생각하고 그것이 순리라고 할 수 있는데, 그는 친구 다윗의 신앙과 인격과 실력과 인기를 알고 있었으므로, 자기보다 나은 친구를 앞세우는 아름다운 마음을 지녔던 것이다. 그런 우정을 세상에서 찾아보기 드물 것이다.

3. 세상 형편을 표면만 알고 깊은 내막을 모르는 어리석은 인간들은 현재의 집권세력에 무조건 아부하여 이득을 얻으려고 하기 쉽다. 다윗을 처치하려는 사울의 편이 되어 동조하는 사람들이 있었다. 사람이 갖

은 수단과 단합을 통하여 목적을 달성할 수 있는 것처럼 보이지만, 최후 순간에 하나님은 그 상황을 뒤집어엎으실 수 있다. 사울의 군대가 다윗을 거의 다 잡게 된 아슬아슬한 찰나에 하나님은 블레셋 군대를 일으켜 이스라엘을 대대적으로 침공하게 함으로써 사울의 군대가 다윗 추격을 중단할 수밖에 없게 만드신 것이다. 누가 그것을 예측할 수 있었겠는가? 하나님이 하시는 일을 누가 막아낼 수 있었겠는가? 하나님의 사람 다윗은 하나님이 지켜주셨다.

다윗이 사울을 살려 주다(삼상 24:1-22)

해설

사울이 블레셋 군 추격을 끝내고 돌아오자, 다윗이 엔게디 광야에 있다는 정보가 있었다. 사울은 온 이스라엘 백성 중에서 정예 3000명을 골라 데리고 다윗과 그의 군대가 있다고 하는 곳을 찾아 나섰다. 사울이 다니다가 노변에 있는 양 우리들이 있는 곳에 동굴이 있어 용변을 보기 위하여 그 안으로 들어갔다. 실은 그 때 그 동굴 깊은 안쪽에 다윗과 그의 부하들이 앉아 있었던 것이다. 원수가 혼자서 무방비 상태로 용변을 보고 있는 것이다.

다윗의 부하들이 다윗에게 "야훼께서 '내가 네 원수를 네 손에 넘겨줄 것이다. 너 좋을 대로 그를 처치하라.'고 말씀하신 것이 바로 오늘을 두고 하신 것입니다."라고 말했다. 그래서 다윗은 용변을 보고 있는 사울에게 접근하여 몰래 사울의 외투 한 모퉁이를 베어냈다.

그러나 후에 다윗은 그렇게 한 것 때문에 마음이 걸렸다. 그래서 부하들에게 "내 주인 곧 야훼께서 기름 부으신 분에게 손을 대어 그런 일을 하는 것을 야훼께서 금하셨다. 야훼께서 기름을 부으셨기 때문이다.”라고 말하면서 부하들을 꾸짖고, 그들이 사울을 공격하는 것을 허락하지 않았다.

사울은 용변을 다 보고 동굴을 나와서 그가 갈 길을 갔다. 그 뒤에 다윗도 일어나 그 동굴에서 나와 “제 주인이신 임금님!”이라고 하면서 사울을 불렀다. 사울이 뒤돌아보자, 다윗이 땅에 얼굴을 대고 인사하고 다음과 같이 사울에게 말했다. “어째서 임금께서는 ‘다윗이 임금님을 해치려고 합니다.’라고 하는 사람의 말에 귀를 기울이십니까? 바로 오늘 야훼께서 그 동굴 안에서 임금님을 제 손에 넘겨주신 것을 임금님이 눈으로 보셨고, 어떤 사람들이 저더러 임금을 죽이라고 재촉했지만, 제가 임금님을 살려드렸습니다. 제 상전은 야훼께서 기름을 부으신 분이시기 때문에 제가 그분에게 손을 대지 않겠다고 했습니다. 제 아버지시여! 보십시오. 임금님의 외투 모퉁이가 제 손에 있습니다. 제가 옷만 베어내고 임금님을 죽이지 않은 사실을 보아, 제 손에 잘못이 있거나 모반이 있지 않았다는 것을 임금님이 확실히 알 수 있습니다. 임금님은 저를 죽이려고 저를 사냥하고 계시지만, 저는 임금님께 죄를 짓지 않았습니다. 야훼께서 임금님과 저 사이에서 심판해 주시면 좋겠습니다. 제가 임금님에게 잘못한 것이 있다면 야훼께서 복수해 주시기 바랍니다. 그러나 제 손으로 임금님을 대항하지는 않으렵니다. 옛 잠언이 말하기를 ‘악한 것에서 악한 것이 나온다.’고 했습니다. 그러나 제 손이 임금님을 대항하지는 않을 것입니다. 이스라엘의 임금이 누구를 치러 나오셨습니까? 누구를 뒤쫓고 계십니까? 죽은 개입니까? 벼룩 한 마리입니까? 야훼께서 재판관이 되셔서 우리 사이에 판결을 내려 주시면 좋겠습니다. 그가 알아서 제 송사를 들어 주시고, 임금님께 대한 제 원한을 풀어주시면 좋겠습니다.”

다윗이 사울을 향해서 하던 말을 마치자, 사울은 “내 아들 다윗아! 이게 네 음성이었느냐?”라고 말하고는 대성통곡을 했다. 그리고 말을 이었다. "나는 너에게 악으로 갚았는데 너는 나에게 선으로 갚았으니, 네가 나보다 더 의롭다. 야훼께서 나를 네 손에 넘기셨건만 네가 나를 죽이지 않은 것을 보아, 네가 나를 어떻게 대우했는가를 오늘 네가 설명해 주었구나. 어느 누가 일찍이 자기 원수를 발견하고서 그를 무사히 돌려보냈는가 말이다. 네가 오늘 나에게 한 일로 말미암아 야훼께서 너에게 좋은 것으로 갚아주시기를 빈다. 이제 나는 안다. 분명 네가 왕이 될 것이고, 네 손에 의하여 이스라엘 왕국이 건립될 것을 안다. 그러므로 내 뒤에 올 나의 후손들을 잘라 버리지 않을 것과, 내 아비 집에서 내 이름을 지워버리지 않겠다고 야훼를 두고 맹세해 다오!" 다윗은 사울에게 그렇게 하겠다고 맹세했다.

사울은 집으로 돌아갔고, 다윗과 그의 부하들은 성채(城砦)로 올라갔다.

교훈

1. 한 나라의 왕이 되었으면 그 나라를 어떻게 하면 바로 다스릴 수 있을까 하는 문제를 두고 깊이 생각해야 할 터이데, 지금 사울에게는 다윗을 잡아 죽이려는 생각밖에 없었다. 다윗은 이미 하나님이 점지하신 사람이어서, 다윗을 죽이려는 것을 결국 하나님을 대항하는 행동이고 달걀로 바위를 치는 격이다. 즉 어리석은 일이며 공연한 일이다. 우리가 사리를 바로 판단하지 못하고 일할 때 사울처럼 되기 쉽다. 제 아무리 정예군을 많이 동원하고 무력을 쌓아도, 그리고 다윗을 지척에 두고도, 오히려 자기가 자기 무덤을 파는 결과가 되는 것이다.

2. 하나님이 도우셔서 원수를 자기 손에 넘겨주셨을 때, 다윗은 악을 악으로 갚지 않고 선으로 대하는 아량을 베풀었다. 다윗은 사울의 옷자락을 벤 그 자체를 후회하며, 하나님이 기름 부으신 자를 해하면

안 된다는 원칙을 고수하였다. 하나님의 법을 어기면 안 된다는 생각으로 가득한 다윗은 하나님께 복을 받을 수밖에 없었다. 신명기 역사가들의 정신이 바로 야훼 하나님만을 섬기고 하나님의 법대로 살아야 한다는 것인데, 다윗은 그 정신에 투철한 전형적인 인물이었다.

3. 다윗을 죽이려고 쫓아다니다가 오히려 다윗에게 죽임을 당할 뻔한 사울은 비록 일시적이기는 했지만 그 일로 감동을 받았다. 선으로 악을 갚는 사건 앞에서 사람은 감동 받는다. 어렵기는 하지만, 예수님의 말씀대로 원수를 사랑하는 행동을 할 때, 그것이 사람의 마음에 감동을 주는 힘이 있다. 하나님은 그런 방법으로 세상을 구원하고 계신다. 하나님이 죄인들을 위하여 독생자 예수를 주시고, 그 예수님이 십자가에 달려 죽으신 사건은, 죄인의 마음을 감동시키고 회개하게 하는 능력을 가지고 있다.

4. 다윗은 사울을 죽이지 않았을 뿐만 아니라 사울의 간청을 들어주겠다고 맹세했다. 원수를 갚지 않은 것에서 한 걸음 더 나아가 원수에게 지금만 아니라 미래에까지 은덕을 베풀겠다는 약속해 주는 너그러움을 보였다. 남을 사랑한다는 것은 원수를 용서하는 일뿐 아니라 원수의 삶을 축복하고 원수에게 행복을 주려고 노력하는 일까지 포함한다.

사무엘이 죽다 (삼상 25:1)

해설

사무엘이 죽었다. 이스라엘 사람들이 전국에서 몰려와 그의 죽음을 애도했고, 그의 고향 라마에 그를 묻었다. 다윗의 지주(支柱) 역할을 하던 사무엘이 죽음으로써 다윗은 현실에서 의지할 유일한 사람을 잃은 셈이다. 다윗은 이제 더 먼 곳 바란 광야로 우선 몸을 피했다.

교훈

1. 사무엘은 이스라엘의 마지막 사사로서 왕정을 요구하는 백성과 하나님을 잇는 징검다리 역할을 다 하고 숨을 거두었다. 사울에게 기름을 부어 그를 왕으로 세우는 일, 사울이 하나님 앞에서 죄를 지어 하나님이 당신의 영을 그에게서 거두어 가신 후에 다윗에게 기름을 부어 예비 임금을 세우는 일 등, 과도기에 하나님의 사람으로서 해야 할 일을 완수하고 세상을 떠났다. 그는 이스라엘의 사사로서 예언자 노릇도 하고 때로는 제사장 역할도 했다. 다재다능하고도 흠 잡힐 것이 없는 지도자로서 이스라엘 역사에서 없어서는 안 될 중대한 임무를 완수하고 세상을 떠났다. 그리하여 이스라엘 온 국민이 그의 죽음을 애도했다. 사무엘은 나실인 서약을 하고 그 서약한 대로 살았던 하나님의 사람이었다.

2. 정신적으로나 정치 사회적으로 의지할 지도자가 있다는 것과 없다는 것은 크게 다르다. 다윗은 사무엘을 여의고 매우 당황했을 것이다. 홀로 선다는 것은 쉬운 일이 아니다. 다윗은 우선 정신적으로나 정치적으로 상황이 정리되고 수습이 될 때까지, 아니 그러기 위해서 가급적 먼 곳으로 은신하여, 안심하고 마음을 정리할 때까지 사태의 귀추를 주시하는 시간을 보냈다. 이는 지도자가 죽었다고 낙심하거나 성급하게 행동하지 않고 하나님의 지시를 기다리기 위한 은신이었을 것이다.

다윗과 나발의 아내(삼상 25:2-44)

해설

다윗이 사울을 피하여 멀리 남쪽 광야에서 있을 때였다. 마온에 갈렙 가문의 사람 나발이라는 부자가 있었고, 그의 아내는 아비가일이었다. 나발은 무뚝뚝하고 사나왔지만, 그의 아내는 재치가 있고 예쁘게 생겼다. 나발에게는 카르멜*에 큰 목장이 있었고, 그는 양 3000마리와 염소 2000마리를 기르고 있었다.

다윗과 그의 군대는 광야 지대에 있으면서 민폐를 끼치지 않을 뿐만 아니라 주민을 보호하고 그들의 안전을 도모하고 있었다. 다윗이 광야에서 나발이 양털을 깎는다는 소식을 들었다. 양털을 깎는다는 것은 목축하는 자들에게 최고의 경사였다. 축제가 돌아오는데 군인들에게도 기쁨을 주기 위해 다윗은 그의 젊은이 열 사람을 나발에게 보내어 선심을 베풀어 달라고 자기의 이름으로 요청하게 했다. 다윗에게 그럴만한 공로가 있기도 했다. 다윗의 군인들이 관할하는 지역에서 나발의 목자들이 안전하게 양을 치고 있고 군인들이 그들에게 손해를 준 것이 조금도 없으니, 다소를 막론하고 무엇이든지 선심을 써 달라고 부탁할 만했다.

다윗의 젊은이들이 다윗의 이름으로 나발에게 요청하고 대답을 기다렸다. 그런데 나발의 대답은 부정적이었다. "다윗이 누구고, 이새의 아들이 누구냐? 어디서 왔는지 알지도 못하는 사람에게, 빵과 물과 고기를 줄 수 있겠느냐?"라고 하면서 거절하는 것이었다. 부하들이 돌아와서 보고하는 말을 들은 다윗은 부하 400명에게 칼을 차게 하고 자기도 칼을 차고 나발을 응징하러 나섰다. 숙소는 200명이 남아서 지키게 했다.

나발의 종 가운데 한 사람이 나발의 아내 아비가일에게 일렀다. 다윗이 광야에서 사신들을 보내어 주인 어르신께 인사를 하였는데, 어르신께서 그들에게 욕지거리를 했다는 것, 사실은 자기들이 그들 가운데서 지내는 동안 그들은 자기들에게 아주 잘 해 주어 해 입은 것이 하나도 없고 어느 것 하나도 잃지 않았다는 것, 자기들이 양을 치는 동안 그들이 밤낮으로 보호벽이 되어 주었다는 것을 알려 주었다. 그들이 우리 주인어른과 그의 온 집안을 해코지하기로 작정했으니, 어서 지금 알아서 처리하라고 일렀다. 주인어른은 성질이 고약해서 말이 통하지 않는다고 했다.

아비가일은 부랴부랴 빵 200덩이와 포도주 두 자루와 양 다섯 마리를 잡아 요리한 것과, 볶은 곡식 다섯 말과 건포도 100덩이와 무화과 떡 200덩이를 나귀에 실어 하인에게 주며, 자기가 뒤따라갈 터이니 앞서 가라고 했다. 그러나 남편 나발에게는 알리지 않았다. 다윗은 나발의 집을 향해서 오고 아비가일과 그의 종은 다윗을 향해 가다가 서로 만났다. 그러자 다윗이 다음과 같이 말했다. "내가 광야에서 그의 모든 소유를 보호하여 그의 것이 하나도 축나지 않았는데 그 선행을 그가 악으로 갚으니, 내가 공연한 일을 한 것이 분명하다. 내가 내일 아침까지 그에게 속한 남자를 하나라도 남기나 보아라. 하나님께서 다윗의 원수를 그렇게 갚아주실 것이다. 그 이상도 하실 것이다."

아비가일은 다윗을 보자 나귀에서 내려 다윗 앞에 엎드려 절하고 자기 남편의 일을 두고 사과하면서, 그가 어리석어서 그랬고 자기가 그 자리에 있지 않아서 그랬노라고 사정을 털어놓았다. 그리고 자기가 가지고 온 선물을 받아달라고 하며, 자기의 잘못을 용서해 달라고 애원하였다. 아비가일은 다윗이 하나님의 이름으로 정의의 전쟁을 하고 있고 그 때문에 그에게는 재난이 닥치지 않을 것이며 그가 장차 왕이 되어 양심적으로 통치하리라는 것을 예견하였다. 그리고 성공한 다음에 자기를 기억해 달라고까지 부탁하였다.

다윗은 아비가일에게, 야훼 하나님께서 아비가일을 보내어 만나게 해 준 것을 감사하게 생각한다고 말했다. 아비가일이 현명하게 처신하여 자기 손으로 피를 흘려 원수를 갚지 않아도 되게 한 일을 두고 고맙다고 하였다. 다윗은 아비가일이 가져온 선물을 받고는 그녀더러 잘 돌아가라고 인사하며, 그녀의 탄원을 받아들였다고 밝혔다.

아비가일이 집에 돌아왔을 때, 나발은 왕의 잔치처럼 거나한 잔치를 벌이고 기분 좋게 술을 많이 마시고 있었다. 그래서 아비가일은 다음날 아침까지 기다렸다가 술이 깬 나발에게 자초지종을 털어놓았다. 그 말을 들은 나발은 마음이 죽었고, 몸은 돌처럼 굳어졌다. 열흘 후에 야훼께서 나발을 치셨고, 드디어 그는 죽고 말았다.

나발이 죽었다는 소식을 들은 다윗은 나발의 모욕을 야훼께서 갚아 주셔서 자신이 나발을 응징하는 악을 행하지 않아도 되게 하시고 야훼 몸소 나발을 벌하신 일을 두고 야훼께 감사드렸다. 그리고 사람을 아비가일에게 보내어 자기의 아내가 되어 달라고 말하게 하면서 청혼했다. 이를 승낙한 아비가일은 시녀 다섯을 거느리고 다윗의 사절을 따라와 다윗의 아내가 되었다.

다윗이 사울을 떠나 있는 동안 사울은 다윗에게 주었던 딸 미갈을 갈림 사람 팔티*에게 주었다. 다윗은 이스르엘의 아히노암과도 결혼했다. 결국 다윗은 두 여자를 아내로 삼은 것이다. 아히노암은 사울의 아내 이름이기도 한데(14:50), 만일 그녀가 동일인이라면 다윗이 사울의 성적 소유까지 점유하여 지위와 권세를 찬탈한 셈이 된다.

교훈

1. 어리석은 자는 화를 자초한다. 아비가일의 남편 나발이 어떻게 부자가 됐는지 몰라도, 그는 상당한 부를 가진 자로서 자기 삶의 전후 맥락을 판단할 줄 모르는 사람이었다. 그의 많은 양들이 무사히 먹고

자라고 풍성한 털을 낼 수 있었던 것은, 그의 목동들과 양들이 거주하는 지방이 평온하고 통치자가 그 경내에 있는 시민을 잘 보호해 주고 민폐를 끼치지 않았기 때문이다. 결국 나발은 남의 은덕을 몰라주는 사람이었다. 다윗이 정당한 근거를 가지고 나발에게 후의를 요청했다면, 달게 받아주는 것이 정상인의 태도가 아니겠는가? 사실은 미리 알아서 다윗에게 후의를 베푸는 것이 당연한 순서일 것이다. 그런데 오히려 다윗의 요청을 한 마디로 물리치고 그의 사자들에게 욕을 퍼부어 돌려보냈으니, 응징 당하는 것이 마땅하다.

2. 슬기 있는 아내는 남편에게 화를 면하는 복을 가져온다. 아비가일이 재치 있게 취한 적절한 처사는 자기 집안이 당할 화를 면할 수 있게 했다. 동시에 그 자신도 영달의 기회를 얻을 수 있었다. 아비가일의 슬기로운 처사를 본 다윗은 그녀에게 마음으로 반하고 있었을 것이다.

3. 나발은 자기 아내를 통하여 위험한 고비를 넘겼는데도 공포에 사로잡혀 온 몸이 굳어지고 말았다. 하나님은 그 쓸모없는 인간 나발을 죽게 하시고 아비가일에게 아름다운 미래를 열어주셨다.

4. 사울은 다윗과 결혼한 자기 딸 미갈을 다른 남자에게 주어버렸다. 그런 행패가 어디 또 있겠는가! 다윗이 나발의 아내 아비가일을 아내로 맞은 것은 사랑하는 아내를 빼앗긴 공허감 때문이었는지도 모른다. 만일 다윗이 또 얻은 아내 아히노암이 사울의 아내였던 것이 사실이라면, 사울에 대한 복수심이 작용했을 지도 모른다. 결국 인간 세상은 빼앗고 또 빼앗기고 하는 세상인가보다. 빼앗겼으니 빼앗으려고 하는 것이 세상에서 말하는 공평일지 모른다. 그러나 권력이 생겼다고 해서 상전의 아내를 자기 아내로 삼았다면, 그것은 도리에 어긋난 행동이 아니겠는가?

다윗이 또 사울을 살려주다 (삼상 26:1-25)

해설

엔게디 굴에서 잠자던 사울을 다윗이 살려주었을 때 사울은 감격하여 다시는 다윗을 해하지 않을 것 같았지만, 그의 마음은 또 변하여 다시 다윗 사냥에 나섰다.

사울이 그의 본거지 기브아에 있을 때, 다윗이 우거하는 지방에 사람, 지프* 가문의 한 사람이 사울을 찾아와 다윗의 거처를 그에게 알려주었다. 사울은 방을 써 붙이고 다윗의 행방을 알려주면 상을 주겠다고 했을 것이다. 정보를 입수한 사울은 3000명의 정예 부하를 거느리고 지프* 지방을 뒤지기 위해서 출정하였다. 다윗은 자리를 옮겨 다니기 때문에, 그 넓은 광야에서 사울이 그를 찾아내기가 쉽지 않았을 것이다. 사울은 하킬라*산에 진을 쳤고, 다윗은 광야에 숨어 있었다.

다윗은 자기를 찾으려고 사울이 광야에 왔다는 소식을 들었다. 그래서 사울의 진지에 접근하여 보니, 사울이 누워 있고, 경호대장 압넬*이 옆에 있었으며, 군인들이 그 사령부 둘레에 막을 치고 있는 것이었다.

다윗이 그의 심복 아히멜렉과 아비새에게 "내가 사울의 숙소에 침입하려는데, 누가 같이 가겠는가?"라고 물었다. 다윗의 조카인 아비새가 같이 가겠다고 나섰다. 그들이 야간에 사울의 막사에 침입해서 보니 사울은 잠이 들었고, 그의 머리맡에 그의 창을 땅에 꽂아놓고 있었다. 압넬*과 군인들은 사울 둘레에서 잠들어 누워 있었다. 아비새가 다윗에게 속삭였다. "오늘 하나님께서 당신의 원수를 당신의 손에 넘겨주셨습니다. 제가 단 번에 그 창으로 찔러, 그를 땅에 꽂아놓겠습니다." 그러나 다윗은 말렸다. "야훼께서 기름 부으신 분에게 손대면 무죄할 수 없다. 그를 죽이면 안 된다. 야훼께서 그를 때려눕히시든가, 자연적으로 그의 수명이 다하든가, 아니면 그가 전쟁에 나가서 죽게 될 것이

다. 나는 맹세코 내 손을 들어 야훼께서 기름 부으신 분을 치지는 않겠
다. 사울 머리맡에 있는 창과 물병을 들고 가자!" 그들이 그 막사를 빠
져나왔다. 아무도 그들을 본 자가 없고 알지도 못 했고, 잠을 깬 사람도
없었다. 그것은 야훼께서 그들에게 깊은 잠을 주셨기 때문이었다.

다윗은 사울의 진지를 벗어나 맞은편 높은 산마루에 올라가서 섰다.
그리고 사울의 군대와 사령관 압넬*을 큰 소리로 불렀다. 지난밤에 외
인이 왕의 막사에 침입하여 임금을 죽이려고 했는데, 경호대장이라는
자가 하나님이 기름 부어 세우신 상전을 그따위로 지키느냐고 책망하
면서, 사울의 머리맡에 있던 창과 물병을 들어 보여 주었다. 그 광경을
지켜본 사울은, 아차 또 죽을 뻔 했구나 생각했을 것이다. 사울은 다윗
의 음성을 알아차렸고, 그에게 또 당한 것을 알고는 마음이 착잡했을
것이다.

다윗은 사울에게 다시 퍼부었다. "제 상전께서 어째서 그의 종을 뒤
쫓습니까? 제가 어떻게 했기에 그러십니까? 제가 잘못한 것이 무엇입
니까? 임금더러 저를 치라고 들쑤신 분이 야훼시라면, 저를 잡아 제물
로 드리십시오! 그러나 사람들이 그리 시켰다면, 그들은 야훼께 저주
를 받기 바랍니다. 왜냐고요? 그들은 오늘 저를 내 쫓으며, '가서 다른
신들을 섬겨라!' 하고, 야훼께서 주시는 기업을 받지 못하게 하려 했으
니 말입니다. 이스라엘의 임금께서, 산에서 메추라기를 사냥하듯이, 벼
룩 한 마리를 찾아 나서셨지만, 제가 제 피를 땅에 흘리며 죽는 일이 없
게 하시고, 야훼의 어전에서 멀리 떠나는 일이 없게 해 주십시오!." 사
울은 다시 뉘우치는 말을 했다. "내 아들 다윗아! 내가 잘못했다. 돌아
오너라! 다시는 너를 해치지 않겠다. 오늘 너는 나의 생명을 귀하게 여
겨주었다. 나는 어리석었다. 그리고 큰 잘못을 저질렀다."

다윗은 사울을 향하여 말을 이었다. "임금님, 여기에 폐하의 창이 있
습니다. 부하 한 사람을 보내어 이것을 가져가게 하십시오! 야훼께서

는 누구든지 의롭고 신실할 때, 그에게 상을 주십니다. 야훼께서 오늘 임금님을 제 손에 붙여주셨지만, 저는 야훼께서 기름 부으신 분에게 손 대려고 하지 않았습니다. 임금님의 생명이 제 보기에 귀했던 것처럼, 야훼의 눈에는 제 생명이 귀하기를 바랍니다. 모든 환난 중에서 저를 건져주시기를 빕니다.”

이 말을 들은 사울은 다윗을 축복해 주었다. “나의 아들 다윗아! 복을 받아라! 너는 많은 일을 할 것이고, 하는 일마다 성공할 것이다.”

이런 대화가 있은 후 각각 자기 고장으로 돌아갔다.

교훈

1. 다윗의 행방을 사울에게 고자질한 사람이 있다. 자기 지방에 와서 피해 사는 다윗 일행을 두고 떠도는 소문을 들어 그들이 어떤 사람들이고 얼마나 착하고 믿을만한 사람들인 것을 알 수 있었을 터인데 그들의 행방을 사울에게 알렸다는 것은, 돌아가는 그 당시 시국의 형편과 사정을 바로 알지 못하는 멍청한 사람의 소행이라고 보아야 할 것이다. 같은 상황 속에 살면서도 판단을 그르쳐서 하나님의 계획을 망가뜨리는 일을 하기 쉽다. 아마도 사울에게 아부함으로써 얻을 수 있는 코앞에 있는 작은 이득 때문이었을 것이다. 사태를 바로 감지하는 지혜와 대의를 위해서 작은 이득을 희생할 줄 아는 용기와 결단이 필요하다.

2. 사울처럼 우리도 과거에 입은 은혜를 잊거나 무시하는 경우가 많이 있다. 다윗이 사울에게 잘못한 것이 없을 뿐만 아니라 여러 모로 은인인데, 그 은혜를 악으로 갚으려는 사울의 운명은 파멸을 자초하는 것이었다. 우리에게 있어서도 하나님과 그리스도의 은혜가 그토록 큰데도 그 은덕을 잊거나 무시하는 경우가 있지 않은가?

3. 다윗은 사울을 당장 죽일 수 있는 기회가 있었지만 하나님이 기름 부으신 자에게 손대어 하나님께 범죄해서는 안 된다는 신념으로 사울을 또 살려 주었다. 다윗은 행동 하나하나를 신중히 하되 언제나 하나님을 의식하고 하나님의 법도에 어긋나지 않는 방향으로 일을 처리한 것이다. 자기의 생각과 판단을 따르지 않고 하나님의 뜻과 법을 따르려고 생각했다. 원수 갚는 것은 하나님께 달려 있다고 생각했다.

4. 다윗은 인간의 운명이 하나님의 손에 달려 있고 인간의 생명이 귀중함을 깨닫고 있었다. 하나님은 당신이 택하여 세우신 자를 끝까지 인도하고 보호하시며 어떤 환난 중에서도 건져주심을 믿고 있었다. 그런 믿음과 소망이 있었기 때문에 끈질긴 사울의 추격을 참아내고 악을 악으로 갚으려 하지 않은 것이다. 하나님은 의롭고 충성스러운 자에게 보응하심을 알고 끝까지 하나님 앞에서 의롭고 성실하려고 노력했다.

다윗이 갓의 아키쉬* 왕을 섬기다(삼상 27:1-28:2)

해설

다윗의 너그러움에 사울이 일시적으로 감동을 받아 참회하였지만, 사울의 마음이 언제 돌변할는지는 알 수 없는 일이었다. 언젠가는 사울의 손에 죽을 수도 있겠다고 생각한 다윗은 대책을 세울 수밖에 없었다. 궁여지책으로 다윗은 블레셋 사람들의 땅으로 피신하는 방도를 택했다. 사울이 이스라엘 경계선을 넘어서 블레셋 땅에까지 와서 다윗을 잡으려 하지는 않으리라고 생각한 것이다.

다윗은 600명 부하를 거느리고 아키쉬* 왕에게 가서 그의 영토 안에서 살게 해달라고 간청을 드렸다. 다윗을 비롯하여 모든 부하들이 각각 가족을 대동하고 거기서 살 수 있게 됐다. 다윗이 갓*으로 도망했다는 소문을 사울이 들었지만, 그가 거기까지 가서 찾아낼 엄두는 내지 않았다. 아마도 블레셋 사람들을 무서워했기 때문일 것이다.

다윗은 아키쉬*에게, 임금님이 사시는 왕도에서 자기들이 같이 사는 것이 황송하므로 변두리 시골 마을에서 살도록 해달라고 요청했다. 그래서 아키쉬*는 그 날로 그 요청을 허락하고 치클락*이라는 곳을 다윗에게 주었다. 다윗은 거기서 1년 4개월을 살았다.

다윗은 거기에 살면서 그술 족과 기르즈 족*과 아말렉 족을 습격하여 남자 여자 가릴 것 없이 하나도 남기지 않고 다 죽이고 양과 소와 나귀와 낙타와 옷을 노획하여 가지고 아키쉬*에게 돌아왔다. 그 사람들의 땅은 테람에서13) 슈르*로 가는 길과 애굽 땅으로 가는 길 어간에 있는 주거지역이었다. 아키쉬*가 "오늘은 누구를 습격하였소?"라고 물으면, 다윗은 유다 남쪽 땅과 여라흐메엘*의 남쪽, 혹은 켄 족*의 남쪽 지방을 습격했다고 대답했다. 실은 블레셋 사람들을 토벌하고서도 이스라엘 사람들을 습격한 것처럼 꾸민 것이다. 다윗은 남녀를 막론하고 몽땅 죽였으므로, 갓* 사람들에게 진실을 말해줄 사람이 없었다. 그러니까 아키쉬*는 다윗이 이스라엘 사람들에게 매우 역겨운 일을 하고 있다고 생각하여, 다윗을 자기의 충복으로 본 것이다.

그러던 중 블레셋 사람들이 이스라엘과 싸우기 위해서 큰 무리를 동원하였는데, 아키쉬*는 다윗을 의례 자기 사람으로 생각하고 다윗에게 "당신과 당신의 부하들이 나와 함께 나가서 싸워야 한다는 것을 아시지요?"라고 말했다. 다윗은 "좋습니다. 임금님은 당신의 종인 제가 무엇을 할 수 있는지 알게 될 것입니다."라고 대답했다. 아키쉬*는 다윗을 철석 같이 믿고, "아주 좋소. 내가 당신을 내 호위무관으로 삼겠소."

---

13) 개역성경 사무엘상 27장 8절에서 '옛적부터'로 옮긴 히브리 낱말을 일부 헬라어 구약성경 칠십인역을 따라 고쳐 읽었다.

라고 말했다. 아키쉬*는 이렇게 다윗을 충복으로 생각하고 있었으므로 사울이 죽은 후에도 다윗을 위험인물로 보지 않고 그가 유다의 왕이 되는 것을 허용한다(삼하 2:1-4).

교훈

1. 사울이 심복 다윗에게 적당한 자리를 주어 자기에게 협력하게 했다면 얼마나 좋았을까? 훌륭한 인재를 질투하여 인재로 인정하지 않고 제거하려 하는 바람에 일국의 임금으로서 맡은 임무를 수행하지 못했다. 훌륭한 인재의 역량을 사장함으로써 백성과 나라에 돌아갈 이익을 소모하고 말았으니 가석하기 짝이 없다. 결국 사울은 임명자 하나님께 임무 태만과 불성실의 죄를 지은 셈이다.

2. 다윗이 비록 짧은 시간이지만 블레셋 땅에서 망명 생활을 해야 했으니, 이는 안타까운 일이 아닐 수 없다. 다윗은 적군의 영토에서 살면서도 음성적으로 적군에게 해를 입히고 자기 나라에는 이득을 안겨 주는 일을 했다. 적국 왕의 신임을 받음으로써 앞으로 그가 이스라엘의 왕이 되는 일에 보탬을 얻게 되었다. 하나님의 사람 다윗은 때를 얻든지 못 얻든지 하나님의 종으로서 맡은 임무를 수행한 사람이었다. 그를 부르시고 임명하신 하나님의 뜻을 일편단심 추구하면서 산 성실한 사람이었다.

요셉이 애굽의 바로 왕의 충복이 되어 많은 사람을 살리고 자기 가정을 살린 것처럼, 다윗은 비록 적국에 살면서도 그 나라 임금에게 최고의 신임을 받았으니, 사람이 실력을 기르고 역량을 발휘하여 쓸 만한 그릇이 되는 것이 중요하다. 다윗에게 실력이 없었더라면, 그런 등용의 길이 열리지 않았을 것이다.

사울이 무당에게 자문을 청하다 (삼상 28:3-25)

해설

사무엘이 살아서 이룬 치적 중 하나는 사울로 하여금 이스라엘 경내에서 이방 종교를 물리치고 무당과 술객들을 쫓아내게 한 것이었다. 그런 사무엘이 죽은 후에 블레셋 사람들이 총력을 기울여 이스라엘에게 싸움을 걸어오는 위기가 닥쳐오자, 사울은 우선 이스라엘 전군을 소집하여 길보아에 진을 쳤지만 블레셋 군대를 보자 무섭고 떨렸다. 그런데 의지할 것이나 의논 상대가 없었다. 다급한 나머지 야훼께 여쭈었지만, 야훼께서는 이미 사울을 버린 상태인지라 아무런 반응을 보이시지 않았다. 즉 꿈으로나 우림으로나 예언자들을 통하여서나 응답 주시기를 바랐으나, 응답이 없었다. 그래서 사울은 그의 종들에게 무당이 어디 있는지 찾아보라고 명령을 내렸다. 엔돌에 무당 한 사람이 있다고 종들이 보고했다.

사울은 자기 정체를 감추느라고 사복을 입고 부하 두 사람을 대동하고 야간에 그 무당을 찾아갔다. "나를 위하여 영에게 부탁하여, 내가 지명하는 사람을 불러내 주시오!"라고 사울이 무당에게 부탁했다. 그러자 무당은 사울을 알아보지 못하고 "사울 왕이 한 일 곧 어떻게 이 땅에서 무당과 술객을 없애버렸는가를 당신이 분명히 알면서 무당질을 하라고 하니 나를 죽이려고 올무를 놓는 것이 아닙니까?"라고 말했다. 사울은 야훼의 이름을 걸고 맹세하면서 결단코 이 일 때문에 그녀에게 벌이 떨어지는 일은 없을 것이라고 했다. 그러자 그녀는 "누구를 불러 드릴까요?"라고 물었고, "사무엘을 불러주시오!"라고 사울이 대답했다. 무당이 사무엘의 영을 불러올렸다. 무당이 사무엘을 보자 고함을 지르며 "당신은 사울이면서, 어째서 나를 속였습니까?"라고 사울에게 말했다. 그러나 사울에게는 아직 사무엘이 보이지 않았다. 그래서 무당더러 "두려워 마십시오! 뭐가 보입니까?"라고 물었다. 무당이 "땅으로부터 신적인 존재14)가 올라오는 것이 보입니다."라고 대답하자, 사울은 "그의 모습이 어떻습니까?"라고 다시 물었다. 그녀가 "한 늙은이가 긴 옷에 감싸인 채 올라오고 있습니다."라고 대답하자, 사울은 그가 사무엘이라는 것을 알고 땅에 얼굴을 대고 엎드려 인사하였다.

사무엘은 사울에게 "어째서 시끄럽게 자기를 불러 올렸는가"라고 물었다. 그래서 사울의 사정을 털어놓았다. "제가 큰 곤경에 빠졌습니다. 블레셋 사람들이 싸움을 걸어오는데, 하나님은 저에게서 등을 돌리시고 더는 대답하시지 않습니다. 예언자들을 통해서나 꿈을 통해서 응답하실 수 있는데 말입니다. 그래서 제가 어떻게 해야 할지를 말씀해 달라고 어르신을 모셔 올리도록 했습니다." 사무엘은 솔직하게 다음과 같이 말했다. "야훼께서는 이미 당신에게서 등을 돌려 당신의 원수가 되었소. 야훼께서 나를 통해서 말씀하신 대로 이스라엘 나라를 당신의 손에서 거두어 당신의 이웃 다윗에게 주셨소. 당신은 야훼의 말씀에 복종하지 않았고 아말렉에 대한 야훼의 진노를 당신이 이행하지 않았소. 그래서 오늘 이런 일이 생긴 것이오. 그뿐 아니라 야훼께서 이스라엘과 당신을 블레셋 사람들의 손에 내주실 것이고, 내일이면 당신과 당신의 아들들이 죽어서 나와 같이 있게 될 것이오."

사울은 땅에 완전히 누워버렸다. 사무엘의 말 때문에 공포에 사로잡혔다. 하루 낮과 밤 동안 아무것도 먹지 않아 맥이 하나도 없었다. 무당은 두려움에 싸인 사울을 달래며 음식을 먹으라고 권했다. 그러나 사울은 거절했다. 부하들과 무당이 간청하자, 사울은 그들의 말을 듣고 땅에서 일어나 침대에 앉았다. 무당은 자기 집에서 살찌운 송아지를 잡고 밀가루를 개어 무교병을 만들어 사울 일행에게 내놓았다. 그래서 그들은 먹고 그 밤으로 갈 길을 갔다.

---

14) 개역성경 사무엘상 28장 13절에서는 '영'으로 옮겼다.

교훈

1. 블레셋 사람들의 총공격을 사울이 어떻게 막아낼 것인가? 이스라엘 국민을 다 동원해도 승산이 없다. 하나님을 떠나서 제멋대로 하던 사울이지만 막다른 골목에 이르자 결국 야훼께 도움을 청해야 하겠다고 생각했다. 그래서 하나님께 여쭈었지만, 하나님은 이미 사울을 떠나버린 상태여서 아무런 응답도 하시지 않았다. 이것이 우리 인간들의 모습이 아닌가? 하나님 없이 살다가, 급하게 될 때 비로소 하나님께 도움의 손길을 청한들, 하나님이 응답하시지 않을 것이 확실하다.

2. 하나님의 응답을 얻지 못한 사울은 나름대로 미신적인 방법을 써보았다. 즉 무당의 힘을 빌어 하나님의 응답을 받아보려고 한 것이다. 무당이나 요술쟁이나 기타 이방적 종교행위는 하나님의 원하시는 것이 아니므로, 사무엘은 그런 행동을 배격했고, 사울도 동조하여 미신퇴치에 열을 올렸던 사람이다. 그러나 자기가 급해지니까 불법적인 방법까지도 쓰려고 한 것이다. 하나님이 원하지 않는 방법을 써가면서 하나님께 응답 받겠다는 것은 모순이다. 그런데 인간들은 그런 모순적이 행동을 다반사로 행하고 있다.

3. 무당의 행위를 하나님이 정죄하셨지만, 사울의 경우에는 하나님께서 예외적으로 사무엘을 죽음의 세계로부터 현실 속의 나타나게 하여 사울을 책망하고 그의 최후를 알려주는 역할을 하게 하셨다. 사울을 경책하시려고 하나님은 죽음의 세계에 있던 사무엘을 불러내기까지 하는 비상수단을 사용하신 것이다. 그런 비상수단이 아니고서는 사울이 그의 악행과 만행을 단념하지 않을 것이기에, 죽음의 세계에서 나온 사무엘을 통하여 사울의 운명을 최종적으로 통고하신 것이다. 하나님이

이런 최후 수단을 통해서 사울의 운명을 선포하셨다면, 사울은 통회자
복하며 하나님께로 돌아왔어야 하지 않았겠는가? 그런데 그는 인간적
인 감정을 그대로 품고 땅에 자빠지고 화내고 체념하는 등으로 개전의
기색을 보이지 않은 채 집으로 돌아갔다. 멸망의 자식들의 말로는 그런
것인가?

블레셋 사람들이 다윗을 거부하다(삼상 29:1-11)

해설

블레셋의 모든 군대가 아펙*에 진을 치고, 이스라엘 군은 이스르엘
에 있는 샘가에 진을 쳤다. 블레셋 군에 사열(査閱)이 시작되자 여러
부대가 100명씩 또는 1000명씩 사열대를 지나갔다. 나중에 다윗과 그
의 군대도 아키쉬* 군대의 한 부분으로 함께 지나가고 있었다. 그러자
블레셋 군의 사령관들이, "이 히브리인들이 여기서 뭘 하는 건가?"라고
따졌다. 아키쉬*가 "이 사람이 다윗 곧 이스라엘 왕 사울의 부하였던
사람이 아닙니까? 그가 나와 같이 있은 지가 벌써 여러 해가 됐습니다.
그가 나에게 투항해 왔고, 그 동안 나는 그에게서 조금도 흠을 발견하
지 못했습니다."라고 대답했다. 그러나 사령관들은 아키쉬*에게 화를
내며 다음과 같이 말했다. "그 사람이 우리와 함께 전선에 나서면, 거기
서 우리의 대적으로 변할 터이니, 전투에 내보내면 안 됩니다. 당신이
지정해 준 곳으로 돌려보내시오! 이 사람이 여기 있는 사람들의 머리
를 베어다 바쳐야만 자기 상전과 화해할 것이 아닙니까? 사람들이 춤
추면서, '사울은 수천 명을, 다윗은 수만 명을'이라고 서로 노래를 불러
주던 다윗이 아닙니까?"

아키쉬*가 다윗을 불러 다음과 같이 말했다. "맹세코, 당신은 정직했소. 당신이 나에게 온 날로부터 오늘까지 나는 당신에게서 잘못을 본 일이 없어서 말인데, 나 보기에는 당신이 이 전쟁에 나와 함께 출입하는 것이 좋겠소. 그러나 다른 영주(領主)들이 당신을 인정하지 않으니, 블레셋의 영주들의 기분을 상하게 하지 말고 평안히 돌아가시오!" 다윗은 다시 탄원했지만 아키쉬*는 같은 대답을 하면서, 다윗이 전혀 흠이 없고 하나님의 천사와 같이 보였다고 극찬하고는 자기가 지정해 준 땅으로 아침에 일어나서 가라고 일렀다. 그리고 어떤 좋지 않은 소문이 나돌더라도 괘념치 말라고 타일렀다.[15] 그래서 다윗은 자기 군대를 데리고 아침 일찍 블레셋 땅으로 돌아갔다. 블레셋 군대는 싸우기 위해서 이스르엘로 올라갔다.

교훈

만일 블레셋의 영주들이 다윗을 몰라보고 그들의 전선에 그와 그의 군대를 투입했다면 어떻게 됐을까? 다윗은 블레셋 편이 되어 사울의 군대 곧 자기 조국 군대와 싸워서 살생을 했을 것이다. 즉 자기 나라를 대항하는 죄와 하나님이 기름 부은 왕에게 반기를 드는 죄를 범했을 것이다. 아니면 그 전장에서 돌변하여 블레셋 군을 대항하는 싸움으로써 지금까지 섬기던 상전, 자기를 천사처럼 여기던 주인을 배신하는 자가 되었을 것이다. 하나님은 다윗으로 하여금 그런 죄를 짓지 않도록 **빼내** 주신 것이다. 그 어떤 죄도 짓지 않는 방법은 그 상황에서 벗어나는 것이었다.

---

15) 이는 사무엘상 29장 10절 히브리어 마소라 본문에는 없으나 헬라어 구약성경 칠십인역에 들어 있는 내용이다.

다윗이 아말렉에게 보복하다(삼상 30:1-30)

해설

다윗 일행이 블레셋 군에 합류하여 전쟁을 하려다가 거절당하고 사흘 만에 자기들이 배당받아 살고 있던 치클락*에 돌아와 보니, 아말렉 사람들이 그 곳을 습격하여 그 도시를 불사르고 성안에 있던 여자들과 모든 사람을 죽이지는 않고 모두 사로잡아 가버렸다. 다윗 일행은 아내와 자녀가 다 잡혀간 것을 보자 대성통곡하며 울 힘이 없어질 때까지 울었다. 그런데 백성은 극도로 속이 상하여 그것을 다윗의 탓이라고 하면서 돌로 치려고 하는 바람에 다윗이 매우 위험한 처지에 몰렸다. 그러나 다윗은 침착하게 야훼 하나님께 기도하여 힘을 얻었다.

다윗은 사태를 수습하려고 제사장 아비아달과 상의했다. 제사장더러 에봇을 가져오라고 했다. 다시 말해서 에봇에 달린 우림과 둠밈을 가지고 하나님의 의견을 알아보자는 것이었다. 다윗은 아말렉 비적을 추격해야 할 것인가 아닌가를 여쭌 것이다. 야훼의 대답은 긍정적이었다. 그들을 쫓아가면 따라잡아 모두를 구출할 것이 분명하다고 하신 것이다. 다윗과 그의 군대 600명이 몽땅 출발하여 베소르* 건천에까지 왔다. 거기에는 잡혀가지 않고 남은 사람들이 머물러 있었다. 너무 지쳐서 더 나갈 수 없는 사람 200명이 거기 남고, 400명이 다윗과 함께 추격을 계속했다.

들에서 애굽 사람 하나를 발견하여 다윗에게 데려왔다. 기진맥진한 사람이었다. 그래서 그 사람에게 빵과 물과 무화과 과자와 건포도를 주어서 먹게 했다. 그 사람은 그것을 먹자 기운을 차렸다. 그는 지난 사흘 밤낮으로 아무 것도 먹지 못했다는 것이다. 그는 애굽 사람으로 어떤 아말렉 사람의 종이 되었는데, 사흘 전에 그의 주인이 앓는 자기를 버려두고 갔다고 했다. 그리고 아말렉 사람들이 케렛 사람*의 땅과 유다

땅과 갈렙의 땅을 습격하고 치클락*을 불살랐다는 것이었다. 다윗이
그 사람더러 그 비적들 있는 데로 인도해 달라고 부탁했다. 그 사람은
자기를 죽이지만 말고, 또 옛 주인에게 넘기지도 말아달라고 하면서 길
을 안내하겠다고 했다.

그 사람을 따라가 보니, 그 비적들은 블레셋과 유다에서 많은 물건
들을 빼앗아 좋아하며, 먹고 마시고 춤추며 사방에 흩어져 있었다. 다
윗은 아침부터 다음 날 저녁까지 그들을 공격하여 낙타를 탄 400명을
제외한 모든 사람을 죽였다. 그리고 잡혔던 모든 사람을 살려내고 물건
도 다 회수하였다. 또 그들의 우양을 포획하였다. 그리고는 200명이 남
아 있는 베소르*로 돌아오니 사람들이 기쁨으로 환영했다.

그런데 다윗과 함께 비적을 추격하러 갔던 사람들 중에 마음이 썩고
못된 사람들이 있었는데, 뒤에 남아 있던 그 200명은 수고를 하지 않았
으므로 그들에게는 다시 찾아온 물건들을 돌려주지 말고 그들의 아내
와 자식만 데리고 떠나도록 하자는 것이 그들의 의견이었다. 그러나 다
윗의 생각은 달랐다. 전선에 나갔던 사람이나 후방에 있던 사람이나 다
같이 균등하게 노획물을 나누어 받아야 한다고 생각한 것이다. 야훼께
서 승리를 주셨고 노획물도 야훼께서 주셨기 때문이라는 것이다. 그
날 이후 그것이 이스라엘의 법이 되었다.

다윗은 치클락*에 돌아오자 그의 친구들과 유다의 원로들에게 노획
물의 한 부분을 보냈다. 즉 다윗과 그의 부하들이 떠돌아다닌 모든 지
역 사람들에게 골고루 노획물을 분배했다.

교훈

1. 물이 높은데서 낮은 곳으로 흐르듯이, 제대로 된 법이 없는 사회
에서는 힘 있는 자가 약한 자를 괴롭히고, 공백이 있으면 그런 곳으로
힘 있는 자들이 습격하여 빼앗아 가지는 것이었다. 다윗이 없는 틈을

타서 아말렉 사람들이 치클락* 지방을 털어갔다. 남의 것을 자기 것인 양 빼앗아갔으니, 그런 불법을 방치할 수는 없었다. 그것은 야훼 하나님의 도리가 아니다. 그래서 다윗은 자기의 상식으로 움직이지 않고 하나님께 여쭈어 허락을 받아 아말렉을 공격하고 응징할 뿐만 아니라 빼앗겼던 것을 말끔히 되찾았다. 하나님이 이스라엘에게는 모세를 통하여 법을 주셨으므로 이스라엘 백성은, 특히 그 민족의 지도자들은 그 법을 준수하며 그 법에 따라 백성을 다스려야 했다. 의의 하나님은 의롭고 공평하게 다스리기를 원하신다.

2. 하나님의 세계는 하나님의 뜻이 이루어지는 세계이다. 아말렉이 불법을 저질렀지만, 하나님은 살아 계셔서 애굽인 종을 통하여 아말렉의 거점을 발견하게 하시고, 정의의 사신인 다윗을 통하여 그 불법자들을 벌하셨다. 세상은 마구 돌아가는 것이 아니다. 하나님이 살아계셔서 그의 공의로운 심판을 이루신다.

3. 국가에는 여러 부류의 사람이 같이 살고 있다. 그 중에서 어느 한 부류의 사람만 잘 살아서는 안 된다. 사람마다 직책이 다르지만, 그 모든 사람이 각각 자기 위치에서 열심히 봉사하는 가운데 국가 공동체가 운영된다. 그러므로 다소간 차이가 없을 수 없지만, 국민이 같이 잘 사는 상태를 바라고 노력해야 한다. 전쟁에 나가 군인들이 싸워서 이겼으면, 그 모든 혜택을 군인들만 차지할 수는 없지 않겠는가? 후방에서 일하는 사람들이 있기에 전쟁을 치를 수 있는 것이다. 그러므로 국가 수입을 국가가 정당하게 처리하여 온 국민이 균등하게 혜택을 누리게 해야 한다. 그런 의미에서 다윗은 올바른 통치자였고, 모두에게 존경받을 수 있는 성군의 자질을 가진 사람이었다.

사울과 그의 아들들이 죽다(삼상 31:1-13)

해설

블레셋과 이스라엘의 전쟁은 이스라엘에게 불리하게 돌아가 마침내 이스라엘 군이 패주하고, 길보아 산에서 많이 전사하였다. 적군이 사울과 그의 아들들을 추격하는 가운데 그 아들 세 명이 죽었다.

사울은 궁지에 몰렸다. 궁수(弓手)들이 사울을 발견했을 때 사울은 이미 적군에게 큰 부상을 입은 상태였다. 사울은 그의 갑옷 운반자더러, 그의 검을 뽑아 자기를 찔러 죽이라고 하며, 할례 받지 못한 적군의 칼에 찔려서 노리개가 되기는 싫다고 했다. 그러나 사울의 부하는 무서워 상전을 찌르지 못하겠다고 사양했다. 그래서 사울은 자기의 검으로 자기를 찔렀다. 그 부하가 보니 사울은 이미 죽어 있었다. 그래서 그도 사울처럼 자기 검으로 자기를 찔러 죽었다. 계곡 건너편에 있던 이스라엘 군인들과 요단강 건너편에 있던 이스라엘 사람들은 이스라엘 군이 패주하는 모양과 사울과 그의 아들들이 죽는 것을 보고는 자기들의 마을을 버리고 달아났다. 그래서 블레셋 사람들이 그 마을들을 점령했다.

다음 날 블레셋 사람들이 전사자들이 남긴 것을 거두어 가지려고 다니다가 사울과 그의 세 아들이 길보아에서 죽은 것을 발견했다. 그들은 그 시체의 목을 베고 갑옷을 벗긴 다음, 전령들을 보내어 그들의 우상들의 신당들과 백성에게 그 희소식을 전하게 했다. 사울의 갑옷은 아스다롯 신당에 두고, 그의 시체는 벳산 성벽에 달아놓았다.

그러나 야베쉬길앗* 주민들은 블레셋 사람들이 사울에게 한 짓을 들었을 때, 그 가운데서 용맹스러운 남자들이 출발하여 밤새도록 걸어서 사울과 그의 아들들의 시신을 거두었다. 그리고 야베쉬*로 그것을 가져다가 태워버렸다. 그리고 그 뼈를 야베쉬*에 있는 타마리스크(tamarisk)16) 나무 밑에 묻었다. 그리고 이레 동안 금식했다.

교훈

1. 사울의 말로는 비참했다. 결국 적군에게 추격당하다가 막다른 골목에서 자결하였고, 아들들은 셋이 다 전사하고 말았다. 야훼 하나님을 떠나 제멋대로 살고 통치하던 왕의 끝이 그런 모양이었으니, 이 어찌 야훼의 심판이라고 아니 할 수 있겠는가? 자기와 자기 집안이 망하는 것도 큰일이지만, 그 때문에 이스라엘 나라는 블레셋 사람들의 손에 점령을 당했으니 그 책임이 얼마나 큰가! 임금이 그의 나라에 선정을 베풀어 태평성세를 이루고 백성이 평안하고 만족함을 누려야 하지 않겠는가? 사울이 실패한 원인을 우리는 바로 알아 그의 전철을 밟지 않아야 할 것이다.

2. 사울이 마지막 순간에라도 하나님을 찾았다면, 그렇게 비참하게 죽지는 않았으리라. 이스라엘과 같은 극히 작은 무리를 도우시려고 결심하신 하나님은 당신을 믿고 의지하는 자를 이적을 통해서라도 살려 주시는 분이시다. 그런데 사울은 하나님 신앙을 깡그리 던져버리고 자기의 칼로 자진하는 죄를 지으며 세상을 떠났으니, 그는 하나님의 동정을 받을 길이 전혀 없는 상태로 죽은 것이다.

3. 야베쉬길앗* 사람들의 용맹과 신사적인 행동을 우리는 칭찬해야 할 것이다. 사울이 아무리 못났어도 자기 민족의 임금이요 지도자였기에, 그에게 대한 마땅한 예의를 표시한 것은 국민된 자로서 마땅히 취할 행동이라고 본다. 마땅한 예의를 갖추고 사람의 도리를 다하는 것을 하나님은 기뻐하신다.

---

16) 개역성경 사무엘상 31장 13절에서는 히브리 낱말의 발음을 따라 '에셀'로 옮겼다.

사무엘하

사무엘하는 원래 사무엘상과 함께 구약 예언서(〈느비임〉נביאים)
특히 전(前)예언서(Former Prophets)의 첫 책인 사무엘을 이루고 있
었는데, 칠십인역(Septuagint, LXX)이라는 그리스어 번역을 만드는
사람들이 상하권으로 나누었다. 같은 저자(들)에 의해서 사무엘상하
가 저술 되었을 것이므로 그 속에 흐르는 정신과 목적은 같은 것이라고
보아야 할 것이다.

사무엘상에서는 사무엘과 사울에 관한 사건들을 주로 다루고 사울
이 죽은 이야기로 책이 마감되는데, 사무엘하에서는 사울의 사망 이후
에 이스라엘을 다스린 다윗이 주요 인물로 등장한다. 다윗은 사울과는
달리 하나님께 충성하며 선왕(先王)에 대한 의리를 지켰고 이스라엘
백성에게 존경을 받으며 통일 국가를 이루고 선정을 베푼 모범적인 성
군(聖君)으로 나타난다. 그러나 그 역시 인간이었기에 흠이 있었고 하
나님 앞에서 죄를 범하였고, 아무리 군주라고 해도 하나님의 공의로운
징계를 받아야만 했으며, 따라서 그 가정에는 물론 이스라엘 국가 전반
에도 많은 후환이 있을 수밖에 없었던 것을 묘사하고 있다.

다윗이 사울과 요나단의 죽음을 애도하다(삼하 1:1-27)

해설

사울이 블레셋 대군과 벌인 전투에서 져서 달아나다가 결국은 길보아 산에서 자결하여 죽고 그의 세 아들 특히 요나단도 전사하고 말았는데, 다윗은 아말렉과 싸우러 나갔기 때문에 이스라엘 군의 전황을 알지 못하고 있었다.

다윗이 전투를 마치고 치클락*으로 돌아온 지 사흘 만에 사울의 진영으로부터 왔다는 한 사람이 해지고 더러운 옷을 입은 채 다윗 앞에 나타났다. 그 사람이 다윗 앞에 엎드려 절을 하자, 다윗은 그에게 "어디서 왔소?" 하고 물었다. 이스라엘 진영에서 간신히 도망하여 왔다고 대답하자, 다윗은 그 전투의 형편을 말해보라고 했다. 그 전투에서 이스라엘이 패하여 많은 군인이 죽고 사울과 요나단도 죽었다고 털어놓았다.

다윗은 그 사람더러 사울과 요나단이 죽은 것을 어떻게 알았느냐고 물었다. 그러자 그 젊은이는 자기 공로를 알아달라는 듯이 상황을 설명했다. 어쩌다가 그가 길보아 산에 있었는데, 사울이 많은 상처를 입고 기진하여 그의 창에 기대어 있었고, 적군의 병거들과 기마병들이 그를 바짝 뒤쫓고 있었다는 것이다. 그가 사울 뒤에 서 있었는데, 임금이 자기를 돌아보고는 누구냐고 묻더라는 것이다. 아말렉 사람이라고 대답하자, 왕은 자기에게 죽음이 다가오기는 했는데 아직 목숨이 붙어 있다고 하면서 자기를 짓밟고 죽여 달라고 하더라는 것이다. 그는 왕이 이미 재기의 희망이 없다는 것을 알고, 그를 짓밟고 죽였다고 했다(삼상 31:3-4에는 사울이 자기 검으로 자결한 것으로 되어 있다). 그리고는 그가 썼던 왕관과 그의 팔에 끼었던 팔찌를 가져왔노라고 하며 그것을 다윗 앞에 내 놓았다.

　　그러자 다윗은 그의 옷을 찢었고, 동석한 부하들도 그렇게 했다. 그들은 사울과 그의 아들 요나단을 위해, 또 야훼의 군대와 이스라엘의 집안이 검으로 죽은 것 때문에 저녁까지 애도하며 울고 금식했다. 그리고는 다윗이 그 보고를 한 젊은이더러 어디서 왔는지 다시 물었다. 자기는 이스라엘 땅에 기류하는 외국인 아말렉인의 아들이라고 대답했다. 그러자 다윗은 "야훼께서 기름 부으신 분을 네가 손을 들어 죽이다니 무섭지도 않더냐?"라고 말하면서 호통을 쳤다. 그리고 젊은이 한 사람을 불러 그에게 "나와서 이 사람을 죽여버려라!"고 명령했다. 청년이 명령대로 그를 죽였다. 이에 다윗이 "네가 자신의 입으로 '제가 야훼께서 기름 부으신 자를 죽였습니다.'라고 하며 너 자신에 대하여 증언했으니, 네 피가 네 머리에 임한 것은 마땅하다."라고 말했다.

　　그 후에 다윗은 사울과 요나단의 죽음을 두고 비탄(悲嘆)의 노래를 읊었다. (그리고 활의 노래를 유대 백성에게 가르치도록 명령을 내렸다. 그 노래가 야샤르*의 책에 기록되어 있다. 요나단은 활을 무기로 가지고 있었고, 아마도 활의 명수였던 것으로 보인다.)

　　다윗은 시인이었고, 그의 생애의 여러 국면에 대하여 시를 읊은 것으로 되어 있다. 시편에 다윗의 이름으로 나타나는 시가 71편이나 되고, 그 중의 13편이 다윗의 생애와 관련된 것이다(시 3; 7; 18; 34; 51; 54; 56; 57; 59; 60; 63; 142. 시편 18편은 사무엘하 22장에도 수록되었다).

　　다윗은 사울과 요나단의 죽음을 곧 이스라엘의 영광이 꺼진 것으로 보며, 어떻게 그 강한 자가 쓰러졌는가 라고 개탄한다. 그 비보를 갓*과 아쉬켈론*에 전했다가는 블레셋 백성 곧 그 할례 받지 못한 놈들이 좋아서 날뛰지나 않을까 걱정한다. 길보아 산에서 하나님께 기름 부음을 받은 사울이 죽었으니, 그 산에는 이슬도 비도 내리지 말고 곡식도 자라지 않았으면 좋겠다고 노래한다. 요나단이 쏜 화살은 백발백중이었고, 사울의 검은 허공을 친 적이 없었다. 사울과 요나단의 관계는 너무도 사랑하고 아끼는 관계이므로, 두 사람은 사나 죽으나 갈라지지 않는 것이다. 그들은 독수리보다 더 날쌔고, 힘은 사자보다 더 강하다. 사울은 이스라엘의 백성을 주홍색 옷으로 화려하게 입혔고, 금장식으로 옷들을 단장해 주셨다. 그런데 그 강하신 분이 전사를 하시다니! 요나단이 그 산에서 쓰러지다니! 내 형제 요나단아! 내가 그렇게도 사랑하고, 여인의 사랑 이상으로 나를 사랑하던 네가 죽다니, 속상해 죽겠구나! 어떻게 그 강하신 분이 쓰러지고, 이스라엘의 방패이시던 분들이 없어졌단 말인가! 다윗은 이렇게 그들의 죽음을 애도하였다.

교훈

1. 사울과 다윗의 관계는 매우 껄끄럽고, 사울이 다윗을 여러 번 죽이려고 한 것을 체험한 시점이었지만, 다윗은 아직 정식으로 왕이 아니었고 사울을 이스라엘의 임금으로 여기는 입장에서 또 지금은 변방에서 숨어있다시피 하는 상황과 처지에서도 사울의 죽음을 그렇게도 처절하게 애도했다. 그것은 사울을 야훼께 기름부음 받은 자로 여기고 그를 그 이름과 자격에 합당하게 예우하는 것이 하나님의 뜻이며 법이었기 때문이었다. 즉 다윗은 어디까지나 야훼의 뜻에 복종하려고 애쓴 사람이었다. 그 것이 바로 하나님을 기쁘시게 한 것이었다.

2. 사울을 죽였다고 자백한 아말렉 청년을 다윗이 모든 부하들 앞에서 처단한 것은 이스라엘의 왕이 되려는 사람으로서 그 나라의 기강을 바로잡고 하나님의 뜻에 철저하려는 그의 의도를 명백하게 밝히는 좋은 계기였을 것이다. 물론 다윗의 진심에서 나온 행동이었겠지만, 정치인이기도 한 다윗에게는 그 단호한 처사가 그의 장래에 큰 보탬이 될 수 있었을 것이다. 앞으로 이스라엘의 정국에는 예측불허의 혼란이 닥

칠 수 있었으므로, 야훼 하나님의 뜻과 법을 극상으로 준수하는 터전을 닦은 것은 매우 현명한 일이었다.

3. 다윗은 결국 원수를 사랑하는 사람으로 나타났고, 친구 요나단과의 우정을 남녀의 사랑 이상으로 여길 정도로 두텁게 가진 붕우유신의 모범이 되었다. 세상에서 그런 사람을 찾아보기 힘든 것이 사실인데, 다윗에게서 그 훌륭한 미덕을 발견하면서 우리도 그를 흠모의 대상으로 삼아야 하겠다는 생각을 하게 된다.

4. 다윗은 임금에 대한 충성심과 친구에 대한 깊은 우정을 시에 담아 온 백성에게 가르치고, 책에 적어서 만대에 그것을 읽게 하였다. 그 얼마나 현명한 처사인가! 말보다는 글의 위력이 얼마나 더 크다는 것을 우리는 알고 있다. 다윗이 그렇게 글을 써서 읽힘으로써 민심을 계몽하고 순화(醇化)했다는 것이 그의 특징이고 자랑할 만한 것이다.

다윗이 유다의 왕으로 선포되다(삼하 2:1-7)

해설

사울을 위한 애도가 끝나자 다윗은 그 후에 할 일을 야훼께 여쭈었다. 유다 출신인 다윗이 그때까지는 외곽 광야 블레셋 사람들의 땅 치클락*에 있었지만, 이제는 자기 고향으로 돌아가도 되겠는가를 여쭌 것이다. 다윗은 베들레헴 출신이지만 어떤 도시로 돌아가는 것이 좋을지를 하나님께 여쭈었다. 헤브론으로 올라가라는 지시가 내렸다. 그래서 다윗은 그의 두 아내와 각각 가족을 동반한 부하들을 데리고 헤브론 지방으로 올라가 여러 마을에 정착했다. 그러자 유다 지파 사람들이 몰려와서 그를 유다 가문을 통치하는 임금으로 선포하였다. 그들은 벌써 오래 전에 사무엘이 다윗에게 기름을 부은 사실을 알고 있었을 것이다. 다윗은 이렇게 우선 한 지파의 왕이 되었다.

이스라엘 왕국의 정통성을 염두에 둔 다윗은 이미 죽은 선왕 사울을 제대로 대우하려고 생각했다. 야베쉬길앗* 사람들이 용감하게도 벳산 성에 걸려 있는 사울의 시체를 가둬다가 매장을 하였기에, 다윗은 사신들을 야베쉬길앗*으로 보내어 그들이 한 일을 치하하고 야훼의 부단한 사랑(〈헤세드〉 חֶסֶד)과 성실하심(〈에멧〉 אֱמֶת)[17]이 그들에게 있기를 축원하였다. 그리고 그 일에 대하여 표창하겠다고 다짐했다. 그리고 사울은 죽었지만 이제는 유다 지파가 자기를 왕으로 받들었으니, 힘을 내고 용맹스러우라고 격려를 했다. 이리하여 결국 요단 동쪽의 세력을 자기에게로 끌어들이는 공작을 한 셈이다.

교훈

1. 다윗은 매사에 야훼 하나님의 의견을 여쭈어보고 실행하는 충성심을 보였다. 하나님의 뜻대로 하는 것보다 더 현명한 일이 어디에 있겠는가? 사울이 죽은 후의 이스라엘의 장래를 놓고 기도하고 생각하면서 하나님의 지시를 구했을 것이고, 하나님은 이제는 때가 왔으니 국외에서 망명하고 있을 때가 아니고 당장은 아니지만 장래를 내다보고 단계적으로 할 일이 있음을 제시하신 것이다. 큰 일이 단번에 다 이루어지는 것이 아니다. 순서가 있고 단계가 있으므로, 하나님의 지시를 받아 오늘 할 일을 오늘 해 나가야 한다.

2. 유다 지파 사람들은 그 동안의 역사를 듣고 보는 가운데 다윗이 이스라엘의 왕이 될 사람임을 잘 알고 있었을 것이다. 다윗이 치클락*

---

17) 개역성경 사무엘하 2장 6절에서는 '은혜와 진리'로 옮겼다.

에서 헤브론으로 올라오자, 지체하지 않고 그를 왕으로 선포하였다. 아직 전국적인 것도 아니고 외진 곳이기는 하지만 헤브론에서 작으나마 왕국을 설립한 것은 올바른 처사였다. 국왕이 사라진 그 혼란기를 단축하고 거국적인 왕국을 이루기 위한 첫 수순을 제대로 밟은 셈이다. 시작은 미약하지만 하나님의 권능과 섭리 아래 큰 일을 이루기 위해서 첫 발걸음을 내 디뎌야만 하는 것이었다.

3. 국가의 정통성은 초대 왕 사울의 대를 정식으로 이어가는 데 있을 수밖에 없다. 길보아 산에서 자결하여 죽은 사울의 장례식을 정식으로 할 도리는 없지만 그 시체를 거두어 묻은 사람들을 찾아 표창하는 등, 선왕에 대한 장례 절차를 공식화하여 국가의 전통을 수립할 필요가 있었을 것이다. 그 일을 통하여 다윗은 요단 동쪽의 야베쉬길앗*의 므낫세 지파와 힘을 합하는 이점도 노렸을 것이다. 여기서 우리는 다윗의 정치 수완과 예지도 볼 수 있다. 정치가에게 그런 것들이 다 필요하다.

이스라엘의 왕 이쉬보셋*(삼하 2:8-11)

해설

사울의 사촌이며 이스라엘 군대 사령관이었던 압넬*은 사울이 죽자 사울의 아들 이쉬보셋*을 요단 동쪽 길앗*에 있는 마하나임으로 데리고 가서 길앗*과 아슈르*와 이스르엘과 에브라임과 벤야민*과 온 이스라엘(유다를 제외한 북쪽 지방)을 다스리는 왕으로 세웠다.

사무엘상 14장 49-51절에 사울의 아들 셋이 나오는데, 그들은 다 전사하였다. 그런데 40세나 되는 이쉬보셋*이라는 아들이 있었다는 것은 매우 수상하다. 어쨌든 이쉬보셋*이 왕이 됐을 때 나이가 40이었고, 2

년 동안 왕 노릇했다고 한다. 히브리어 본문에는 이쉬보셋*(אִישׁ בֹּשֶׁת Man of Shame, '창피한 사람')으로 나오는데 칠십인역 헬라어 번역에는 〈이쉬바알〉(אִישׁ בַּעַל, The Lord's man, '주님의 사람')으로 나온다. 압넬*이 요단간 동쪽에 있는 마하나임을 수도로 삼을 것은 블레셋 사람들과 멀리 떨어져 있기 위한 것이라고 본다. 유다 지파는 다윗을 따랐고, 다윗이 헤브론에서 통치한 것은 7년 반이었다.

교훈

1. 성경역사에서 이쉬보셋*은 두 가지 이름으로 나온다. 칠십인역 전통에서는 〈이쉬바알〉로 나타나고 히브리인의 본래 전통에서는 이쉬보셋*으로 나타난다. 외형적으로 볼 때에 왕의 아들, 하나님의 아들, 주인의 아들이라는 그럴듯한 이름을 가지고 있지만, 결국은 부끄러움의 아들이 되는 경우가 있다. 자의가 아니었지만 하나님이 점지하신 다윗의 자리를 넘보다가 망신을 당하는 경우가 된 창피한 인물이 바로 이쉬보셋*이었다. 다윗처럼 하나님의 뜻을 여쭈어본 뒤에 행동했더라면 좋았을 것이다.

2. 사울의 제2인자 압넬*의 처지에서 생각하면, 자기가 모시던 상전의 계열에게 왕위를 계승시켜야만 자기가 길이 출세하고 세도를 부리고 영화를 누릴 수 있을 것이 아닌가? 그래서 사울의 남은 아들 〈이쉬바알〉(이쉬보셋*)을 왕위에 올렸다. 사람 생각으로는 백 번 잘 한 일이고 마땅한 일이라고 볼 수 있다. 그러나 그 역시 하나님의 존재와 그의 뜻을 알려고 하지 않고 인간적인 생각으로 일을 처리한 것이어서, 성공할 가능성이 없는 일을 한 것이다. 〈이쉬바알〉은 겨우 2년밖에 왕위에 있지 못하고 이쉬보셋*의 신세가 되지 않았는가?

기브온 전투(삼하 2:12-32)

해설

한 나라에 두 개의 세력이 주권을 내세우는 상황이 벌어지자 자연히 그 사이에 갈등이 있고 팽팽한 긴장이 있을 수밖에 없었다. 사울은 죽었지만 그 세력을 계승하려는 파와 새로 다윗을 왕으로 세운 세력은 서로 신경전을 벌이는 동시에 이곳저곳에서 두 편 사이에 물리적인 충돌이 일어났다. 그 한 구체적인 예가 여기에 기록으로 남아 있다.

이쉬보셋*을 왕으로 모신 압넬*의 군대가 그들의 수도인 요단 동쪽 길보아의 마하나임을 떠나 요단강을 건너왔고, 다윗 누나의 아들 요압은 다윗의 군대를 거느리고 북상하여 기브온 못가에서 압넬*을 만났다. 즉 제3의 장소에서 서로 힘을 겨루는 사람들이 만난 셈이다. 못을 가운데 두고 그 두 무리가 서로 마주 보는 자리에 앉았다.

압넬*이 먼저 요압에게 말을 걸었다. 쌍방에서 젊은이들을 내보내 힘을 겨루자는 것이었다. 요압이 그 제안을 받아들였고, 한 쪽에서 열두 사람씩을 내보냈다. 각각 상대편의 한 사람의 머리채를 쥐고, 자기 검으로 상대의 옆을 찔러 죽이는 싸움이 벌어졌다. 결국 그들은 서로 상대를 찔러 다 죽고 말았다. 시합은 무승부로 끝났다. 그 때문에 그 곳을 헬카트핫추림*(חֶלְקַת הַצֻּרִים, '칼날의 마당')이라고 부르게 되었다. 그러나 그 무승부 싸움으로 모든 것이 끝나지 않고, 그것이 발단이 되어 전투가 시작되어 싸움이 치열해졌다. 결국 압넬*의 군대가 다윗의 군대에게 패하였다.

다윗의 누나 체루야*에게 아들이 셋 있었으니, 요압과 아비새와 아사헬이었다. 아사헬은 발이 아주 빠른 사람이어서 좌우를 기웃거리지 않고 적장 압넬*을 추격했다. 압넬* 역시 날쌘 사람으로 아사헬더러 더 쫓아오지 말고 자기 군인이나 하나 잡아 노획하는 것으로 만족하라고 일렀다. 더 따라오다가는 죽을 것이고, 그렇게 되면 자기가 그의 형 요압의 낯을 볼 면목이 없지 않느냐고 하면서 말렸다. 그러나 아사헬은 고집을 부리고 따라가다가 압넬*의 창대가 그의 배를 뚫고 통과하는 참변을 당하여 죽었다. 뒤따라오던 우군이 처참한 꼴을 보고 멈칫했다.

그러나 일이 이렇게 끝나지 않았다. 요압과 아비새가 압넬*을 추격 한 것이다. 해질 무렵에 그들이 암마에 이르렀는데, 마침 벤야민* 지파 사람들이 몰려나와 압넬*의 편이 되어 큰 떼거리가 지어 한 고지로 올 라섰다. 의기양양한 압넬*이 요압을 내려다보면 외쳤다. 계속 싸울 것 인가? 싸워봐야 승산은 없을 것이 아니냐? 서로 피붙이를 죽이는 것밖 에 안되는데 그만하고 부하들을 퇴군시키라고 했다. 요압도 그의 제안 을 받아들여 퇴각 나팔을 불어 회군함으로써 더는 전투가 없었다.

압넬*은 밤새도록 걸어서 요단강을 건넜고, 대낮까지 걸어서 마하 나임에 이르렀다. 요압 역시 압넬* 추격을 멈추었다. 결국 전과를 따져 보니 요압 편에는 아사헬이 죽고 그 외에 19명이 전사했을 뿐이었으나, 압넬* 군인 곧 벤야민* 사람은 360명이 전사했다. 요압의 군대는 아사 헬의 시신을 모셔다가 베들레헴에 있는 조상의 묘지에 안장했다. 요압 의 군대는 밤새도록 걸어서 헤브론에 이르니, 아침 해가 떴다.

교훈

1. 사울이 죽고 아직 정세가 안정되지 않아서 상황은 유동적이었다. 하나님은 다윗을 이미 점지하시고 사무엘을 통하여 기름을 부어 암암 리에 왕으로 삼으셨으므로, 신령한 의미에서는 다윗이 이미 왕이었다. 사울의 심복이었던 압넬*은 하나님의 뜻과 신령한 세계에서 된 일을 알지 못했으므로 자기 편이 정통성을 가졌다고 보았을 것이다. 이렇게 언제나 영계의 결정, 곧 하나님의 계획을 일반인은 알지 못하기 때문 에, 그 두 사이에 공연한 갈등이 있게 된다.

사울과 압넬*은 영성을 버렸고 하나님의 뜻을 찾으려 하지 않은 것이 잘못이었다. 결국 하나님을 대항하여 승산 없이 쓸데없는 싸움을 하며 정력을 소비한 것이다. 우리가 성령의 지도를 받으며 하나님의 뜻을 알아서 행한다면 압넬*과 같은 정력소비는 하지 않을 수 있을 것이다.

2. 다윗 진영이 때를 기다리며 탐색전을 벌이는 것은 있을 수 있는 일이지만, 그 편에도 무모한 사람들이 있어서 너무 서두른다든가 공연한 일이나 과격한 행동을 하여 정력을 소모할 수 있다. 아사헬은 자기 발이 빠른 것만 믿고 만용을 부리다가 덧없이 죽은 셈이다.

3. 다행히도 쌍방이 서로 형제요 동족이라는 생각을 하면서 싸움을 자제한 것은 현명한 일이었다. 동족상잔의 행동이기에 피 흘리는 일을 피하는 것이 백번 옳았던 것이다.

4. 다윗의 군대가 수적으로 열세였지만 하나님이 그들과 같이 계셨기 때문에 결과적으로는 다윗 편의 대승으로 끝났다. 압넬*이 자기의 수적 우세와 전통성을 믿고 나왔지만, 하나님이 편드는 쪽이 이긴다는 것이 진리임을 알아야 했다.

압넬*이 변절하고 다윗에게로 오다(삼하 3:1-21)

해설

사울이 죽었기 때문에 이름 없는 그의 아들 이쉬보셋*을 왕으로 추대한 압넬* 측은 점점 약해가고, 다윗의 집은 점점 강해질 수밖에 없었다. 어쨌든 그 양축의 갈등은 계속되어갔다.

다윗은 헤브론을 본거지로 하고 있는 그 7년 반 동안에 여러 아내에게서 아들 여섯이 태어났다. 아히노암에게서 맏아들 암논을, 아비가일에게서 둘째 아들 킬르압*을, 그술 왕 탈마이*의 딸 마아카*에게서 셋째 아들 압살롬을, 학기트*에게서 넷째 아들 아도니야를, 아비탈*에게서 다섯째 아들 셰파트야*를, 에글라에게서 여섯째 아들 이트르암*을 얻었다. 다윗이 헤브론으로 올라 올 때 아내 둘을 데리고 왔는데, 그 후에 넷을 더 얻은 셈이다.

사울의 가문과 다윗의 가문 사이의 알력이 계속되는 동안 사울 측에서는 압넬*이 점점 실권을 쥐게 되었다. 한 번은 임금 이쉬보셋*이 따지는 것이었다. 어째서 자기 아버지의 후궁이었던 리츠파*를 범했느냐는 것이었다. 압넬*은 임금의 말에 대노하여 오히려 대들었다. 자기는 오늘까지 선왕 사울과 그의 형제들과 친구들에게 충성하여 임금을 다윗의 손에 넘겨주지 않았는데, 이제 그까짓 여자 하나를 범한 일로 책망을 하느냐고 하면서 반항하였다. 임금이 그렇게 나간다면 자기는 사울의 집이 가지고 있던 왕권을, 야훼께서 맹세하신 대로 다윗에게 넘겨 다윗으로 하여금 이스라엘과 유다를 다스리는 왕좌에 앉게 하고 단으로부터 브엘셰바*까지 전국을 통치하게 하겠다고 으름장을 놓았다. 이쉬보셋은 압넬*이 무서워서 아무 대답도 하지 못했다. 아마도 그 당시의 형편으로는 다윗의 세력이 압도적이어서 다윗이 득세하는 것은 시간문제라고 생각했기 때문이었을 것이다.

기회주의자였던 압넬*은 자신의 앞날을 개척하기 위해서 수단을 썼다. 사신들을 다윗에게 보내 자기의 말을 전하게 한 것이다. 이 땅은 이미 다윗에게 속한 것이 아닌가? 자기와 계약을 맺으면, 이스라엘 땅 전체를 다윗의 손에 넘기는 일을 후원하겠다고 했다. 다윗은 압넬*의 제안을 받아들이기로 하고 한 가지 조건을 붙였다. 즉 압넬*이 직접 나타나되 사울이 자기에게 주기로 했던 그의 딸 미갈을 데리고 오지 않으면 안 된다는 것이었다. 그리고 다윗은 이쉬보셋*에게 사신들을 보내 "블레셋 사람 100명의 포피를 가져오는 값으로 약혼했던 미갈, 내 아내를 나에게 돌려주시오!"라는 말을 전하게 했다. 이쉬보셋*은 미갈의 집으로 사람을 보내 그녀의 남편 팔티엘*에게서 그녀를 떼 내어 데려왔다. 그 남편은 멀리까지 울면서 그 아내를 좇아 왔으나 그 일을 집행하는 압넬*의 호령 때문에 집으로 돌아갈 수밖에 없었다.

압넬*은 사울 통치하에 있던 이스라엘 전역의 장로들에게 다음과 같은 내용의 전갈을 보냈다. "지난 얼마 동안 당신들이 다윗을 왕으로 삼을 길을 모색하고 있었으니, 이제 그 일을 이루십시오! 야훼께서 다윗에게 약속하시며, '내 종 다윗을 통하여 내 백성을 블레셋 사람들과 모든 원수들에 손에서 구원하려고 한다.'라고 하셨습니다." 압넬*은 자기 소속 지파인 벤야민* 사람들에게는 직접 그 취지를 설명했다. 그리고 헤브론으로 다윗을 찾아가 온 이스라엘과 벤야민* 지파가 하려는 일을 말했다. 압넬*이 부하 20명을 거느리고 헤브론에 왔고, 다윗은 그들을 위하여 잔치를 베풀었다. 거기서 압넬*은 다윗에게 다짐했다. 자기가 가서 모든 백성을 다윗 왕에게 모이게 하고, 다윗과 계약을 맺어 다윗이 원하는 대로 다스리도록 하겠다는 것이었다. 다윗은 압넬*을 돌려보냈고, 그 일행이 편안한 마음으로 돌아갔다.

교훈

1. 사울의 진영에 정통성이 있고 넓은 영토가 있으며 거기에 예속된 지파가 압도적으로 많았지만, 하나님이 함께 하시는 다윗의 진영을 능가할 수는 없었다. 하나는 점점 쇠해가고 또 하나는 전점 흥해만 가는 것이었다. 종이 호랑이가 무슨 힘을 쓸 수 있는가? 인간들만의 지략과 동맹은 외형적으로 크고 힘이 있어 보이지만 결국 종이 호랑이인 것을 어찌하랴!

2. 다윗이 헤브론에 있는 동안 아내를 셋이나 더 얻었고 자식을 많이 얻었는데, 이는 다윗의 약점이었다. 이는 인간적인 뜻에 의해서, 즉 천륜을 따르지 않고서 이룬 세상 집권자들의 행패요 범죄라고 보아야 한다. 그것이 다윗의 장래에 해가 되면 됐지 보탬은 되지 않은 일이었다. 성적인 문란은 결국 그의 집안과 국가 민족을 쇠약하게 하고 패망하게 한다.

3. 압넬*이 선왕의 후궁을 건드리는 등, 권력자들의 숨은 불륜과 비행들은 결국 인간관계를 걷잡을 수 없는 소용돌이 속으로 몰아가고 결국은 자타의 많은 희생과 징계의 도화선이 된다.

4. 압넬*은 대세에 영합하는 기회주의자로서 결국은 다윗의 세력에 몰려서 화를 입을 것을 염려한 끝에 조카 이쉬보셋*의 정당한 책망을 오히려 반역의 기회로 삼고 다윗에게 가세하였다. 자기에게 유익하다면 의리도 절개도 다 버리고 배신하는 것이 죄악된 인간의 기질이다.

5. 다윗은 압넬*의 투항을 환영하면서도 자기와 결혼할 뻔하고 남의 아내가 된 미갈을 데려다 달라는 조건을 내걸었다. 자기의 출세를 위하여, 이미 남의 아내가 된 미갈을 강제로 빼앗아서 다윗에게 데려온 압넬*이 과연 잘한 일일까? 이미 남의 아내가 된 그녀를 자기 아내로 삼으려는 다윗의 생각은 과연 옳은 것이었을까? 강요에 못 이겨 남편을 두고 다윗에게 온 미갈은 과연 잘 한 일일까? 우리의 정상적인 판단을 혼미케 하는 사건이다. 사울 왕의 잘못이 그 꼬임의 첫 단계였지만, 그 해결은 결코 개운치가 않다. 하나님이 이 사건에서 어느 편을 들어주실지 궁금하다.

요압이 압넬*을 죽이다(삼하 3:22-39)

해설

압넬*과 다윗이 흥정할 때 요압과 그의 군인들은 토벌을 하러 원정 중이었다. 그들이 돌아와서 들으니, 다윗이 압넬*을 살려서 그냥 돌려 보냈다는 것이었다. 그래서 요압이 다윗에게 항의하며, 압넬*은 왕을 속이고 이쪽 정세를 탐지하러 왔을 뿐인데 어째서 그를 그냥 돌려보냈 는가 라고 따졌다.

요압은 다윗 어전에서 물러나기가 바쁘게, 다윗과는 의논하지 않고 사람을 압넬*에게 보내 시라의 저수지18)에 이른 압넬*을 불러왔다. 요 압은 압넬*에게 사사롭게 할 말이 있다고 하며 그를 문간으로 데리고 나가 칼로 그의 배를 찔렀다. 결국 동생 아사헬을 죽인 압넬*에게 보복 을 한 셈이다. 다윗은 그 소식을 듣고 "나와 나의 왕국은 압넬*의 피 흘 린 죄에 대하여 야훼 앞에 영영 결백하다. 그 죄는 요압과 그의 아비 집 모든 사람들의 머리에 떨어지며, 요압의 집안에는 고름을 흘리는 자나 나병환자나 지체장애인이나 칼에 맞아 죽는 자나 굶는 자가 반드시 생 길 것이다!"라고 저주하였다. 요압은 그의 동생 아비새와 공모하여, 자 기들의 동생 아사헬을 죽인 압넬*을 죽인 것이다.

다윗은 요압과 그의 군인들에게, "너희의 옷을 찢고, 상복을 입고 압 넬*을 애도하라!"고 명령하고, 왕 자신이 압넬*의 상여를 뒤따랐다. 그 들은 압넬*을 헤브론에 매장하고 그의 무덤에서 대성통곡했고, 백성도 울었다. 다윗은 시인답게 압넬*의 죽음을 시로써 애도했다.

"압넬*이 어리석은 자가 죽듯이 죽어야 하다니?
아무도 네 손을 묶지 않았고,

---

18) 개역성경 사무엘하 3장 26절에서는 '우물 가'로 옮겼다.

네 발을 차꼬에 채우지도 않았는데,
악인들 앞에서 쓰러지듯이
네가 쓸어졌구나."

왕의 이런 말을 듣고는 모두가 다시 울었다. 그리고 식음을 전폐하고 애곡하는 다윗더러 밤이 오기 전에 무언가를 좀 잡수시라고 강권했다. 그러나 다윗은 해가 지기 전에 무언가를 먹는다면 하나님께서 자기를 죽여주셔도 좋다고 하면서 사양했다. 그 모습을 본 백성은 감동을 받았다. 그리고 압넬*의 죽음에 다윗이 전혀 상관하지 않은 것을 알게 되었다.

다윗은 그의 부하들에게 "오늘 이스라엘에서 하나의 귀공자, 하나의 위인이 죽은 사실을 아느냐? 나는 기름 부음을 받은 왕이지만, 오늘 나는 무력하다. 이 체루야*의 아들들(요압의 형제)이 나에게 너무나 맹폭한 일을 했다. 악한 마음을 가지고 악을 행하는 자를 야훼께서 보응하실 것이다."라고 말했다.

교훈

1. 사람은 저마다 판단이 다르다. 다윗은 압넬*을 살려서 무사히 돌려보내는 것이 유리하고 덕스럽다고 판단하였지만, 요압은 자기 동생을 죽인 압넬*에게 적의를 가지고 있는데다가 압넬*의 진의를 의심하여 다윗의 처사에 동의하지 않았다. 요압은 압넬*을 죽일 수 있는 좋은 기회를 만났다고 판단하고 그를 불러다가 죽여 버렸다.

그러나 요압이 국왕의 재가 없이 행동한 것은 우선 잘못이었다. 국가 전체를 생각하기 전에 자기 가정과 자신의 감정과 이해관계를 먼저 생각하여 경솔하게 처신한 것이다. 결국 요압은 그 실수의 대가를 톡톡히 받아야만 했다. 다윗의 무서운 저주를 받아야만 했다.

2. 압넬*이 살해되었으므로, 다윗은 북쪽 지파 사람들의 의심을 살 수 있는 빌미를 만든 셈이 되었다. 요압의 개인적인 감정 때문에 결국 나라에 손해가 닥칠 가능성이 생긴 것이다.

다윗은 요압을 저주하고 압넬*의 장례를 정중히 치르며 지나칠 정도로 그의 죽음을 애도함으로써, 또 압넬*을 극찬함으로써 자기의 결백 곧 자신은 압넬*을 죽이는 일에 절대로 무관했다는 것과 자기의 진의 곧 그의 죽음을 진심으로 슬퍼한다는 것을 온 국민에게 드러내 보였다. 그리함으로써 위기를 면하고 오히려 전화위복의 기회를 만들었다. 여기서 우리는 다윗의 지혜와 풍부한 지도력을 발견하게 된다.

3. 압넬*은 결국 자기가 저지른 많은 악의 대가를 받았다. 요압은 동생에 대한 보복을 했지만, 개인감정에 사로잡혀서 경솔한 행동을 함으로써 대사(大事)를 그르칠 위험을 초래했고, 자기 가문에 대한 저주를 선고받는 불이익을 받아야만 했다. 다윗은 위기를 잘 극복하고 처리하는 슬기와 덕을 보여줌으로써 군왕의 긍지와 자격을 잘 나타냈다.

이쉬보셋*(〈이쉬바알〉)이 암살당하다(삼하 4:1-12)

해설

이쉬보셋*은 압넬*이 헤브론에서 죽었다는 소식을 듣자 맥이 풀리고, 북쪽 열 지파 이스라엘 백성은 온통 어쩔 줄을 몰랐다. 결국 그 나라의 실권자가 죽었기 때문이다. 이렇게 되자 기회주의자들은 권력의 향방을 따라서 제 갈 길을 모색했다. 이쉬보셋* 편에 남아 있어서는 안 되겠다고 생각하는 사람들이 생겼다.

왕의 직속으로 두 개의 돌격대가 있었는데, 그 한 그룹의 대장은 바

아나이고, 다른 그룹의 대장은 레캅*이었다. 이들은 벤야민* 사람들의
땅 브엘오트* 출신인 림몬의 아들들로서 사울의 집안과 사이가 별로
좋지 않은 사람들이었다. 〔브엘오트*는 기브온 지방의 한 도시이고,
사울이 기브온 사람들을 죽이려고 한 일이 있었다(삼상 21:1-2).〕

사울의 아들 요나단에게는 지체장애인 아들이 있었다. 이스르엘 전
투에서 사울과 요나단이 전사한 소문을 들은 요나단 집의 유모가 요나
단의 다섯 살배기 아들을 황급히 데리고 도망가다가 그 아이가 넘어지
는 바람에 다리가 상하여 절게 된 것이다. 그 아들의 이름은 므피보셋*
이었다. 요나단과 그의 근친들이 다 죽었지만 간신히 이 아들 하나가
남았다. 앞으로 다윗은 요나단과의 우정 때문에 사울 계통의 유족인 므
피보셋*에게 자비를 베풀게 된다.

이쉬보셋*의 두 돌격대 대장인 레캅*과 바아나는 갑자기 변절하여
자기의 상전인 이쉬보셋*을 죽이기로 마음먹고, 임금이 낮잠을 자는
시간을 이용하여 다른 핑계를 대며 침입하여 임금의 배를 찔러 죽이고
그의 머리를 잘라 가지고 도망쳤다. 그 머리를 가지고 밤새도록 아라바
계곡을 걸어서 헤브론에 이르러 다윗을 찾아왔다. 그들은 다윗에게 칭
찬을 받으리라는 생각으로 그 머리를 내놓으면서, "임금님의 생명을
노려온 원수, 사울의 아들 이쉬보셋*의 머리가 여기 있습니다. 야훼께
서 오늘 사울과 그의 후손을 제거하심으로써 저의 주, 임금님의 원수를
갚아주셨습니다."라고 말하며 떠벌였다.

그 말은 들은 다윗은 그 두 사람에게 다음과 같이 대답했다. "야훼께
서 나의 목숨을 모든 역경에서 건지셨는데, 내가 그 분을 걸고 맹세한
다. '자, 사울이 죽었습니다.'라고 나에게 말한 사람이 나에게 기쁜 소식
을 전한다고 생각했지만, 나는 그 사람을 잡아서 치클락*에서 죽였다.
그 기쁜 소식을 가져온 자에게 준 보상이 바로 그것이었다. 악한 놈들
이 자기 집 침대에서 자는 의인을 죽였으니, 그런 놈들에게 얼마나 더

큰 벌을 주어야 하겠느냐? 그런 놈들에게 그 피 값을 받아내고, 이 땅
에서 멸절시키지 않을 수 있겠느냐?" 다윗은 젊은이들을 시켜서 그들
을 죽이고, 그들의 손과 발을 자르고, 그 시체들을 헤브론 못 가에 매달
게 했다. 그리고 이쉬보셋*의 머리는 가져다가 헤브론에 있는 압넬*의
묘지에 매장했다.

교훈

1. 사람은 생각하는 고등 동물이어서 시국의 상황에 따라서 행동의
방향을 바꾸어 나간다. 살 길을 찾아서 유리한 쪽으로 가는 것이다. 하
나님이 만드신 동물들은 다 본능적으로 그렇게 행동한다.

그러나 인간이 다른 일반 동물과 다르므로, 본능적 행동을 넘어서서
보다 더 고상한 판단을 할 줄 알아야 한다. 자기의 이익만 생각하지 말
고 남의 이익과 국가와 민족의 이익을 위하여 희생하려는 마음을 가져
야 하는 것이다. 나아가서 자기의 판단을 접어두고 하나님의 법과 그의
뜻을 따라서 판단하는 지경에 이르러야 한다. 즉 인도(人道)와 천리
(天理)를 앞세워 나가야 한다. 그래서 하나님은 자기를 계시하셨고,
그의 법도를 주신 것이다.

이스라엘의 압넬*이 죽고 그 나라가 혼란에 빠지고 그 장래가 암담
할 때, 그 나라의 임금을 호위하는 책임을 가졌던 돌격대 대장들이 배
신을 하고 그들의 상전인 임금을 암살하여, 소위 적국의 우두머리에게
그 수급(首級)을 가져다 바치며 아부하고 구명(救命)과 출세(出世)
를 도모하였다. 그들은 임금과 상관에게 그만큼 신임을 받았기에 그런
중요한 자리를 차지했던 것인데, 자기들을 신용해 주던 상전을 순식간
에 배반하였으니 그런 사람이 어떻게 살아남을 수 있겠는가? 그들은
어디에 가도 또 마찬가지로 배신할 것이다. 그 두 사람이 취해야 할 태
도가 무엇일까? 우리가 그 처지에 있다면 어떤 태도를 취할까? 상전을

위하여 끝까지 충성해고, 적군에게 점령된다면 그들의 처사를 기다리는 것이 도리가 아니겠는가?

2. 다윗은 그런 배반자들을 방치하지 않고 죽여 만인 앞에 효수(梟首)하여 경고를 삼았다. 세상을 그런 식으로 살아서는 안 된다는 것을 보여주었다. 그리고 아직은 자기가 공식으로 이스라엘의 왕으로 취임하지 않은 상태이고 이쉬보셋*은 이스라엘 나라의 임금이었으므로, 하나님의 질서를 끝까지 지키는 의미에서 그 수급을 거두어 정중히 매장함으로 예의를 갖추었다. 다윗은 하나님을 먼저 생각하고 그의 법도를 앞세운 점에서, 하나님께 복 받을 만한 사람이었고, 이스라엘 백성이 존경하고 순종할 만한 사람이었다.

다윗이 전체 이스라엘의 왕으로 기름부음 받다 (삼하 5:1-5)

해설

때가 무르익었다. 온 이스라엘이 기쁨으로 다윗을 왕으로 모실 때가 온 것이다. 이스라엘 모든 지파 장로들이 헤브론에 있는 다윗에게 와서 다윗더러 왕이 되어달라고 간청했다. 얼마동안 사울이 왕 노릇했지만 실은 이스라엘을 좌우한 사람은 다윗이었고 야훼께서도 이미 다윗을 이스라엘의 목자로 세우시지 않았느냐고 하면서 왕의 자리에 오를 것을 권했다. 그래서 다윗은 야훼 앞에서 그 장로들과 계약을 맺고, 그들은 다윗을 기름 부어 왕으로 모셨다. 그 때 다윗의 나이가 30세였다. 다윗은 헤브론에서 7년 반, 그 뒤에는 예루살렘에서 33년, 모두 40년 동안 이스라엘을 왕으로 다스렸다.

교훈

1. 역사의 주인이신 하나님은 많은 우여곡절이 지난 후에 자연스럽게 다윗을 이스라엘의 왕으로 세우셨다. 다윗은 인위적으로 자기의 꾀를 쓰거나 무력을 사용하거나 욕심을 부리지 않고 야훼 하나님이 인도하시는 길을 묵묵히 따라서 왕위에 올랐다. 사람들은 조급하여 좋은 것을 스스로 앞당겨 이루거나 얻으려고 수단과 방법을 쓴다. 그래서 성공하는 것 같이 보일 수 있다. 그러나 순리와 천리를 따르는 것이 가장 튼튼하고 안전한 것임을 다윗의 경우에서도 알 수 있다.

2. 다수의 찬성을 얻어 일하는 것이 가장 성공적인 방법이다. 많은 사람의 반대를 무릅쓰고 강행하는 것은 무리이고 그만큼 원만하지 못하므로 결국은 약함을 내포하여 실패의 요인을 품고 있다. 늦어지는 것처럼 보이더라도 참고 기다리며 다수의 찬성을 얻는 것이 순리이고 성공의 첩경이다.

3. 다윗이 30세의 약관으로 한 나라의 임금이 되었다는 것은, 아니 이미 7년 6개월 전에 유다의 왕이 되었다는 것은 다윗의 됨됨이가 다른 사람과 달랐음을 짐작하게 한다. 사람들이 그를 따르고 임금으로 받들었다는 것은 그에게 무언가가, 곧 지도자의 카리스마가 있었기 때문이었을 것이다. 다윗의 경우에 그 카리스마는 문자 그대로 하나님께로부터 온 은사였다고 볼 수 있다. 하나님께서 택하여 세우시고 계속 그를 붙들어 승리하게 하신 일 자체가 그의 카리스마로 나타났을 것이다. 하나님이 동행하시는 일꾼에게는 하나님께로부터 받는 카리스마가 중요하다.

예루살렘을 통일 이스라엘의 수도로 삼다 (삼하 5:6-16)

해설

다윗은 이스라엘의 왕이 된 이상, 왕의 직무를 제대로 하려고 구상하는 중 수도를 국토의 중앙에 두는 것이 좋겠다고 생각한 것으로 보인다. 예루살렘은 아직 이스라엘 어느 지파에게도 예속되지 않은 산지로서 여부스 족이 견지하고 있는 난공불락의 요새였다. 지금까지 아무도 손대지 못한 일을 다윗이 해내어 그 곳을 점령한다면 다윗의 명성도 더 높아질 것이고, 수도로서 적격지로 여겨지기 때문에 다윗은 예루살렘을 공격하기로 마음먹었다.

다윗과 그의 군대는 야훼께서 같이 하신다는 신념과 자신감을 가지고 예루살렘 공격을 시도했다. 그러나 예루살렘 사람들은 다윗과 그의 군대를 깔보면서 "너희가 이리로 온다고? 소경과 절름발이도 너희를 물리칠 것이다. 다윗인 여기에 들어온다고. 어림도 없다."라고 말했다. 그러나 다윗은 시온의 요새를 무난히 점령하고 다윗의 도시를 삼았다. 그 날 다윗은 "여부스 사람들을 쳐부술 사람은 누구든지 (기혼 샘) 그 샘물이 솟는 바위벽을 타고 올라가서 그 지체 장애인들과 시각 장애인들을 쳐라!"고 명령했던 것이다. 그래서 "시각 장애인과 지체 장애인은 왕궁에 들어오지 못한다."라는 속담이 생겼다.

다윗은 예루살렘을 확장하여 큰 도시로 건설했다. 이렇게 해서 다윗은 점점 강해졌는데, 그것은 만군의 하나님 야훼께서 그와 함께 계셨기 때문이었다. [사실 다윗의 성은 원래 오펠*이라는 능선(稜線) 위에 세운 작은 성이었고(대하 27:3 등), 솔로몬 때에 크게 확대하여 더 높은 데로 끌어 올렸으며, 헤롯 시대에 다시 그것을 확장하여 오늘 우리가 볼 수 있는 자리에 굉장한 축대를 쌓고 그 위에 성전을 지었던 것이다.]

다윗의 세력이 점점 강해지자 두로의 히람 왕은 사신들을 파송하고 백향목과 목수와 석공들을 보내어 다윗의 왕궁을 짓게 하였다. 다윗은 이런 일들을 경험하면서 야훼께서 자기를 이스라엘을 다스리는 왕으로 세우셨고 이스라엘 백성을 위하여 그의 왕국을 높여주셨다는 사실을 깨달았다. 다윗이 헤브론에서 예루살렘으로 천도한 이후에 더 많은 후궁과 아내를 얻어 더 많은 아들과 딸을 낳았다. 다윗의 아들은 도합 열일곱이었다.

교훈

1. 지대가 높고 험하여 이스라엘 군이 그동안 점령하지 못하고 있었던 여부스 족의 도시 예루살렘도 하나님이 도우셔서 무난히 점령되고 통일 이스라엘의 수도가 되었다. 만군의 하나님이 도우시는데 이루지 못할 일이 어디 있겠는가?

그 이후에도 하나님이 도우셔서 다윗과 그의 나라는 점점 더 번영했다. 그것이 전적으로 야훼 하나님이 함께 하신 덕택임을 성경은 똑똑히 밝히고 있다(5:10). 그 모든 것은 다윗이 그 하나님의 간섭과 도움을 겸손하게 받아들였기 때문에 이루어진 결과이다.

2. 이스라엘의 만군의 하나님 야훼의 존재와 그의 위력을 알지 못하는 여부스 사람들은 그 하나님과 그를 의지하는 자의 힘을 깨닫지 못하고 망발을 하였다. 이는 모든 인간에게 공통된 어리석음이다. 하나님을 모른다는 것이 얼마나 치명적인 약점이라는 것을 어리석은 인간은 깨닫지 못한다.

3. 왕이 선정(善政)을 베풀고 나라의 영광이 커지면, 좋은 친구들도 생기고 그들에게 혜택도 입게 되는 법이다. 다윗이 폭군이었거나 민심

을 얻지 못한 왕이었다면, 이웃 나라가 담을 쌓아 경계하고 상종하려
하지 않았을 것이다. 그러나 다윗의 선정과 이스라엘의 영광은 이웃 나
라에게 선망의 대상이 되었고, 스스로 우호적인 관계를 요청해 오는 동
기가 되었다. 주는 것이 있기에 받는 것도 있는 법이다.

세상을 혼자서 살 수는 없다. 더불어 살고, 서로 도우며 살고, 있는
것과 없는 것을 교환하며, 상호 보충하고 협조하면서 살아야 한다. 좋
은 목재가 없는 이스라엘이 풍부한 목재를 가진 레바논과 우호 관계를
가지고 상호 협조함으로 쌍방이 이득을 얻을 수 있지 않았겠는가?

블레셋 군을 물리치다(삼하 5:17-25)

해설

다윗이 사울의 적수로 있을 때에는 어쩔 수 없이 블레셋 사람들과
우호관계를 유지해야 했지만, 이제 이스라엘 전체의 왕이 된 다음에는
그 우호관계가 지속될 수 없었다. 예루살렘을 수도로 하는 이스라엘 통
일국가가 세워지자 블레셋 사람들은 대대적으로 다윗과 그의 나라를
공격하기 시작했다. 블레셋 사람들이 지중해 해안지대에서 다윗을 찾
아 산골로 진군하여 올라오는 것이었다. 다윗은 그 소식을 듣고 어쩔
수 없이 그들을 대응하려고 그 성채로 내려갔다.

블레셋 군은 르바임* 계곡에 진을 쳤다. 수량적으로 볼 때 절대 우
세한 적군을 맞아야 하는 다윗은 우선 야훼께 여쭈어 보았다. 야훼의
대답은 긍정적이었다. 블레셋 군을 확실히 다윗의 손에 넘겨주시겠다
는 것이었다. 다윗은 용기를 얻어서 그들을 맞아 싸운 결과 대승을 거
두었다. 야훼께서 다윗 앞에서, 마치 홍수가 터져 나오듯이 싸우셔서
적군을 쓸어내셨다. 그래서 그 곳 이름을 바알브라침*이라고 했다. 적

군이 그들이 들고 왔던 우상을 내팽개치고 달아났고, 다윗이 그것들을 주워 가지고 돌아왔다. 즉 블레셋 군이 자기들의 보호신이라고 생각하며 가지고 왔던 우상들은 무력하였고 이스라엘 군에게도 아무런 해를 주지 않았다는 말이다. 사무엘상 5-6장에 나온 하나님의 법궤 이야기와는 정 반대의 결과가 나타난 것이다.

패주한 블레셋 군은 대오를 정비하여 르파임* 계곡에 또 진을 치고 싸움을 걸어왔다. 다윗도 다시 야훼 하나님의 뜻을 여쭈었다. 하나님 대답 역시 긍정적으로, 하나님은 어서 싸우라고 하셨다. 그러나 이번에는 전략까지 제시해 주셨다. 즉 적군의 후방을 공격하는데 거기에 있는 발삼 나무19) 숲 맞은 편으로 해서 그들을 공격하라는 것이었다. 아주 구체적인 지시였다. 발삼 나무들 꼭대기에서 행군하는 소리가 들려올 터이니, 그 소리가 들리면 야훼께서 적군을 무찌르시기 위해서 이스라엘 군대를 앞질러 나가신 것이니까 정신을 차리라는 것이었다. 다윗은 하나님의 지시대로 하여 블레셋 군을 무찌르며 몰고 내려갔다. 게젤* 이라는 곳까지, 즉 이스라엘 영토 바깥까지 즉 그들의 땅으로 적군을 몰아낸 셈이다.

교훈

1. 용기와 지략과 경험이 있는 다윗이지만 사사건건 야훼 하나님의 지시와 가호를 빌고 바라는 그의 신앙심이 그에게 성공과 승리를 거두게 한 절대적 요소였다. 블레셋이라는 막강한 외세를 이스라엘의 물리적인 힘으로는 막아낼 엄두도 낼 수 없었다. 다윗은 그 불가능을 가능하게 할 수 있는 힘이 야훼이신 것을 알기에 그를 의지하고 그의 지시를 따른 것이다.

---

19) 개역성경 사무엘하 5장 23-24절에서는 '뽕나무'로 옮겼다.

2. 다윗을 그의 종으로 택해 세워 당신의 선민을 맡기신 야훼 하나님은 세밀한 면까지 지시하며 승리할 수 있는 길을 열어주셨다. 하나님과 그의 종 다윗은 손발이 맞아서 좋은 성과를 거두게 된 것이다. 하나님이 실패하시는 수는 없겠지만, 사람은 때때로 하나님을 반역하고 자기를 믿고 하나님의 손을 뿌리친다. 사울이 그러했고, 다윗에게도 그런 위험이 없는 것은 아니다. 인간이 하나님의 손을 놓지 않음이 필승의 조건인데, 사람들은 종종 하나님을 떠나려 하여 멸망의 무덤을 자기 손으로 판다.

3. 블레셋은 인간의 물리적 힘을 믿고 숭배하는 사람들(그들 나름의 우상들을 믿은 것도 사실이지만)의 전형이라고 할 정도로 무모하게 이스라엘을 공격하고 계속 도전해 왔다. 인간의 표준으로 본다면 한 줌 밖에 안 되는 이스라엘 군은 고양이 앞의 쥐처럼 보였겠지만, 그 쥐같은 이스라엘에게 블레셋이 번번이 패전한 것은, 그들이 신령한 눈을 가지고 하나님의 실재, 영계의 실세를 볼 수 없기 때문이었다. 인간의 영안이 열리는 것이 얼마나 중요한가!

다윗이 법궤를 예루살렘으로 운반해 오다 (삼하 6:1-23)

해설

다윗이 집권하면서 이스라엘 나라가 여러 면으로 자리를 잡아가고 있었다. 국가의 통일을 이루었고 왕족의 계보도 정비되고 수도도 예루살렘으로 낙착이 되었지만, 광야 시대와 가나안 정착 시대를 이어주는 전통, 또 신령하신 하나님의 임재를 가시적으로 입증할 수 있는 성소와 법궤가 아직 제자리에 놓여 있지 않는 것이 중대한 미결 사항이었다.

원래 이스라엘 백성의 생활 한 복판에 있었고 또 있어야 하는 법궤가
제자리를 잃고 엉뚱한 곳에 있다는 것이 제왕 다윗과 그 참모들의 마음
에 걸렸을 것이다. 그래서 키르얏여아림*(삼상 6:21-7:2) 곧 바알레여
후다*에 있는 언약궤를 모셔오기로 하였다. 거국적인 큰 행사였다. 다
윗은 선발된 3000명의 대표들과 함께 내려가서 아비나답의 집에 있는
언약궤를 운반하기 시작했다. 새로 만든 달구지에 법궤를 실었고, 아비
나답의 두 아들 웃자*와 아흐요*가 그 달구지를 모는 것이었다. 아흐
요*가 달구지를 끄는 소들의 고삐를 쥐고 몰았고, 다윗과 이스라엘 대
표들 전부는 야훼 앞에서 힘을 다하여, 노래와 수금과 거문고와 탬버린
과 캐스터넷과 심벌에 맞추어 춤을 추면서 따랐다.

그 행렬이 나콘*의 타작마당에 이르렀을 때였다. 아마도 소들이 타
작마당의 곡식에 구미가 동했는지 몰라도 황소들이 요동하는 바람에
달구지가 뒤뚱거렸고 따라서 법궤도 흔들렸다. 그러자 웃자*가 법궤로
손을 뻗어 그것을 붙잡았다. 목욕재계를 하여 거룩하게 된 사람이 아니
면 만질 수 없는 것인데, 그가 부지중에 부정한 손으로 법궤를 만진 것
이다. 야훼 하나님께서 진노하셔서 웃자*를 치셨고, 그는 당장에 죽어
서 그 법궤 옆에 쓰러졌다. 다윗은 야훼께서 웃자*에게 진노를 터뜨리
셔서 그를 죽게 하신 것을 보고 우선은 노했고, 다음에는 두려운 마음
이 들었다. 이 사건 때문에 그 곳 이름을 페레츠웃자*라고 부르게 됐다.

다윗은 무서워서 법궤를 예루살렘으로 모셔가지 못하고, 갓* 가문
의 사람 오벳에돔*의 집에 가져다 놓았다. 법궤는 그 집에 석 달 동안
보관되었다. 그러는 동안 하나님은 오벳에돔*과 그의 모든 가족에게
복을 내리셨다. 아마도 다윗은 오벳에돔*의 집에 어떤 일이 생길까 하
고 예의주시하고 있었을 것이다. 그러나 뜻밖에도 그 법궤 때문에 오벳
에돔*과 그의 온 집안이 야훼께 복 받았다는 소문이 들리자, 다윗은 기
쁜 마음으로 그 집으로 내려가서 법궤를 예루살렘으로 모셔 올리기로

했다. 그 때 다윗은 여섯 보를 걷고는 황소 한 마리와 살진 양을 잡아서 제사를 드렸다. 그리고 다윗은 야훼 앞에서 힘을 다하여 춤을 추었다. 모시로 만든 에봇을 두르고 춤을 추었다. 다윗과 이스라엘 온 백성이 함성을 올리며 나팔을 불면서 야훼의 궤를 모셔 올려왔다.

법궤가 운반되어 예루살렘으로 들어올 때, 다윗의 아내 미갈은 왕궁 창문으로 그 광경을 내다보다가 다윗이 야훼 앞에서 깡충깡충 뛰면서 춤추는 것을 보고는 마음으로 그를 업신여겼다.

다윗은 그 법궤를 가져다가, 그것을 위해서 친 천막 안에 제 자리에 안치하고 야훼께 번제와 화목 제물들을 드렸다. 그리고는 야훼의 이름으로 백성을 축복하고 남녀노소 모두에게 빵과 고기와 건포도 과자를 나누어주었다. 그러고 나서 그들이 집으로 돌아갔다.

다윗은 이제 자기 집안을 축복하기 위해서 궁으로 돌아왔는데, 미갈이 그를 마중 나와서 말했다. "오늘 이스라엘의 임금께서 신하들의 시녀들이 보는 앞에서 생살을 들어내 보이셨는데, 어떻게 그렇게 해서 임금의 체통을 지킬 수 있습니까? 그렇게 몸을 벗고 부끄러운 행동을 하는 것은 천하고 속된 사람들이 하는 짓이 아닌가요?" 그 말에 다윗은 다음과 같이 대답했다. "내가 야훼 앞에서 춤을 추었소. 나를 택하셔서 당신의 아버지와 그의 모든 가문의 자리에 두시고 야훼의 백성 곧 이스라엘의 왕자가 되게 하신 그 분 앞에서 말이요. 나는 스스로 이보다 더 멸시받을 만한 자가 되고, 나 자신이 보기에 더 비천한 자가 될 생각이요. 그래도 황후께서 말하는 그 시녀들에게는 내가 존경을 받을 것이요." 사울의 딸인 이 미갈은 죽는 날까지 아기를 낳지 못했다.

교훈

1. 하나님을 믿는 신앙은 마음의 일이지만, 많은 사람들에게는 눈으로 볼 수 있는 형체를 상징물로 삼는 것이 더 효과적일 수 있다. 외형만

보고 그것이 상징하는 실체를 보지 못하는 것이 문제이지만, 대개는 눈으로 보고 귀로 듣고 손으로 만질 수 있는 상징물을 통해서 하나님을 더 쉽게 접할 수 있다. 다윗이 성막을 세우고 거기에 하나님의 언약궤를 모신 것은 매우 적절하고 불가결한 조치였다. 국민을 야훼 신앙으로 이끌기 위해서 반드시 필요했고 지도자로서 마땅히 해야 할 일이었다.

2. 하나님은 웃자*의 죽음을 통하여 거룩함이 어떤 것인지를 다시 한 번 실감하게 하셨다. 하나님의 거룩함과 그의 백성이 갖추어야 할 거룩함은 반드시 이루어져야 하는 것이다. 하나님과 인간이 구별이 없고 너무도 임의로울 때 종교가 성립될 수 없다. 절대자와 상대자, 곧 예배를 받으셔야 하는 분과 예배하는 자 사이에는 절대적인 차이가 있다. 이 사실을 망각한다면 예배가 될 수 없다. 야훼를 두려워하는 마음이 없는 상태는 결국 무종교나 미신 종교로 귀결될 것이다.

3. 다윗은 하나님의 법궤를 모셔오는 행동에서 100% 진지함을 보였다. 진정으로 마음속에서 우러나오는 기쁨과 감격과 감사가 있었고, 그것이 춤과 노래라는 현상으로 나타났다. 그런 감정이 없는 사람에게는 그 행동이 미친 사람의 행동으로 보여서 멸시의 대상이 될 수 있다. 우리가 하나님께 예배하는 것도 다윗처럼 진지한 마음에서 우러나와야 하는데 그렇지 못한 것이 아쉽다.

4. 다윗은 야훼께 드리는 예배를, 개인의 감정을 만족시키는 정도로 끝내기보다는 거국적인 축제로 삼고 즐거워했다. 하나님은 그의 백성이 공동체로 예배에 참여하고 다 같이 기쁨을 누리고 단결된 생활을 원하신다.

5. 미갈이라는 여자는 기구한 운명을 가진 사람이었다. 그녀는 사울 왕의 딸로 태어나 권력가 집안에서 자랐고, 아버지의 총애를 받는 다윗을 사랑하여 그와 약혼한 여자였지만, 정치 싸움 때문에 타의에 의하여 엉뚱한 남자와 결혼을 하게 되었다. 다시 권력 싸움의 소용돌이 가운데서 타의에 의하여 다윗의 아내가 되었다. 그녀의 심리는 복잡하고 혼란하기 짝이 없었을 것이다. 따라서 그녀의 판단이 정상적일 수가 없었을 것이다. 법적으로 자기의 남편인 다윗의 행동을 긍정적으로 보지 않고 부정적으로 판단하여 남편의 심기를 건드렸다. 결국은 그 둘 사이에서 자식을 얻지 못하는 불행이 닥쳤다. 정상적인 가정생활과 평안한 마음가짐과 남편에 대한 긍정적인 내조가 있어야 했다. 진심을 가지고 하나님을 섬기려는 남편의 길을 막고 비난하는 일은 하나님의 뜻이 아니었다. 미갈은 재난을 자초한 여자였다.

야훼께서 다윗과 언약을 맺으시다(삼하 7:1-17)

해설

야훼께서 주위의 모든 원수를 제압해 주셔서 다윗이 내적으로 안정을 얻고 대외적으로도 태평을 누리게 되었을 때, 다윗은 또 하나의 건설적인 생각을 하기에 이르렀다. 그리하여 예언자 나단을 초청하여 의론했다. 다윗은 먼저 나단에게, 임금인 자기는 백향목으로 지은 훌륭한 집에서 살고 있는데, 하나님의 언약궤는 천막에 두었으니 안 될 일이 아니냐고 물었다. 나단은 임금의 뜻을 좋게 여겨, "야훼께서 임금님과 같이 계시지 않습니까? 어서 임금님 마음 잡수신 대로 하십시오!"라고 답하며 다윗의 계획에 동의했다.

그 날 밤에 야훼의 말씀이 나단에게 임하였고, 야훼께서는 나단이 임금에게 전할 말을 일러 주셨다. 하나님께서 이스라엘 백성을 애굽에서 이끌어 낸 이래로 하나님은 지금까지 어떤 집에서 사신 적이 없고 천막이나 장막 안에 있으면서 여기저기로, 그 모든 백성 한 가운데서 있으면서 이동하셨지만, 그가 이스라엘의 목자로 세우신 지도자들 중 어느 누구에게도 어째서 나에게 백향목 집을 지어주지 않았느냐고 말씀하신 적이 없다는 것이다. 그러니까 만군의 야훼께서 말씀하신다고 하면서 다윗에게 말하라고 하셨다. 야훼께서는 다윗과 그의 후손에 대한 당신의 계획과 약속을 나단을 통하여 전하려 하신 것이다. 야훼께서는 (1) 목장에서 양을 치던 다윗을 불러서 야훼의 백성 이스라엘의 왕으로 삼으셨고, (2) 다윗이 어디를 가든지 동행하셨고, (3)다윗 앞에서 모든 원수를 물리쳐주셨고, (4) 앞으로 이 땅의 위대한 왕들처럼 다윗이 이름을 날리게 해 주실 것이며, (5) 이스라엘 백성이 사사 시대처럼 악인들 때문에 고통당하지 않고 지정된 자기 고장에서 살게 해 주실 것이고, (6) 모든 원수들의 침략을 받지 않게 해주실 것이며, (7) 다윗에게 한 왕조를 이루게 하시고, (8) 그가 죽은 다음에는 조상들과 함께 묻히게 하실 것이며, (9) 다윗이 나은 자식이 나라를 이루고, (10) 그로 하여금 하나님의 집을 짓게 하실 것이고, (11) 그의 왕조가 영원하게 하실 것이며, (12) 야훼께서 그의 아버지가 되고, 그는 야훼의 아들이 될 것이다. (13) 그러나 그가 악을 행하면, 사람들이 채찍으로 벌하는 것처럼 그를 벌할 것이며, 그들이 하듯이 때릴 것이다. (14) 그러나 사울에게 한 것처럼 야훼의 꾸준한 사랑(〈헤세드〉 חֶסֶד)20)을 거두지는 않을 것이며, (15) 다윗의 집과 나라는 하나님 앞에서 영원히 확고할 것이다.

이런 내용의 하나님의 말씀을 나단은 다윗에게 전했다. 이리하여 야훼 하나님과 다윗과 언약이 맺으신 것이다.

---

20) 개역성경 사무엘하 7장 15절에서는 '은총'으로 옮겼다.

교훈

1. 사람은 죄인이고 이기적이어서 대개는 자기를 먼저 생각하고 자기의 이익을 먼저 챙기게 되어 있다. 다윗도 사람이기에 그에게 이기적인 것이 없지 않았겠지만, 다윗은 상당히 모범적으로 하나님을 생각하고 하나님의 뜻과 법을 앞세웠다.

자기가 출세하고 성공한 것이 자기의 힘으로 된 것이 아니라 야훼 하나님의 은혜와 사랑이 그를 그만큼 만들었다는 것을 알고 있었으므로, 다윗은 자기가 상당한 성공을 거둔 마당에 역사를 뒤돌아보며 자기가 해야 할 도리를 또 하나 발견한 것이다. 자기가 하나님을 모시는 데에 모자람과 흠이 있음을 깨달은 것이다. 즉 자기는 백향목으로 지은 향기로운 집에서 살고 있는데 하나님은 어떻게 모시고 있는가를 돌아본 것이다.

하나님의 임재를 상징하는 법궤를 예루살렘으로 모셔온 것은 잘 한 일이지만, 그것을 아직 임시 막사인 천막집에 모신 것이 마음에 걸렸다. 그런 가책을 받는 것이 우선 중요하고, 다음으로는 그것을 자기 마음대로 해결해 버리려 하지 않고 하나님의 사람 예언자를 불러 의론한 것도 잘 한 일이었다. 왕은 왕으로서 맡은 임무가 있고, 하나님은 필요하셔서 예언자를 인간에게 주신 이상, 예언자를 불러서 의론하는 것이 마땅한 것이었다. 여기까지 다윗은 물이 흐르듯이 자연스럽게 하나님의 법도 안에서 생각하고 행동한 사람이었다. 야훼의 언약궤를 버젓이 잘 지은 전에다 모시고 싶어 한 다윗의 마음과 행동은 아름다워서 야훼께서도 나단을 통하여 그의 계획을 재가하셨다.

2. 그러나 야훼 하나님의 계획은 다윗의 계획과 꼭 일치하지 않았다. 다윗은 자기 당대에 하나님의 전을 지어 보려는 생각을 했지만, 하나님은 다윗의 계획을 100 % 승낙하시는 것은 아니었다. 역대기하 28장 3

절에 의하면 다윗은 많은 전쟁을 했기 때문에 성전을 지을 수 없고, 그의 아들 대에 그 뜻이 이루어질 것으로 되어 있다. 다윗의 생각은 갸륵하지만 그의 계획이 하나님의 것과 꼭 같지는 않았고, 따라서 그대로 이루어질 수는 없었다. 우리도 우리 당대에 무엇을 해내려는 조급한 마음을 가지기 쉽지만, 또 그 계획이 악한 것이 아닐 수 있지만, 그 성취는 하나님의 뜻에 의하여 이루어져야 함을 알아야 한다.

3. 하나님은 사람이 지은 집에 억류되어 계시는 분이 아니시다. 하나님 자신이 어떤 집을 필요로 하는 것이 아니라, 어리석은 인간들의 유익을 위해서 그들이 만드는 어떤 물질적인 형상 속에 임재하시기로 약속하신다.

이스라엘 백성이 광야 유랑 시대에 천막에다 그를 모셨다고 해서 하나님이 불편하신 것이 아니었다. 자기 백성과 함께 계셔 그들에게 힘과 도움이 되시고, 그들의 예배 생활에 효과를 주시는 것만으로도 하나님은 만족하셨다. 즉 성전 건축은 하나님 자신을 위한 것이라기보다 인간을 그 집으로 초대하여 그들에게 기쁨을 주고 평안을 주시기 위한 어버이의 심정에서 야훼께서 허락하신 일이었다. 하나님은 하늘과 땅 전체로도 담을 수 없는, 절대 무한하신 분이시다.

4. 야훼 하나님은 다윗 왕조 특히 솔로몬 왕조와 언약을 맺으시고 영원한 옹호자가 되실 것을 약속하셨지만, 거기에는 하나님 앞에서 악을 행하지 않아야 한다는 단서가 붙어 있었다. 그리하여 그들이 악을 행할 때는 하나님의 징계를 받고야 만다는 것이었다. 악을 행하는데도 벌하지 않거나 심판하시지 않는다면, 그것은 하나님의 본질과 모순되는 것이다. 의로우시고 거룩하신 하나님께서 자기 백성의 불의와 더러움을 방치하신다면 자기당착의 모순을 범하시는 것이 된다. 선민도 교

회도 성도도 죄를 지으면 매를 맞고 벌을 받아야 한다. 사람도 자식이 잘못할 때 채찍을 드는데, 하나님께서 어찌 사랑하는 자기 백성의 범죄를 방치 방관하실 것인가?

5. 하나님은 다윗을 뽑아 높이시고 높이 들어 쓰셨고 특별대우를 하셨다. 그리고 영구히 그의 가문과 왕조의 출세와 영광을 약속하셨다. 그러나 그의 왕조가 바빌론*에게 멸망하고 포로로 끌려감으로써(주전 598년과 587년), 하나님의 예언이 이루어졌다. 그러나 페르시아* 왕 고레스를 통하여 고국으로 돌아오게 하시고(주전 538년), 때로는 완전 독립도 했었지만(주전 143-63년), 다시 로마 제국에게 점령당하고(주전 63년), 성전이 완전히 부서지고(주후 70년), 그 왕조는 역사에서 사라지고 말았다.

여기서 우리는 나단을 통하여 다윗에게 주신 하나님의 약속을 다시 해석할 수밖에 없다. 그의 약속이 무효가 된 것인가? 우리 그리스도인들은 다윗의 후손에서 태어나신 예수 그리스도를 통하여 그 약속은 영원히 성취되고 있다는 사실을 인정해야 할 것이다.

다윗의 기도(삼하 7:18-29)

해설

예언자 나단을 통하여 야훼 하나님의 풍성한 약속을 들은 다윗은 성소에 들어가 야훼 앞에 엎드렸다. 자기가 무엇이고 자기 가문이 무엇이기에 야훼 하나님께서 그렇게까지 놀라운 복을 베푸시겠다고 약속하시는가 하면서 말할 수 없는 감격을 토로했다. 과거에도 그랬고 앞으로 오는 긴 시대에까지 자기 가문에게까지, 더 나아가서 이스라엘 백성 전

체에게 복을 주시겠다고 하시니 감격에 벅차서 어쩔 줄 몰라 야훼 하나
님께 감사와 찬양의 기도를 드렸다. 하나님께서 하신 일들을 통하여 자
기는 하나님의 위대하심과 그의 유일성을 알았고, 이스라엘 백성의 특
유성을 알았다고 고백했다.야훼 하나님께서 이렇게 약속해 주셨으니
그 약속대로 이루어지기를 기원하며, 야훼의 이름이 영원히 드높아지
기를 간구했다.

교훈

1. 다윗은 예언자 나단을 제대로 대우한 사람이다. 예언자는 보통
사람이 아니라 하나님의 대변자이므로 예언자의 말은 곧 하나님의 말
씀이다. 다윗은 나단의 말을 액면 그대로 받아들이고 거기에 즉각적으
로 정중하고도 올바르게 반응했다. 이는 하나님께 대한 다윗의 겸손한
마음가짐을 잘 나타낸다. 다윗은 사울이 임금이 된 후에 마음이 변한
것처럼 하지 않고, 야훼 앞에서는 아무리 임금이라고 해도 하나의 피조
물이며 종이라는 사실을 늘 의식하고 있었다. 이런 생각과 태도는 복
받을 만한 것이다.

2. 다윗의 기도는, 하나님이 자기 개인과 그의 집안과 나아가서 이
스라엘 백성에게 하신 일에 대한 감사와 감격으로 가득하다. 그래서 그
은혜를 감사하고 있으며, 하나님의 그 언약을 믿고 그것이 하나님의 뜻
가운데서 이루어지기를 빌며 하나님의 선처를 바라고 있다. 어디까지
나 언제까지나 하나님이 아니고서는 모든 것이 바로 이루어질 수 없는
것을 알기 때문에 다윗은 모든 것을 하나님의 손에 맡겼다. 이는 믿음
으로 시작하여 믿음으로 끝내는 태도이다.

다윗은 진정한 복이 야훼에게서 옴을 알기 때문에, 하나님이 복 주
시겠다고 하신 약속의 말씀에 "아멘"으로 응답할 따름이었다.

다윗의 전쟁(삼하 8:1-14)

해설

다윗이 집권 초기에 힘을 기울인 것은 나라를 적군에게서 보호하고 수비하는 소극적인 작업이었다. 그러나 나라가 어느 정도 안정되면서부터는 그보다 더 적극적으로 움직이기 시작했다. 우선 블레셋 사람들의 만행으로 빼앗겼던 땅을 환수하는 작업도 그의 몫이었다. 그는 블레셋 사람들을 공격하여 그들에게 점령당했던 메텍암마*를 탈환하였다. 지금까지 삼손이나 엘리나 사무엘이나 사울 등 그 누구도 손대지 못했던 일을 해낸 것이다.

다음으로 다윗은 모압을 공격하여 그들 세 사람 가운데 둘을 죽이고, 그들을 종으로 삼고 조공을 바치게 했다.

다음으로 다윗이 유브라데 강변에 있는 그의 기념비를 복원하러[21] 갔을 때, 그 곳 초바* 나라의 왕 하닷에젤*과 싸워 이겨 그에게서 기병 1700명과 보병 20000명을 사로잡아 오고, 병거를 끄는 모든 말들의 오금을 잘라 불구를 만들고, 겨우 병거 100대를 끌 수 있을 정도의 말만 남겨놓았다. 그 때 다메섹의 아람 사람들이 하닷에젤* 왕을 도우러 왔지만, 다윗은 아람 사람 22000명을 죽였다. 그리고는 다메섹의 아람 사람들 지역에 여러 곳에 이스라엘 주둔군을 배치하였다. 이제 아람 사람들이 다윗의 노예가 되어 조공을 바쳐야만 했다. 이렇게 야훼께서 다윗이 가는 모든 곳에서 승리하게 하셨다. 다윗은 하닷에젤*의 종들을 시켜서 금으로 된 방패들을 예루살렘으로 운반해 왔다. 그리고 하닷에젤의 영토인 베타흐*와 베로타이*에서는 굉장히 많은 양의 놋쇠를 노획해왔다.

---

21) 이는 NRSV를 비롯한 몇 가지 영어 성경의 사무엘하 8장 3절 번역을 따른 것으로, 개역성경에서는 '권세를 회복하려고'로 되어 있다.

　다윗이 이렇게 하닷에젤*의 군대를 크게 무찔렀다는 소식을 들은 하마트*의 임금 토이*는 자기의 적수인 하닷에젤*을 이긴 사실을 경축하기 위해서 그의 아들 요람을 다윗에게 보내어 은과 금과 청동의 여러 그릇들을 선물로 가져다 바쳤다.

　다윗이 북방 전역(戰役)에서 돌아와서는 에돔과도 싸워서 소금 골짜기에서 에돔 사람 18000명을 살해하고 에돔을 몽땅 종으로 삼았으며, 에돔 전역에 이스라엘군을 주둔시켰다. 다윗은 지금까지 정복한 여러 나라에서 노획한 것과 선물로 받은 은과 금과 청동을 야훼께 헌납하였다. 야훼께서는 다윗이 어디를 가든지 그에게 승리를 안겨주셨다.

교훈

　1. 다윗이 이스라엘 주변 여러 나라를 정벌하는 싸움을 한 것은 한 나라의 임금으로서 영토를 확장하려는 욕심에서 나온 것이었을까? 대개의 경우 그 인근 국가와 민족들이 먼저 이스라엘을 건드리고 해코지했던 것이다. 그러므로 침략을 위한 전쟁이라기보다는 주권 국가의 위신을 세우고, "이에는 이, 눈에는 눈!"이라는 공평함을 이루려는 것이었다. 그 주변 국가들이 이스라엘 군에게 대패한 것은 그들이 과거에 저지른 잘못의 대가이다. 남을 이유 없이 못살게 구는 사람이 결국은 공정한 심판을 받아야 하는 것이었다. 특히 하나님이 선택한 백성을 공연히 해코지하는 사람들을 그냥 내버려둘 수는 없지 않는가?

　2. 야훼 하나님을 후원자로 모신 다윗이 어찌 승리할 수 없었겠는가? 다윗은 원근 주변의 적국들을 토벌하여 정복하여 속국으로 만들고 조공을 바치게 했으며 많은 전리품을 얻어냈다. 그 소문에 질린 다른 나라도 자진하여 찾아와서 경축하고 예물을 바치는 지경이 됐다. 전능하신 하나님을 모시고 사는 자가 승리한다는 사실은 다윗의 경우에서 입증된 셈이다.

3. 다윗은 야훼의 은혜를 잊지 않는 사람이었다. 다윗은 어디까지나 그의 승리가 하나님의 힘으로 된 것임을 실감하면서 그 하나님께 마땅히 바쳐야 할 예물을 바쳤다. 그는 하나님께서 주신 것을 하나님께 예물로 바침으로써 하나님과 자신의 관계를 정상적으로 유지하는 현명한 사람이었다. 그런 까닭에 하나님은 다윗이 하는 매사를 복을 주신 것이다.

다윗의 신하들(삼하 8:15-18)

해설

다윗은 이스라엘 나라 전체를 다스리는 임금으로서 그 백성을 공정하고 의롭게 다스렸다(아래 '교훈' 1번을 보라). 그 나라의 군대 장관은 다윗 누나의 아들 요압이었고, 여호샤팟*은 역사 기록 책임자였으며, 사독과 아히멜렉이 제사장이었고, 스라야는 서기관이었다. 그리고 브나야는 케렛 사람*들과 펠렛 사람*들을 거느리고 임금의 호위를 책임지고 있었다(23:20-23). 아마도 이 경호대원들은 이스라엘 사람들이 아니고, 해양족으로서 무예가 출중한 사람들이었던 것으로 보인다. 다윗이 치클락*에 있을 때 모집한 사람들이었을 것이다. 다윗에게는 아들이 많아 그 가운데에는 제사장이 된 사람도 있었던 듯하다. 그렇게 할 수 있는 것인지는 의심스럽다.

교훈

1. 한 나라의 임금은 나라를 다스리는 기본 원칙과 방침을 세워 두어야 할 것이다. 다윗의 통치 원칙은 구약성경이 일관적으로 말하는 공정(〈미쉬팟〉 מִשְׁפָּט, justice)과 의(〈츠다카〉 צְדָקָה, righteousness)

였다.22) 따라서 그 나라가 번영하고 강해지고 튼튼해질 수밖에 없었을
것이다.

2. 다윗의 정부가 현대식으로 조각을 한 것은 아니지만, 그런대로
권력을 분산시켜 여러 사람이 일을 분담한 것은 현명한 일이었다. 모든
권세를 한 사람이 거머쥐는 독재 체제가 아니라 인재를 적재적소에 배
치하는 원칙을 써서 여러 사람의 생각과 힘을 합해 나랏일을 처리하며,
각각 남의 영역을 침범하지 않는 제도를 다윗이 썼다는 것은 선견지명
이 있는 지혜의 소치였다.

그 당시 국가로서는 무력(武力)이 가장 중요했으므로 가장 신임할
수 있는 인물이 군부 책임을 맡아야 했고, 문관으로서는 역사를 바로
잡고 바로 보존하는 책임자를 두었다는 것이 매우 인상적이고 귀한 일
이었다. 그리고 종교 면을 다루는 책임자들이 있어서, 제정(祭政)의
관계를 바로 유지하는 것이 이스라엘 국가에는 필수적이었다. 그리고
뭐니 뭐니 해도 임금의 신변이 안전해야 하기 때문에 호위 책임자를 잘
선정하여야 했던 것이다. 이렇게 훌륭한 조각을 통하여 나라가 안정을
유지하고 발전할 수 있다면 그것이 하나님의 뜻이 아니겠는가?

므피보셋*에게 베푼 다윗의 아량(삼하 9:1-13)

해설

다윗은 국내 치안과 백성의 평안을 도모하는 동시에 국방을 튼튼히
함으로 안팎으로 국가의 기틀을 잡아갔다. 이렇게 태평을 구가(謳歌)

---

22) 사무엘하 8장 15절에 나란히 나오는 이 두 히브리 낱말을 개역한글판에서
   는 각각 '공'과 '의'로, 개역개정판에서는 '정의'와 '공의'로 옮겼다.

하는 중에 다윗은 세밀한 부분에도 마음을 썼다. 일국의 지도자로서 하나님 앞에서 자기가 해야 할 일을 하지 않고 있는 것은 없는지를 살피는 가운데, 선왕 사울에 대한 대우를 바로 하고 있는가, 절친한 친구였던 요나단과의 약속을 어기는 것은 없는가 하는 데에도 생각이 미쳤던 것이다. 그래서 다윗은 우선 선왕 사울 집안의 종이 어디 남아 있는가 수소문하여 치바*라는 종을 찾아 불러들였다. 그리고 사울 가문에 남은 자들이 있으면 그들에게 하나님의 친절(〈헤세드〉 חֶסֶד)23)을 베풀고 싶다고 하면서 그런 사람이 있는가를 치바*에게 물었다. 치바*는 요나단의 아들로 지체장애인인 므피보셋*이 있다고 대답했다. 다윗이 므피보셋*의 거처를 물으니, 로데발*이라는 곳에 있는 마키르*의 집에 있다는 것이었다. 다윗은 당장에 사람을 보내어 므피보셋*을 데려왔다. 므피보셋*은 다윗에게 엎드려 인사를 했다. 므피보셋*은 긴장하고 두려움에 사로잡혀 있었을 것이 분명하다. 다윗을 그를 안심시키면서, 그의 아버지 요나단을 보아서 그에게 자비를 베풀려고 하고 그의 할아버지 사울의 사유 재산을 다 그에게 돌려주겠으며 그 자신에게는 왕궁에서 언제나 임금과 한 식탁에서 식사를 하는 권리를 주겠다고 약속했다. 상상도 할 수 없었던 말을 들은 므피보셋*은 절하면서, "저는 임금의 종입니다. 저 같은 죽은 개에게 그렇게까지 하십니까?"라고 말하며 황송해 했다.

다윗은 생각만 하거나 말만 한 것이 아니라 그것을 실천에 옮겼다. 사울의 종 치바*를 불러서 말했다. 사울과 사울 집안에 속한 모든 사유지를 사울의 손자인 므피보셋*에게 주었으니, 치바*와 그의 아들들과 종들이 므피보셋*을 위하여 경작하여 그 수확을 므피보셋*의 식량으로 대라고 했다. 그러나 므피보셋*은 언제나 다윗과 같은 식탁에서 식사를 하게 될 것이라고 말했다.

---

23) 개역성경 사무엘하 9장 3절에서는 '은총'으로 옮겼다.

치바*에게는 아들 15명과 종 20명이 있었다. 치바*는 다윗의 명령대로 하겠다고 약속하였고, 므비보셋*은 다윗의 아들들과 같이 한 식탁에서 식사하며 살았다. 므비보셋*에게는 미카*라는 어린 아들이 있었다. 치바*의 집에서 사는 사람들은 다 므비보셋*의 종이 되었고, 므비보셋*은 두 다리를 다 쓰지 못하는 장애인이었지만 임금의 집에서 같이 식사하였으므로 자연히 예루살렘에서 살았다.

교훈

1. 사람이 남을 생각하고 남에게 선을 베푼다는 것은 쉬운 일이 아니다. 더더욱 권력을 가지고, 또 큰일을 한다는 사람들은 사소한 일에까지 마음 쓰기가 쉽지 않다. 그러나 다윗은 선왕에 대한 의리를 끝까지 생각하고 절친한 친구였던 요나단에 대한 의리를 잊지 않고 응분의 도리를 다 하는 성군이었다. 이는 다윗이 하나님의 사랑과 자비를 행동으로 실증하는 사건이었다. 다윗이 하나님을 믿고 그의 법도에 철저했기 때문에 이루어진 사건이었다. 즉 하나님의 성품이 다윗을 통하여 나타났다고 볼 수 있다. 우리도 하나님을 믿음으로 그를 닮아서 하나님의 법과 뜻이 우리를 통하여 실현되게 살아야 할 것이다. 자비로우신 하나님을 닮아야 한다.

2. 사울은 다윗의 정적이었다고 볼 수 있고 다윗을 여러 번 살해하려던 반대 세력이었는데, 악으로 악을 갚지 않고 선으로 악을 갚는 아름다움을 다윗에게서 볼 수 있다. 하나님께서 죄인들을 위하여 당신의 독생자를 보내신 사건은 악을 선으로 갚는 최고의 모범이지만, 다윗은 그와 유사한 일을 한 성자라 할 만하다.

3. 므비보셋*과 그의 아들 미카*는 다윗에게 은총을 입고 상상도 하

지 못했던 안락함을 누리며 살 수 있었다. 그것은 아마도 우리들이 하나님과 그리스도에게서 얻는 은총과 사랑 때문에 얻는 기쁨과 평안과 유사한 것이었다고 본다. 두 다리를 다 저는 므비보셋*을 생각해 보라! 누군가의 손이 언제나 그를 부축해야만 움직일 수 있는 형편인데, 그를 그렇게 돌봐주는 다윗의 배려는 참으로 눈물겹게 고마운 것이 아닌가? 다윗의 많은 아들들이 그에게 손가락질도 하고 그를 싫어하기도 했을 터인데도 그가 그 속에서 평안한 마음으로 같이 지냈다면, 그것은 예사 일이 아니다. 다윗의 각별한 배려가 항상 있었기 때문일 것이다.

이스라엘이 암몬과 아람을 이기다(삼하 10:1-19)

해설

다윗이 암몬 사람들을 쳐부수고 이스라엘의 속국으로 만들었는데, 암몬 사람들의 임금 나하쉬*가 죽고 그의 아들 하눈이 왕위를 계승하였다. 다윗은 암몬이 속국이지만 그 나라의 왕실을 대우하는 의미에서 죽은 왕을 조문하는 사신들을 보냈다. 그런데 그 사신들이 암몬 땅에 이르자, 암몬 사람들의 영주들이 임금에게 그 사신들의 진의가 의심스럽다고 경고했다. 즉 사신들이 온 것은 조문하는 척하고 암몬의 국정을 살피려는 것이고, 결국 나라를 전복하려는 속셈이 있다고 일렀다. 그래서 임금은 다윗의 사신들을 체포하여 그들의 수염 절반을 깎고 그들의 옷을 엉덩이까지 올려 자르고는 그냥 돌려보냈다. 다윗은 그의 사신들이 그런 수모를 당하고 돌아온 소식을 듣자, 사람들을 그들에게 보내어 그들의 수염이 다 자랄 때까지 여리고에 머물었다가 돌아오라고 지시했다.

이 일로 암몬 나라와 다윗의 관계가 좋지 않게 되었음을 스스로 알

게 된 암몬 당국은 이스라엘이 공격해 오리라 예상하고 벳르홉*에 있
는 아람 사람들과 초바*의 아람 사람에게서 보병 20000명을 고용하고,
마아카* 왕에게서 1000명, 톱* 사람 12000명을 고용했다.

다윗은 그 소식을 듣고 요압과 그의 이스라엘 군 전부를 전장에 내
보냈다. 암몬의 자국(自國) 부대는 수도 성문에 포진을 하고, 고용된
아람 군인들은 평지에 배치되어 있었다. 즉 적군은 두 그룹으로 나누어
이스라엘을 두 방향에서 공격하려는 태세였다. 요압은 그 상황을 보고
는, 군인 얼마를 선발하여 아람 군인들을 맞서게 하고, 그의 남은 군인
을 자기 동생 아비새에게 맡겨 암몬 군을 대항하도록 했다. 그리고 전
략을 말했다. 만일 요압이 맡은 아람 군이 너무 강하면 아비새가 돕고,
만일 아비새가 맡은 암몬 군이 너무 강하면 요압이 돕기로 하자는 것이
었다. 그리고 이스라엘 백성과, 하나님이 주신 성읍들을 위해서 강하고
담대하자고 서로 격려하였다. 그리고 하나님이 좋으실 대로 하시라고
하나님께 일임했다. 이렇게 해서 전투가 시작되었는데, 요압과 그의 군
대와 싸우던 아람 군은 요압을 이기지 못하고 달아났다. 그 광경을 본
암몬 군 역시 아람 군인들처럼 아비새 앞에서 줄행랑을 쳐서 성 안으로
들어가 버렸다. 대승을 거둔 요압은 예루살렘으로 개선했다.

암몬의 용병으로 싸우다가 이스라엘에게 졌다고 자인한 아람 사람
들은 포기하지 않고 자기들 나름으로 단결하고 재정비하여 이스라엘
을 공격하기로 했다. 다윗에게 이미 패한 바 있는 초바* 왕 하닷에젤*
은 아마도 이스라엘의 굴레에서 벗어나기 위해서였는지 몰라도 사람
을 보내어 유브라데 강 건너 편에 있는 아람 사람들까지 응원군으로 불
러왔다. 하닷에젤*은 그의 군대를 헬람에 모으고 쇼박*을 사령관으로
내세웠다. 다윗은 이스라엘 전군을 동원하여, 요단강을 건너 헬람으로
진출했다. 전쟁이 시작되자 아람 군은 다윗의 군을 이기지 못하고 패주
하였고, 이스라엘 군이 아람군의 전차(戰車)병 700팀과 기병 40000

명을 죽였다. 적장 쇼박*은 그 싸움에서 전사했다. 결국 하닷에젤*의 지배 아래 있던 왕들이 아람군의 패배를 보고는 이스라엘과 평화 조약을 맺고, 그 나라들은 이스라엘의 속국이 되었다. 그 뒤로 아람 사람들은 암몬 돕는 일을 두려워하였다.

교훈

1. 다윗은 자기 종속국의 하나였던 암몬 왕 나하쉬*의 죽음을 애도하는 마음으로 사절을 보내기까지 할 만큼 너그러웠고, 인간의 도리를 저버리지 않고 예의를 차릴 줄 아는 사람이었다. 그러나 나하쉬*의 아들 하눈은 부하들의 말을 곧이듣고 다윗의 사절들에게 망신을 주어 돌려보내는 어리석고 철없는 행동을 했다. 인간의 도리를 다 할 줄 아는 인간이 되어야 할 것이고, 남의 말을 곧이듣고 남의 감언이설에 놀아나서 판단을 그르침으로써 자신과 나라에 화를 자초하는 어리석은 사람이 되어서는 안 될 것이다.

2. 그 어리석은 암몬 왕 하눈은 자기의 어리석음을 깨닫지 못하고, 오히려 사람의 꾀와 양적으로 우세한 군대만 있으면 승리할 수 있다는 인간적인 타산으로 다윗을 대항하여 싸우려고 압도적인 수의 군인과 우수한 무기를 갖추었다. 그러나 요압을 대장으로 하는 이스라엘 군, 수적으로나 군비에 있어서 열세인 그들이 암몬의 연합군을 무찔렀다. 이스라엘이 승리한 것은 그들의 우수한 장비에 있었던 것이 아니다. 그들은 야훼께서 선한 결과를 가져다주시리라 믿고 하나님이 주신 땅과 성읍들을 지켜주시리라는 신념을 가지고, 또 자기들이 하나님의 도구가 되어 나라를 지켜내야 한다는 책임감을 느끼고 결단하여 강하고 담대하게 싸웠기 때문이다. 믿는 자들의 승리는 군비의 양이나 질에 있는 것이 아니라, 하나님께 대한 믿음과 하나님의 도우심에 있다.

3. 암몬의 요청을 받고 그들의 응원군으로 싸운 다메섹의 하닷에젤* 은 그 연합군이 이스라엘에게 패배했을 때 자기의 운명이 더 위태로워 진 것을 느꼈을 것이다. 이미 이스라엘의 속국으로 있던 자기 나라가 다른 속국과 연합군을 조직하여 이스라엘에게 대든 탓에 향후 이스라 엘에 대한 관계가 더욱 나빠질 것이 분명하였으므로, 하닷에젤*은 이 판사판이라는 생각으로 굳게 결단하고 먼 유브라데 강 유역에 있는 아 람사람들까지 불러들여 총동원하여 다윗과 맞섰던 것이다. 그러나 결 국 그 계획도 수포로 돌아가고, 막대한 손해를 입고 말았다. 하나님을 모르는 인간은 끝까지 자기와 물질과 우상을 믿고 하나님을 대항하는 어리석음을 버리지 못한다. 하나님을 대항하여 이길 자는 한 사람도 없 다. 지구를 몇 개라도 파멸할 수 있는 원자탄이나 수소탄을 가지고 있 다고 해도 하나님을 이겨내지는 못할 것이다.

다윗이 밧세바*와 간통하다(삼하 11:1-13)

해설

다윗은 여부스 족을 치는 일로부터 시작하여(5:6-11) 이스라엘 주 변의 여러 나라들을 정벌하는 일에 여념이 없었고(5:17-25; 8:1-14; 10:7-19) 그 자신이 진두지휘를 하면서 큰 성과를 거두었다. 그런데 암 몬 사람들과 전쟁을 하는 도중이었던 어느 해 봄에 다윗은 요압과 다른 장교들에게 책임을 맡기고 자기는 왕궁에 남아 있었다. 즉 이스라엘 군 대가 암몬 나라 깊숙이 쳐들어가 랍바를 포위하는 작전을 하고 있는 때 였다. 꽃이 피는 어떤 봄날 오후에 다윗이 왕궁 옥상을 거닐다가 내려 다보이는 어떤 민가에 눈이 갔다. 그 때 그 민가에서 예쁜 여자가 목욕 하는 광경이 보였다. 다윗은 그 여자에게 음욕을 품고 사람을 보내어 그녀가 어떤 사람인지 알아보게 했다. 그녀는 엘리암의 딸 밧세바*이고, 헷 사람 우리야*의 아내라고 했다. 우리야*는 다윗의 최고 정예(精銳) 장수 30명 중의 한 사람으로(23:39), 이미 오래 동안 신임하고 귀하게 여기는 무관 중의 하나였다. 지금 그 사람이 랍바 전투에 투입되어 있는 것이었다. 다윗은 몇 사람을 시켜서 밧세바를 왕궁으로 데려와 그녀와 동침하고는 집으로 돌려보냈다. 그 때 밧세바는 월경을 치르고 정결례를 지키는 중이었다. 따라서 그녀는 남편 우리야*의 아이를 잉태하고 있었던 것은 아니었다. 그런데 며칠 후에 밧세바가 임신을 했고, 그녀는 사람을 다윗에게 보내어 "제가 임신을 했습니다."라고 소식을 전했다.

다윗은 자기의 죄를 가리기 위해 궁리한 끝에 총사령관 요압에게 사람을 보내어 우리야*를 왕궁으로 오게 했다. 영문도 모르고 전장에서 돌아온 우리야*에게 다윗은 요압과 전쟁 상황을 묻고는 어서 집으로 가서 편히 쉬라고 일렀다. 즉 아내와 동침하게 유도한 것이다. 그러나 우직하고 충성된 군인 우리야*는 자신이 한 지휘관의 부하로서, 왕의 후의는 고맙지만, 그래서는 안 된다고 생각하였다. 그리하여 우리야*는, 다윗이 자기를 집으로 보내면서 선물까지 함께 보냈는데도 어전을 물러 나와서는 궁궐 입구에서 자고 자기 집으로는 아예 내려가지 않았다. 그 사실이 다윗에게 보고되자, 다윗은 우리야*에게 그 이유를 물었다. 하나님의 법궤와 이스라엘의 모든 군인들, 특히 자기 상관인 요압이 전선에서 초막 신세를 지고 있고 야영하는 이 판국에, 자기가 어떻게 집에 들어가서 먹고 마시고 아내와 동침을 할 수 있겠는가. 자기는 절대로 그럴 수 없다는 것이 우리야*의 대답이었다.

다윗은 다른 꾀를 썼다. 우리야*더러 하루만 더 지내면 내일 전선으로 돌려보내 주겠다고 했다. 그리고는 다음 날 우리야*를 어전에 불러 주안상을 베풀고 술에 취하도록 마시고 먹게 했다. 그러나 우리야*는

저녁에 어전을 물러나와, 취중에도 자기 집으로 내려가지 않고 그의 상
전의 종들과 함께 궁성 안에서 잠을 잤다.

교훈

1. 사람을 높은 데 올려놓고 흔들어야 떨어지기가 쉽다. 사탄은 다윗
이 일취월장 성공하여 높은 자리에 있을 때 그를 시험했다. 인간이 특
히 남성이 공통적으로 가지고 있는 성욕이지만, 다윗이 높은 권력의 자
리에 있지 않았더라면, 밧세바*를 범하는 죄를 짓지는 못했을 것이다.

사람은 누구나 높은 자리에 올라갈수록 유혹당할 기회가 많고 범죄
할 가능성이 더 많다는 점에 유의해야 할 것이다. 그리고 한가하고 무
료할 때 사탄의 공격을 받기가 더 쉬운 법이다. 언제나 그리스도 안에
있으면 범죄하지 않는다는 것이 성경의 가르침이기는 하지만(요일
3:6) 정한 목표가 있고 사명이 있어 거기에 몰두함으로써 사탄에게 기
회를 제공하지 않는 것이 슬기로운 일이다.

2. 죄를 짓기 시작하면 거기서 빠져나오기가 매우 어렵다. 죄를 은
폐하려고 또 다른 죄를 생각해내어 짓고, 더 깊은 지경으로 빠져 들어
가기 쉽다.

3. 우리야*의 충절은 정말로 우리 모두의 귀감이 아닐 수 없다. 임금
이 특별 윤허를 내렸으므로 아무도 자기를 탓하거나 흠하지 않을 처지
인데도, 또 건장한 정상적인 남성으로서 오래 동안 가정을 떠나있던 사
람으로서 자기 집을 찾아들어가지 않은 것은, 진정 의리와 원칙에 죽고
사는 사람이었기 때문에 할 수 있는 일이었다. 그런데 그런 의리의 사
나이는 결국 희생을 당했으니 풀리지 않는 수수께끼가 아닌가? 그는
하나님의 도리와 원칙을 살리기 위해서 살다가 죽은 순교자가 아닐까?

다윗이 우리야*를 죽음으로 몰아넣다(삼하 11:14-27)

해설

다윗은 자기의 책략이 통하지 않는 것을 보자 그 다음 단계의 음해 계획을 세웠다. 요압에게 보내는 편지를 써서 우리야* 편에 보냈다. 그 편지의 내용인즉, 우리야*를 최전선에 보내놓고 다른 군인들은 퇴각함으로써 우리야*가 적군의 손에 전사하게 하라는 것이었다. 그래서 요압은 랍바 성 포위작전을 하면서 우리야*를 가장 강력한 적군이 있다고 들은 지점에 내세웠다. 암몬 군이 나와서 요압의 군대와 싸우는 중 다윗의 군인들이 더러 죽었고 우리야*도 그 전투에서 전사했다. 요압은 전령을 임금께 보내어 전투 상황을 보고하게 했다. 그러면서 그 전령에게 임금과 일문일답할 내용까지 지시했다. 전령이 전투 결과 보고를 끝냈을 때, 임금이 화를 내면서 무엇 때문에 그렇게 성에 가까이 가서 싸웠느냐, 성 위에서 활을 내리 쏴 댈 것을 몰랐느냐, 테베츠* 전투에서도 성벽에 나무 가까이 가는 바람에, 어떤 여인이 내리 던진 맷돌 위짝에 맞아서 아비멜렉이 죽지 않았느냐(삿 9:22-57)고 할 것이니, 그 때 "임금님의 종 우리야*도 죽었습니다."라고 말하라고 했다.

요압의 지시를 받은 전령이 다윗에게 가서 하라는 대로 보고했다. 우리야*도 죽었다는 보고까지 끝나자 임금은 그 전령더러 요압에게 가서 다음과 같이 말하라고 일러주었다. "이 사건 때문에 걱정할 것은 없소. 검이 지금은 이 사람을 죽이고 또 다음에는 다른 사람을 죽이는 것 아니요? 그 성을 바짝 공격하여, 점령해버리시오!" 그리고 요압을 격려하라는 명령까지 덧붙인 뒤에 그를 보냈다.

우리야*의 아내는 남편 우리야*의 전사 소식을 듣고 애도했다. 그러나 그 남편이 어떻게 해서 죽었는지는 알지 못했을 것이다. 다윗의 음모를 몰랐을 것이다. 그 애도기간이 지나자 다윗은 사람을 보내어 그녀를 궁으로 데려와 자기 아내로 삼았다. 그리고 밧세바*는 다윗에게 아들을 하나 낳아주었다. 다윗이 서둘러 밧세바*를 아내로 맞았으므로, 밧세바*가 나은 아들에 대한 의심은 물리칠 수 있었을 것이다. 즉 그 아들이 다윗의 아들이라는 사실을 의심하지 않게 되었을 것이다.

교훈

1. 다윗의 죄는 발전하여 결국 그가 아끼는 인재요 충복인 우리야*를 죽이는 데까지 이르렀다. 다윗에게 권력이 없었더라면 그런 끔찍한 죄까지는 짓지 않았을 것이다. 그 죄악상을 아는 사람은 요압 밖에 없었을 것이다. 권력자들이 숨어서 짓는 무수한 죄가 있다. 사람의 눈을 속여가면서 죄를 짓지만, 하나님의 눈까지 속일 수 있다고 생각하는 것이 인간의 어리석음이다. 불행한 것은 그렇게도 하나님의 큰 은총을 입은 다윗이 사탄의 유혹에 걸려들었다는 사실이다. 이스라엘의 대표 지도자가 그런 큰 범죄를 했으니, 그 본인과 그 나라의 장래가 얼마나 어지러울까 염려된다. 죄 값은 사망이기 때문이다. 다윗 가와 이스라엘의 혼란한 역사는 여기서부터 본격적으로 시작된다.

2. 죄를 혼자서 짓는 것이 아니라 권력자들이 공모하여 짓는다. 다윗은 요압과 공모하였고, 영문 모르는 부하들을 도구로 삼고 그 범죄에 동참케 하였다. 요압은 다윗의 죄를 알면서도 눈감아 주었으니, 공범자이다. 따라서 공범자의 벌을 받아야 마땅하다.

3. 우리야*는 억울한 희생자이지만, 오고 오는 시대에 충성된 군인이요 신실한 신하였다는 아름다운 명예를 남겼다. 그가 비록 이 땅에서는 억울하게 원인도 알지 못하는 가운데 죽었지만, 그의 생명은 영원히 하늘에서 빛나지 않을까!

4. 권력 있는 남자 다윗의 노리개가 된 밧세바*의 마음이 얼마나 착잡했을까? 밧세바는 왕이 보낸 여러 명의 사신에 의해서 왕궁에 불려 들어간 한 여성이자, 임금의 유혹 또는 강요에 못 이겨 절개를 굽혀야 했던 여인이었다. 결국 왕의 아이를 임신함으로 자기 남편에 대하여 미안하고 부끄러운 마음이 있었을 것이다. 자기 남편이 자기 집 가까이 왔다가도 들르지 않고 전쟁터로 돌아간 사건도 알지 못하고 있다가, 그가 죽었다는 소식을 들었을 때 느낌도 야릇했을 것이다. 즉 슬픔과 안도가 뒤섞인 느낌을 받았을 것이다. 그리고 마침내 상상도 하지 못했던 왕후 자리에 오르게 되었으니, 정말 그 감정은 복잡했을 것이다. 그를 정죄할 것인가, 동정할 것인가? 미모의 한 여성이 겪은 비운인가 행운인가?

나단이 다윗을 정죄하다 (삼하 12:1-15a)

해설

의의 하나님께서 다윗의 범행을 방치하실 수 없었다. 진노하신 하나님은 예언자 나단에게 다윗의 범행을 알게 하시고 그를 다윗에게 보내어 책망하게 하셨다. 나단은 비유적인 이야기를 꾸며서 다윗의 범죄를 신랄하게 꼬집었다. 어떤 도시에 두 사람이 살고 있었는데, 한 사람은 큰 부자여서 우양을 굉장히 많이 가지고 있었고, 다른 한 사람은 가난해서 암 새끼양 한 마리밖에 없었다. 그것을 사다가 애지중지 기르고 자기 딸처럼 사랑하면서 그것을 품에 안고 잤다. 하루는 그 부잣집에 손님이 왔는데, 이 부자는 자기의 많은 양 가운데서 하나를 잡지 않고 그 가난한 사람의 귀여운 양을 잡아서 대접했다. 그 말을 들은 다윗은 노발대발하면서 그런 놈은 죽어 마땅하고 그런 무정한 행동을 했으니 네 곱절로 갚아야 한다고 호통을 쳤다.

나단은 다윗더러 "임금님이 바로 그 사람입니다. 이스라엘의 하나님 야훼께서 말씀하십니다."라고 하면서 하나님께서 자기에게 들려주신 다음의 말씀을 다윗에게 전했다. "내가 너에게 기름을 부어 이스라엘의 왕으로 삼고 사울의 손에서 건져내어 그 상전의 집을 네게 주고 상전의 아내들을 네 품에 안겨주고 이스라엘과 유다를 너에게 주었다. 그것이 너무 적었다면 얼마든지 더 주었을 것이다. 그런데 네가 어째서 야훼의 말씀을 업신여기고 야훼 보시기에 악한 짓을 했느냐? 네가 검으로 우리야*를 죽이고, 그의 아내를 네 아내로 삼았구나. 우리야*를 결국 암몬 사람들의 칼에 맞아 죽게 하지 않았느냐? 네가 그런 짓을 했으니, 검이 네 집을 떠나지 않을 것이다. 이것은 야훼께서 하는 말씀이다. 내가 너희 집안에 재난이 일어나게 할 것이고, 네 눈앞에서 내가 네 아내들을 빼앗아 네 이웃에게 주며, 대낮에 그가 네 아내를 겁탈할 것이다. 너는 남몰래 죄를 범했지만, 나는 모든 이스라엘이 보는 앞에서 이 일을 행하겠다." 이 말을 들은 다윗은 나단에게 "제가 야훼께 죄를 지었습니다."라고 자복했다.

나단이 다윗에게 대답했다. "이제 야훼께서 임금님의 죄를 용서하셨습니다. 그러니 임금이 죽지는 않을 것입니다. 그러나 임금의 이런 행동으로 말미암아 야훼를 극히 조롱하셨으므로, 밧셰바가 낳은 아이는 죽을 것입니다." 이 말을 남기고 나단은 물러갔다.

교훈

1. 사람들은 어리석어서 자기가 숨어 하는 일을 하나님이 모르실 것이라고 생각한다. 때로는 자기가 하는 악한 일을 악하다고 생각하지 않기도 하고 정당화하려고도 한다. 그러나 하나님이 그것을 모르실 리가 없고, 그것을 모르시는 하나님이라면 하나님일 수가 없다. 야훼 하나님

은 다윗이 한 악행을 아실뿐만 아니라 다윗과 이스라엘 백성을 사랑하셔서 예언자를 통하여 다윗이 회개하게 하는 작업을 하셨다. 하나님께서 그 초기에 다윗을 바로 잡아주시지 않았더라면, 다윗은 영 멸망으로 치달았을 것이다. 하나님의 자비를 여기서 볼 수 있다.

2. 나단은 하나님의 충직한 종으로서 하나님의 명령을 바로 수행하였다. 권력의 최고봉에 있는 임금에게 나아가서 그의 죄를 지적한다는 것은 자기 목숨을 내거는 행동이다. 그런데 나단은 죽으나 사나 하나님이 명하시는 일을 담대히 수행한 훌륭한 예언자였다. 그리고 영리하고 슬기 있는 사람이었다. 훌륭한 비유를 가지고, 빠져나갈 길이 없도록 다윗의 범죄를 적절하게 지적하여 훌륭한 효과를 거둔 것이다. 예언자에게 요구되는 용기와 성실과 지혜를 여기서 발견하게 된다.

3. 다윗은 예언자를 통한 야훼의 책망을 겸손히 받아들이고 순순히 죄를 자백하는 용단과 지혜를 이 사건에서 보여주었다. 자기의 범죄를 솔직하게 시인한 것이 하나님의 마음에 들었고 따라서 그에게 내릴 벌을 많이 줄일 수 있었다. 여기서 우리는 죄를 고백하는 것이 얼마나 귀한 일인지 알 수 있다. 자비로우신 하나님은 죄를 고백하는 자를 용서하기로 약속하셨다.

4. 다윗의 죄는 한 마디로 하나님을 멸시한 것이다(12:9, 10).[24] 하나님이 그렇게도 다윗을 사랑하셔서 그를 왕으로 삼아 위험에서 건지시고 그의 모든 욕망을 다 채워주셨는데, 다윗이 그런 하나님의 뜻을 몰라주고 하나님을 무시하고 멸시한 것이 잘못이다. 다른 사람은 몰라도 다윗만을 그럴 수 없는 처지인데 그렇게 하나님을 배신하였으니 하나님의 진노가 그에게 임한 것은 너무도 당연한 것이다.

---

24) 개역성경에서는 '업신여기다'로 옮겼다.

5. 우리가 저지른 죄를 하나님이 용서해 주시지만, 죄에 대한 벌을 완전히 면제받을 수는 없다. 다윗의 범죄로 그의 집안에 재난이 닥치게 되고 그 영향이 오래 계속되어, 다윗은 밧세바*가 낳은 아들을 잃는 등 상당한 대가를 치르게 되어 있다. 죄를 지었는데도 그 죄와 벌이 다 사면된다면 죄는 더 만연할 것이 아닌가?

밧세바*가 낳은 아기가 죽다(삼하 12:15b-23)

해설

나단을 통하여 통고한 대로 밧세바*가 낳은 아들이 중병에 걸렸다. 다윗은 혹시라도 하나님께서 마음을 바꾸어 그 아기를 살려주시지 않을까 하는 희망을 품고 진심으로 하나님께 호소하며 그 아기를 살려달라고 빌었다. 식음을 전폐하고 밤새도록 안절부절못하며 땅바닥에 누워 있는 것이었다. 원로들이 그에게 다가가서 땅에서 일어서라고 권해 보았지만 마다하였고, 같이 식사를 하자고 해도 거절했다.

7일 째 되는 날 그 아이는 죽고 말았다. 그러나 신하들이 그 소식을 다윗에게 전하기를 두려워했다. 아이가 살아 있을 때에도 말을 걸면 듣지 않았는데 아이가 죽었다는 말을 어떻게 할 수 있느냐고 하면서 걱정했다. 임금이 그 소식을 들었다가는 자해 행동을 할 지도 모른다고 쑥덕거렸다. 다윗은 그의 신하들이 속삭이는 것을 보고, 아이가 죽은 것을 알았다. 그리고는 신하들에게, "그 아이가 죽었소?"하고 물었다. 그가 죽었다는 말을 정식으로 들은 다윗은 땅바닥에서 일어나 몸을 씻고 기름을 바르고 옷을 갈아입고 야훼의 집 곧 성소에 들어가서 예배했다. 그러고 나서 자기 집으로 들어갔다.

신하들은, 왕자가 살았을 때는 금식하고 그를 위해 우시더니 왕자가 죽으니 일어나 음식을 잡수시니 이 어떻게 된 일인가 여쭈었다. 다윗은 대답은 다음과 같았다. 아이가 살았을 때는 혹시라도 야훼께서 자기에게 자비를 베푸셔서 아이를 살려주실지 모르므로 금식하고 울기도 했지만, 이제 그가 죽었는데 금식할 필요가 무엇인가? 내가 그를 돌아오게라도 할 수 있단 말인가? 내가 그에게 갈 수는 있어도, 그가 내게로 돌아오지는 않을 것이다.

교훈

1. 다윗은 나단을 통하여 예고 받았으므로, 밧세바*가 낳은 아이가 어찌 되지나 않을까 걱정하고 있었을 것이다. 그런데 나단의 예언대로 그 아이가 몹시 앓는다는 말을 들은 다윗은 어버이의 책임을 다하려고 했다. 다윗은 참으로 온정이 많은 사람이었다. 하나님께 매달려 그의 치유를 위해서 간절히 호소하고 애원했다. 소박하기도 하고 성실하기도 한 참 아버지의 모습이다. 하나님이 마음을 바꾸어 살려주실 지도 모른다는 믿음과 희망을 버리지 않고, 체면불구하고 떼를 쓴 것이다. 다윗의 소박한 인간미와 애정을 엿볼 수 있는 장면이다.

2. 그러나 하나님의 계획을 다윗이 바꿀 수는 없었다. 범죄한 자는 다윗이므로 죽어야 할 사람은 다윗 자신이 아닌가? 하나님은 그만큼 오랫동안 훈련시킨 민족의 지도자 다윗을 아끼셨으므로, 밧세바*의 아들이 대신 죽게 하심으로써 그 고비를 넘기신 것이다. 그 아이의 잘못이 어디 있는가? 무고한 사람 하나가 역시 희생양으로 죽어, 하나님의 심판이 존엄함을 보여주신 것이다.

3. 아기가 죽은 줄 알고는 당장 자리를 털고 일어나서 활동하는 다윗에게서 그의 또 다른 면을 볼 수 있다. 할 일 많은 일꾼이 쓸데없는

것에 마음을 빼앗기는 것은 무책임한 일이다. 아무리 사랑하는 사람이
지만 그가 죽었을 때 그를 따라 죽지 못하고 죽은 사람이 살아 돌아올
수 없는 바에는 그 모든 것을 잊고 한시 바삐 정신을 차리고 정상 생활
을 해야 할 것이다. 다윗이 그처럼 신속히 생각을 바꾸어 생활한 점은
본받을 만하다.

솔로몬의 탄생(삼하 12:24-25)

해설

다윗은 아기를 잃은 어미의 심정을 헤아릴 줄 아는 온정을 품고 있
었다. 그녀를 위로하기 위하여 그녀의 침소를 찾아 잠자리를 같이 하는
등으로 다윗이 하는 행동을 통하여 그녀는 크게 격려를 받았을 것이다.
그 결과로 밧세바*는 또 임신하여 아들을 낳았다. 다윗은 그 아이의 이
름을 솔로몬(〈셸로모〉 שְׁלֹמֹה)라고 불렀다. 야훼께서는 그를 사랑하
셨고, 나단을 통해서 말씀을 전해주셨다. 그래서 다윗은 그 이름을 "야
훼 때문에" 여디디야라고 불렀다. 여디디야는 "야훼께서 사랑하신 자"
라는 뜻을 지닌 이름이다.

교훈

1. 사람에게 생명을 주시는 분은 하나님이시다. 인간 사회의 도덕이
나 전통과 습관의 기준에서 볼 때 솔로몬은 장자도 아니고 모두가 달갑
게 적자(嫡子)로 인정하기도 어려운 경우이지만, 하나님은 그를 사랑
하셨다. 사람이 어떤 관계에서 태어났든지 생명을 주시는 이는 하나님
이시고, 세상에 태어난 이상 엄연히 당당한 하나의 인간이요 동등한 인

권을 지닌다. 하나님은 그의 영원하신 섭리와 계획 속에서 사랑하실 자를 사랑하신다. 부모는 죄인이라도 태어난 자식이 죄인일 수는 없다.

2. 다윗은 나단이 전해준 하나님의 말씀을 통해 장차 자기 가정에 큰 파란이 있겠다는 것을 들었으므로, 밧세바*가 다시 낳은 아들을 평화를 상징하는 이름으로 불렀던 것으로 보인다. 그러나 하나님은 다른 이름을 주셨다. 즉 "야훼의 사랑을 받은 자"라는 이름을 주심으로, 다윗의 걱정을 덜어주신 것으로 보인다. 하나님이 의도하시는 것이 사람이 생각하는 것과 반드시 일치하지는 않는다.

암몬을 박멸하다 (삼하 12:26-31)

해설

암몬과 이스라엘의 지겨운 전쟁은 이제 끝나게 됐다. 총사령관 요압이 암몬의 수도 랍바를 공격하여 그 수도를 거의 손에 넣었다. 요압의 마음에는 다윗에 대한 불평이 있었을 것이다. 임금은 전쟁터에 나오지도 않고 왕궁에서 재미만 보고 있는구나 하는 생각을 했을 것이다.

요압은 다윗에게 전령을 보내어 전과를 보고하면서 불평스러운 내용도 담았다. "제가 랍바를 공격했고 물 관리 도시도 점령했으니, 이제는 임금님이 남은 백성을 다 동원해 데리고 오셔서 그 도성 공격의 마무리를 지으십시오! 그렇지 않으면 제가 그 성을 점령하고 제 이름을 붙이겠습니다." 다윗이 마지막 공격을 해서 그 공이 임금께 돌아가야 하는 것이기에 하는 말이었다. 그런 가시 돋친 보고를 받았지만, 다윗은 자기의 비밀을 아는 요압을 마구 대할 수는 없었다. 그리하여 다윗은 군인을 총동원하여 랍바를 공격하여 점령하고, 랍바의 주신(主神)

인 밀콤*25) 상(像)에 씌웠던 관을 노획하였는데, 거기 붙은 금이 한
달란트였고 거기에 보석도 들어 있었다. 다윗이 그 관을 썼다. 그리고
그 성에서 노획한 많은 것을 가지고 개선하였고, 포로로 잡은 사람들을
데려다가 각종 부역(賦役)에 투입했다. 그리고 암몬의 다른 성읍들도
점령하고 같은 모양으로 처리했다. 다윗은 이렇게 전쟁을 마치고 전장
에 나갔던 백성들과 함께 예루살렘으로 돌아왔다.

교훈

1. 요압은 아군 전사자도 많이 나는 등 악전고투하면서 암몬의 수도
를 점령할 수 있는 단계까지 전투를 몰아왔다. 그 고된 전쟁이 진행되
는 가운데 일어난 다윗의 행위와 처사를 조카의 입장에서 불만스럽게
생각하면서도 역시 상사를 높일 수밖에 없는 체제이기에 최후 승리의
공을 국왕께 돌리려고 배려했다. 그렇지 않을 때 돌아올 불이익도 생각
했을 것이다. 어쨌든 여기서 요압의 충성과 인내와 지혜를 높이 평가해
야 할 것이다.

2. 다윗은 요압이 이루어 놓은 공적을 마무리하여 자기의 것으로 삼
아 큰 공로자로 칭송받으면서 개선한 행운아였다. 하나님은 다윗의 실
수와 죄에도 불구하고 아직은 그를 돌보고 밀어주신다. 언제까지 하나
님이 그의 편이 되실 지는 아직 아무도 모른다. 하나님은 무조건 다윗
의 편만 드시는 분은 아니시다. 하나님께도 일정한 뜻이 있어 하나님은
그 뜻을 따라서 행동하시므로, 하나님의 뜻을 따르고 그 뜻에 합당하게
행하려는 사람이 하나님의 총애를 입을 것이다.

---

25) 개역성경 사무엘하 12장 30절에서 '그 왕'으로 옮긴 히브리 마소라 본문의
⟨말캄⟩(מַלְכָּם, '그들의 왕')을 칠십인역 일부 사본을 따라 ⟨밀콤⟩(מִלְכֹּם)
으로 고쳐 읽었다.

암논과 타말*(삼하 13:1-22)

해설

다윗에게는 아내가 여러 사람 있었고, 그들에게서 낳은 아들도 많았다. 다윗의 아들 중에 압살롬이 있었는데, 그는 다윗이 이스라엘의 속국이었던 그술의 공주 마아카*에게서 얻은 아들로서 다윗의 총애를 받았다. 압살롬에게는 타말*이라는 예쁜 친 여동생이 있었다.

그런데 다윗의 맏아들 암논이 이복 여동생인 처녀 타말*을 연모하는 나머지 상사병에 걸렸다. 타말*은 처녀이었므로 마구 대할 수 없고 그녀에게 접근할 다른 방법이 없는 것으로 보였다. 그런데 암논에게 요나답이라는 친구가 있었는데, 그는 다윗의 형 시므아의 아들이었다. 그러니까 이 두 사람은 사촌(四寸) 간이었다. 요나답은 꾀가 많은 사람으로 친구요 사촌인 암논이 수심에 싸여있는 것을 보자 어째서 그러느냐고 하며 이유를 물었다. 암논은 자기 이복 동생 압살롬의 여동생 타말*을 자기가 사랑한다고 대답했다. 요나답이 암논에게 묘책을 일러주었다. 앓는 척 하고 침상에 누워있으면 부왕 다윗이 찾아오실 것이니, 아버지께 청하여 타말*을 보내달라고 하라는 것이었다. 그리고 그녀로 하여금 암논 면전에서 요리하게 하여 그녀의 손에서 그 음식을 받아먹게 하라는 것이었다. 암논은 친구의 말대로 누워서 앓는 척 했고 다윗이 그를 보러 오자 아버지에게 청을 드렸다. "누이동생 타말*을 보내주십시오! 제가 보는 앞에서 그 동생이 빵을 구워주면 동생의 손에서 제가 빵을 받아먹겠습니다."

다윗은 타말*에게 사람을 보내어, "네 오빠 암논에게 가서 음식을 만들어 주어라!"라는 말을 전하게 했다. 타말*은 오빠 암논이 누워 있는 집으로 가서 암논이 보는 앞에서 반죽을 해서 빵을 구워 팬에 담은 빵을 암논 앞에 차려 놓았다. 그러나 암논은 먹기를 거절하면서 다른 사람들을 다 내보내라고 하였다. 사람들이 다 나가자* 암논은 타말*더러 그 빵을 침실로 들여오라고 하면 거기서 그녀의 손으로 섬겨주는 빵을 먹겠다고 했다. 그래서 타말*이 빵을 가지고 암논의 침실로 들어갔다. 그런데 타말*이 빵을 먹이려고 암논에게 접근하였을 때, 암논이 타말*에게 말을 걸었다. "내 누이동생아, 나하고 자자!" 타말*은 펄쩍 뛰면서 대답했다. "안됩니다. 오빠! 억지 부리지 마세요. 이스라엘에서는 이런 일이 있을 수 없습니다. 이런 더러운 일은 안 됩니다. 나의 창피한 꼴을 어디다 내놓겠습니까? 오빠는 이스라엘에서 개망나니 중의 하나로 취급될 것 아닙니까? 그러니까 제발 임금님께 말씀 드려 허락을 받으세요. 내가 오빠에게 가는 것을 막지 않을 것입니다." 암논은 타말*의 말을 들으려 하지 않았고, 타말*보다 힘이 더 세었으므로 그녀를 겁탈하고 말았다.

그리고 난 뒤에 암논은 돌변하여 타말*에 대한 혐오심에 사로잡혔다. 그 혐오심은 타말*을 탐하던 마음보다 더 강하였다. 암논은 타말*을 자기 방에서 쫓아냈다. 타말*은 암논에게 말했다. "안됩니다, 오빠! 나를 쫓아내는 이 잘못은 나를 겁탈한 일보다 더 큰 잘못입니다." 암논은 그녀의 말은 아랑곳하지 않고 하인을 불러, "이 여자를 내 앞에서 데려 나가고 문을 잠그라!"고 일렀다. 하인은 그대로 했다. 거기서 쫓겨나온 타말*은 머리에 재를 뿌리고, 입고 있던 긴 옷 즉 처녀임을 상징하는 옷을 찢고 손을 머리에 얹고 큰 소리로 울면서 돌아갔다.

타말*의 친 오빠 압살롬이 말했다. "네가 오빠 암논과 같이 있었느냐? 동생아! 당분간 조용히 해라. 그는 네 오빠다. 이 일을 마음에 담지 말라!" 그래서 타말*은 폐인처럼 압살롬의 집에 머물렀다. 다윗은 이 소식을 듣고 매우 노하였다. 그러나 장남 암논을 사랑하였으므로, 그를 벌할 생각이 없었다. 압살롬은 암논이 자기 누이동생을 겁탈한 일 때문에 암논을 미워했지만, 그에게 잘 잘못을 두고 아무 말도 하지 않았다.

교훈

1. 다윗에게 아내가 여럿이어서 이복 형제자매들이 태어나니 자연히 복잡한 문제가 생길 수밖에 없다. 일부일처의 천륜을 버림으로 오는 화근과 혼란과 범죄가 당연히 있는 것이다. 권좌에 올랐다고 원하는 대로 아내를 많이 얻었던 다윗의 잘못이 크고, 그가 거기서 오는 불행을 겪은 것을 역시 사필귀정(事必歸正)이다.

2. 타말*이 암논의 친 여동생이었다면, 암논이 그녀에게 음욕을 품고 상사병까지 걸릴 리가 없었을 것이다. 이복 형제자매 사이인 까닭에 서로 사이에 미움도 있고 간격이 있어서 그런 패륜적 사건이 일어난 것이다. 어디까지나 하나님이 주신 천륜대로 가정을 이루는 것이 얼마나 중요하다는 것을 우리는 여기서 다시 깨달아야 할 것이다.

3. 처녀를 범한 사람은 그 처녀의 장래를 책임져야 하는 것이 법인데, 암논은 마음이 돌변하여 타말*을 미워하는 변태에 빠졌다. 비록 욕정을 못 이겨 그녀를 성급히 겁탈을 했지만, 그렇게 된 이상 마땅히 법대로 그녀에 대한 책임을 지면 해결될 길도 있었는데, 그것을 마다한 암논은 역시 벌 받아 마땅하였다. 자기가 저지른 행동에 책임질 줄 모르는 인간은 매우 위험하고 경계해야 할 존재이다.

4. 그 패륜 사건을 보고 받은 다윗의 처사도 온당하지 않았다. 암논을 사랑하기 때문에 그의 죄를 묵과한 것은 한 나라를 법으로 다스려야 하는 국왕으로서 결코 온당한 처사가 아니었다. 사랑하기 때문에 그를 바른 길로 인도했어야 했고, 하나님과 백성 앞에서 부끄러움 없이 공평하게 판결했어야 했다.

5. 자기 여동생을 겁탈하고 차 버린 이복 형 암논에 대한 압살롬의 마음에 미운 마음과 복수심이 이글거렸을 것은 이해할 만하다. 당장에는 암논의 세력이 더 강한데다가 아버지 다윗의 비호가 크니까 어찌할 수 없어 그 미운 마음을 속에 간직하고 앞날을 기다렸다. 결국 미움이 자라서 살인 사건으로 발전하였다. 이렇게 죄는 죄를 낳고 결국은 그것이 자라서 사망을 낳는 법이다.

압살롬이 복수하다(삼하 13:23-39)

해설

압살롬은 암논에게 복수하려는 생각을 품고 만 2년을 참았다. 이제 복수를 결행할 순간이 왔다고 판단한 압살롬은 음모를 꾸몄다. 에브라임 근처 바알하촐*에서 압살롬의 일꾼들이 양털 깎는 잔치를 마련한 것이다. 목장에서는 양털 깎기가 하나의 경사였다. 압살롬이 큰 잔치를 베풀고 임금과 왕자 전원을 초대했다. 그러나 그렇게 많은 사람이 가면 짐이 되리라고 하면서 다윗은 사양하였다. 압살롬은 다시 간청했지만 다윗을 안 간다고 하며 축복만 해 주었다. 압살롬은 형 암논만이라도 같이 가게 허락해 달라고 했다. 다윗은 어째서 암논이 같이 가야 하느냐고 물었지만, 압살롬의 강권에 못 이겨 암논을 비롯하여 다른 왕자들 전원이 잔치에 가는 것을 허락했다.

압살롬이 차린 잔치는 왕이 베푼 잔치를 방불하게 하는 거나한 것이었다. 압살롬은 그의 하인들에게 명령을 내려 두었다. 암논이 술에 취해 기분이 좋아지면 자기가 "암논을 쳐라!"고 할 터이니 그 때 그를 죽이라는 것이었다. 그 계획대로 하여 암논이 쓰러졌다. 다른 왕자들은 각각 자기의 노새를 타고 달아났다.

왕자들이 한참 달아나고 있을 때, 압살롬이 왕자들을 하나도 남기지 않고 다 죽였다는 소식이 다윗에게 전해졌다. 다윗은 일어나 자기 옷을 찢으며 땅에 주저앉았다. 시립했던 모든 신하들도 따라서 옷을 찢었다. 그런데 다윗의 형 시므아의 아들 요나답이 나서서 말했다. 왕자들이 다 죽은 것이 아니라 암논 하나만 죽었는데, 이는 암논이 타말*을 겁탈한 그 날부터 압살롬이 결심했던 일이라고 하면서, 다윗에게 너무 상심하시지 말라고 아뢰었다. 압살롬은 달아나 자기 어머니의 고향인 그술로 가서 그 나라 왕인 암미훗26)의 아들 탈마이* 곧 자기 외삼촌에게로 피신했다.

요나답이 보니 호로나임으로부터 왕자들이 헐레벌떡 오고 있어서, 다윗에게 고했다. "보십시오. 왕자님들이 오고 있습니다. 제가 말씀드린 대로 됐습니다." 그 말이 끝나기도 전에 왕자들이 도착하여 대성통곡했다. 왕과 신하들도 몹시 슬퍼하며 울었다. 다윗은 여러 날 동안 울며 암논을 애도했다. 그러나 암논의 죽음을 애도하는 시간이 지나 어느 정도 마음이 가라앉자 다윗에게는 압살롬을 그리워하는 마음이 생겼다. 압살롬은 그술에 3년이나 머물었으니, 다윗이 압살롬을 생각할 만도 할 때가 되었던 것이다.

교훈

1. 다윗은 성군(聖君)이라고 칭찬받았지만, 처첩을 여러 사람 두어 그들에게 난 많은 자녀들이 서로 반목질시하였고, 이복형제자매 사이에 일어난 불미스러운 일들(간음, 살인)은 일반 세상 사람들의 경우와 조금도 다름이 없었다. 인간은 지위 고하를 막론하고 하나님 앞에서 꼭 같은 죄인들이다. 다윗이라고 해서 크게 나은 점이 없었다.

---

26) 개역성경 사무엘하 13장 37절에서는 히브리 마소라 본문을 따라 '암미홀'로 적었지만, 많은 사본과 마소라 학자의 제안을 따라 '암미훗'으로 읽었다.

2. 압살롬은 자기 친 여동생을 겁탈한 이복 형 암논을 살해하고, 아마도 다른 이복 형제들까지 다 제거하기로 하고 오래 동안 치밀하게 계획했던 것으로 보인다. 그것이 자기에게 유리하고 자기가 출세할 수 있는 길이라고 생각했을 것이다. 그러나 암논 한 사람만 죽고, 다른 왕자들은 다 피신하여 살아남았다. 일이 압살롬의 계획대로 되지 않은 것이다. 여기에 역시 하나님의 섭리가 있고, 다윗에 대한 하나님의 총애가 엿보인다.

압살롬의 계획이 이루어졌다면, 압살롬의 악한 의도와 계획이 성공하는 것이어서, 하나님의 공의가 성군 다윗의 집에서 무색하게 되었을 것이다. 또 하나님의 총애를 받는 다윗에게 견딜 수 없는 아픔과 실망을 안겨주었을 것이다. 그리하면 후세 사람들도 그래도 되는 것인가 하면서 그 생각이 혼미해졌을 것이다. 여기에 하나님이 간섭하셨다고 보아야 한다. 이 사건에서, 우리는 모사는 사람이 하지만, 성사는 하나님의 손에 달려 있음을 알 수 있다.

3. 압살롬은 정의감을 가지고 암논을 죽였을 것이다. 그러나 원수 갚는 것은 야훼 하나님의 몫인데 인간 압살롬이 그 일을 행했으니, 결국 압살롬은 천륜을 어기고 월권행위를 한 셈이다. 압살롬은 결국 편하게 죽지 못했다. 칼을 쓰는 자는 칼에 망한다.

4. 시간이 약이라는 말처럼 시간이 가면서, 맏아들 암논의 죽음을 매우 슬퍼하던 다윗에게서 슬픔이 점점 사라졌다. 다윗은 아마도 체념하였을 것이다. 그리고는 3년이나 피신해 있는 압살롬을 오히려 염려하고 그리워하는 지경에 이르렀다. 그것이 부성애의 한 면모일 것이다. 부모는 못된 자식이라도 용서하고 다시 사랑한다. 그런데 압살롬은 아버지의 사랑을 깨닫지 못했다. 그래서 하나님은 부모를 공경하라는 계

명을 주신 것이다. 부모 공경이 어려운 일이지만 그것이 천륜이므로 그
법을 주신 것인데, 사람들은 그 법을 어겨 하나님께 벌을 받는다.

압살롬이 예루살렘으로 돌아오다(삼하 14:1-24)

해설

다윗을 가까이 모시는 요압은 다윗이 압살롬을 생각하고 있음을 알
아차렸다. 그래서 일을 꾸몄다. 드고아에 슬기로운 여자가 있다는 것을
알고 그녀를 불러들였다. 그녀로 하여금 죽은 사람을 애도하는 여자로,
곧 상복을 입고 기름도 안 바르고 여러 날 애곡하는 여자로 차리게 한
다음에 임금에게로 들어가서 할 말을 일러 다윗에게 들여보냈다.

그녀가 임금 앞에 나가 엎드려 절을 하고는 "임금님, 도와주십시
오!"라고 하자, 임금은 "부인의 문제가 뭐요?" 하고 물었다. 거기서 그
여인은 요압이 시킨 대로 말했다. 남편이 죽어 자기는 과부가 됐는데,
두 아들이 남아 있다는 것이다. 밭에서 그 둘이 싸웠는데, 말리는 사람
이 없었고, 한 놈이 다른 놈을 죽였다는 것이다. 그런데 그 집 문중이
자기에게 와서 자기 형제를 죽인 그 놈을 내 놓으라고 한다고 했다. 그
집안 대가 끊어질지라도 그런 놈은 죽어야 한다고 하면서, 꺼져가는 잔
재마저 꺼버리고 아예 이 땅에 이름도 아무것도 남기지 않겠다고 한다
는 말을 늘어놓았다.

거기까지 말을 들은 다윗은 그 여자에게, 명령을 내리겠으니 집으로
돌아가 있으라고 일렀다. 그러자 그 드고아 여인이 말을 이었다. "임금
님, 저와 제 아비 집에 허물이 돌아가고, 임금님이나 임금님의 옥좌에
는 누가 되지 않게 하십시오!" 그러자 임금은 "누구든지 부인에게 무슨
말을 하는 사람이 있거든, 그 사람을 나에게 데려오시오. 다시는 부인

을 건드리지 못 하게 하겠소!"라고 말했다. 그러자 그 여자는 "제발 임
금께서 임금님의 하나님이신 야훼를 마음에 간직하시고, 피를 보복하
는 자27)로 하여금 더는 사람 죽이는 일을 하지 않게 하셔서, 제 아들이
파멸되지 않게 해 주십시오!"하고 애원했다. 그러자 다윗은 하나님을
걸고 맹세한다고 하면서, 그녀에게 남은 한 상속자가 땅에 쓰러지는 일
은 없을 것이라고 단언하였다.

　　그러자 그 여인이 한마디만 더 하겠다고 하여 다윗이 허락했다. 여
인은, 임금님이 망명하여 있는 아들 압살롬을 돌아오게 하지 말라고 백
성에게 지령을 내리신 것은 결국 자가당착이 아니냐, 어째서 하나님의
백성에게 걸맞지 않는 그런 계획을 세우셨는가 라고 하면서 다윗을 몰
아댔다. 뒤이어 하나님은 생명을 거두어가시지 않고 망명한 자를 영원
히 버려두시지는 않을 것이라고 했다. 그리고 자기가 임금 앞에 나온
것은 바로 이 말을 하기 위함이었다고 하면서, 백성이 자기를 협박까지
하면서 보냈고, 임금께서 자기의 청원을 들어 주시리라고 생각하고 왔
노라고 했다. 임금께서 자기의 소원을 들어주시고 자기와 자기 아들을
죽이려는 사람의 손에서 자기를 구원해 주시리라고 생각하였고, 임금
님은 선과 악을 분간하시는 분으로서 하나님의 천사와 같으신 분이기
때문에 자기를 평안하게 해 주실 것으로 생각했다는 것이다.

　　그러자 다윗이 그 여인더러 사실대로 말하라고 하며, 요압이 배후에
서 조종한 것이 아니냐고 물었다. 그녀는 요압이 시켜 요압이 하라는
대로 말했다고 고백했다. 요압이 그렇게 한 것은 사태의 방향을 돌리기
위한 것인데, 임금님은 하나님의 천사의 지혜 같은 지혜를 가지셨으므
로 땅에 있는 모든 것을 아시지 않느냐고 하면서 다윗을 치켜 올렸다.

　　그 여인의 말에 감동된 다윗은 그녀를 돌려보내고 나서 요압을 불러
말했다. "좋소. 그렇게 하겠소. 압살롬을 데려오시오!" 요압이 땅에 엎

---

27) 개역성경 사무엘하 14장 11절에서는 '원수 갚는 자'로 옮겼다.

드려 절하고는 임금을 축원하면서 말했다. "임금께서 이 종의 청원을 들어주셨으니, 제가 오늘 임금님의 총애를 입은 것을 압니다." 요압은 그술로 가서 압살롬을 예루살렘으로 데리고 왔다. 다윗은 압살롬을 자기 집으로 가게 하고, 어전에는 나타나지 말라고 했다. 그래서 압살롬은 왕의 지시를 따랐다.

교훈

1. 다윗은 범죄한 압살롬을 영 안 볼 것처럼 생각하고 그의 환국을 허락하지 않고 있었지만, 요압의 슬기로운 공작이 주효하여, 다윗이 마음을 바꾸고 압살롬의 환국을 허락했다. 임금의 심정 변화를 바로 알아차려 그 기회에 슬기롭게 임금을 설득한 요압은 참으로 훌륭한 신하였다. 그처럼 슬기로운 사람을 신하로 둔 다윗은 행복한 사람이었다. 또한 신하의 충정어린 제안을 잘 받아드리는 아량이 있고 기회를 잘 포착한 다윗의 슬기와 용단도 높이 살만하다. 공연히 고집부리고 자기의 체면만 생각하여 신하의 제안을 거절했다면, 자신에게도 나라에도 손해가 더 많았을 것이 아닌가? 자기보다는 남을, 또 공익을 앞세우는 행동은 복받을 만한 것이다

2. 나단과 요압과 드고아의 슬기 있는 여인은 다윗의 마음을 격동시키는 동시에 다윗으로 하여금 자신을 반성하게 만든 비유적 이야기들과 그것을 이용한 연출자들이었다. 이들은 사회생활을 하는 우리 모두에게 하나의 좋은 행동 철학을 제시한다. 그렇게 잘 활동한 대표적인 분이 바로 예수님이셨다. 예수께서는 이야기를 통해서 남을 감화시키는 기술이 매우 필요하다는 사실을 일깨워주셨다.

다윗이 압살롬을 용서하다(삼하 14:25-33)

해설

압살롬은 이스라엘에서 제일가는 미남으로 조금도 흠잡을 데 없이 잘 생긴 사람이었다. 압살롬에게는 아들 셋과 딸 하나가 있었다. 이름이 타말*인 그 딸도 미인이었다. 압살롬은 환국(還國) 허락을 받아 예루살렘으로 왔지만 아버지 다윗 앞에는 나아갈 수가 없었다. 왕이 그것을 허락하지 않았기 때문이다.

압살롬은 요압을 아버지 다윗에게 보내어 교섭하려고 요압에게 사람을 보냈는데, 요압이 압살롬에게 오지 않았다. 다시 사람을 보냈지만 역시 오지 않았다. 압살롬은 요압의 밭이 자기의 밭과 붙어 있는데다가 요압의 밭에 심은 보리가 자라고 있는 것을 알고는, 하인을 시켜서 그 보리밭에 불을 지르게 했다. 그제서야 요압이 압살롬 앞에 나타나 어째서 자기 밭에 불을 질렀는가 라고 하면서 항의했다. 압살롬이 말했다. "제가 어르신을 오라고 사람을 보냈던 까닭은 임금께 여쭙게 하려는 데 있었습니다. 제가 그술에 그냥 있었으면 더 좋았을 터인데, 무엇 때문에 돌아오게 하셨는가를 여쭈어 달라고 하고 싶었기 때문입니다. 이제 저를 임금 앞으로 나아가게 해주십시오. 저에게 잘못이 있으면, 저를 죽이라고 하십시오!"

요압이 임금을 알현하고 압살롬의 말을 전했다. 그러자 다윗은 압살롬을 불러오게 했다. 압살롬이 아버지 임금께 나아가 땅에 이마를 대고 부복했다. 다윗은 아들 압살롬을 얼싸안고 입맞추었다.

교훈

1. 아버지가 아들을 보고 싶어 하고 아들이 아버지를 보고 싶어 하

는 것은 당연한 일이다. 다윗은 일국의 통치자로서 개인 감정이나 정실(情實)에 좌우되는 군주(君主)로 여겨져서는 안 되겠기에, 그 잘난 아들을 지척에 두고도 2년이나 만나지 않았던 것이다. 이제 시간이 무르익어 가장 적절한 때가 되어 아들을 만난 다윗은 참으로 감격스러웠을 것이다. 통치자가 겪는 아픔이 크다고 볼 수 있다. 다윗은 지성을 잃지 않고 떳떳한 임금이 되는 동시에, 아버지로서 마땅한 온정을 베풀었다.

2. 요압은 여기서도 슬기롭고 신중한 신하의 모습을 보여준다. 그도 가정을 가진 자로서 다윗과 압살롬의 관계를 안타깝게 생각했겠지만, 국왕의 체면과 도리를 생각하여 무조건 그 부자의 만남을 주선하려고 하지 않고 때를 기다린 것이다. 2년이라는 세월이 흘렀으니 백성들도 이해하여 어느 누구도 반대할 사람이 없을 것으로 보이는 적당한 때에 부자 상봉을 주선한 것이다. 요압의 적절한 보필은 다윗에게 매우 값진 것이었다고 볼 수 있다.

3. 자기를 용서하고 환국을 허락하신 아버지를 알현하고 그 얼굴을 뵙고 싶은 마음이 압살롬에게 사무쳤을 것은 틀림없다. 압살롬도 젊은 사람이어서 조급한 마음이 없을 수 없었다. 그리하여 아버지가 가장 신뢰하는 심복인 요압을 내세우는 것이 상책이라고 생각하고 요압을 동원한 것이다. 압살롬이 끈기 있게 2년이라는 세월을 참은 것도 잘한 일이고, 이제는 때가 됐다고 판단하여 사람을 내세워 아버지를 만나 완전한 화해를 도모한 것도 잘한 일이었다. 잘못을 저지른 자식을 부모가 사랑으로 용서하여 새 출발하게 함은 자연스러운 일이 아니겠는가?

압살롬이 왕권을 찬탈하다(삼하 15:1-12)

해설

압살롬은 아버지 다윗의 아량으로 복권된 뒤부터 자기 세력을 구축
해나갔다. 자기가 탈 병거도 하나 마련하고, 수하에 병사 50명도 거느
리게 됐다. 그것을 바탕으로 해서 그는 입신양명의 꿈을 키워나갔다.
다윗은 자기 아들을 믿고 근위대(近衛隊)의 책임을 맡겼던 것으로 보
인다.

압살롬은 아침 일찍 일어나 왕궁 정문에 서서, 임금의 심판을 받으
려고 사건을 가지고 들어오는 사람을 불러 세우고는, 어느 성읍에서 왔
는가를 물어, 그가 어떤 곳에 사는 이스라엘 어떤 지파 사람이라고 대
답을 하면, "당신이 주장하는 것들은 선하고 옳소. 그런데 임금님을 대
신해서 당신의 사건을 청취할 사람이 정해지지 않았으니 어쩌지요? 그
런데 만일 내가 이 땅에서 판관 노릇을 하기만 한다면, 소송 사건이나
문제가 있는 사람들이 다 나에게 올 것이고, 내가 공평하게 해결해 줄
터인데."라고 말해주었다. 또 사람들이 압살롬에게 접근하여 인사하
면, 압살롬은 손을 내밀어 그들을 붙들고 입을 맞추었다. 임금에게 심
판을 받으러 온 이스라엘 사람 하나하나를 압살롬은 이런 식으로 대하
였다. 이렇게 해서 그는 이스라엘 백성의 마음을 도둑질하였다.

4년이 지난 후에 압살롬이 부왕 다윗에게 요청했다. "야훼께 약속한
서약을 이행해야 하므로 헤브론에 가게 해주십시오! 제가 아람 나라
그술에 살 때, 만일 야훼께서 참으로 나를 예루살렘으로 돌아가게 해
주신다면 헤브론에서 야훼께 예배를 드리겠다고 서약한 적이 있습니
다." 다윗은 압살롬의 말을 곧이듣고 "잘 다녀오너라!"고 하며 허락해
주었다. 이렇게 해서 압살롬은 헤브론으로 갔다.

그러나 압살롬은 비밀리에 이스라엘 모든 지파에게 사신들을 보내어, "당신들이 나팔 소리를 듣는 순간, '압살롬이 헤브론에서 임금이 됐다!'라고 소리 지르시오!"라는 말을 전하게 했다. 예루살렘에서도 200명이 압살롬과 함께 갔는데, 그들은 아무 것도 모르고 손님으로 초청된 것이었다.

압살롬이 야훼께 제사를 드리는 동안 그는 다윗의 고문인 길로 사람 아히토펠*을 길로에서 모셔오도록 사람을 보냈다. 이런 식으로 모반(謀叛)의 세력이 커져갔고, 압살롬 편에 드는 사람들의 수가 늘어갔다

교훈

1. 압살롬은 야심 있는 청년이었던 것으로 보인다. 그 아버지에 그 아들이라고나 할까, 자기 아버지가 하는 일을 보면서 자랐을 터이니까 아버지의 야심을 이어받았을 수도 있다. 아버지 다윗이 한 일 가운데 법대로 한 것들이 많았지만, 아버지에게도 책략과 음모가 있는 것을 압살롬이 보았을 것이다. 그러나 아버지까지 몰아내고 자기가 왕이 되려고 하는 마음은 지나친 것이고, 이는 과욕이 아닐 수 없다. 어쨌든 인간은 자기의 이익과 성공을 위해서는 천륜도 인륜도 무시하는 죄인들임을 여기서 알 수 있다.

2. 압살롬은 왕권을 얻기 위해서 4년이라는 긴 세월 도를 닦았다. 온갖 수단으로 인심을 사는 공작을 했다. 여기서 그가 참을성이 많고 집요함을 알 수 있다. 세상 권력을 얻기 위해서 그처럼 인내하고 모든 노력을 아끼지 않는 압살롬의 모습을 보면서 우리는 선을 위해서 그만큼 노력을 기울이고 있는가 우리 자신을 되돌아보게 된다.

3. 모반에는 역시 속임수가 필요했다. 아버지까지도 속이면서 성공

하려는 그 노력이 성공한들, 그것이 얼마나 가겠는가? 거짓말 하는 자는 결단코 천국에 들어갈 수 없다는 요한계시록의 말씀(계 21:8; 27; 22:15)을 믿을진대, 속임수를 써서 이득을 얻고 성공하려는 것은 오산임을 깨달아야 할 것이다.

4. 압살롬은 아버지의 선의를 악으로 갚은 사람이다. 특히 아버지를 배반하고 아버지의 은덕을 무시하는 불효를 저질렀다. 하나님께서 압살롬을 그렇게도 빼어난 미남자로 태어나게 하신 것은 남보다 아름답게 살라는 뜻이 아니었을까? 압살롬은 참으로 얼굴값도 하지 못한 사람이다. 하나님의 기대에 어긋나는 삶을 산 사람이다.

5. 아히토펠*은 밧세바*의 할아버지로서(삼하 11:3; 23:34; 대상 3:5), 자기 손녀를 겁탈하고 자기 사위를 전사하게 한 다윗을 결국 배반하고 압살롬 편을 든 것이다. 오늘의 친구가 내일의 원수가 된다. 아히토펠*은 늙은 모사로서 임금을 잘 받들었지만, 내심 다윗을 못마땅하게 생각하고 있었을 것이다. 다윗은 자기가 저지른 죄 때문에 결국 귀한 모사를 잃고 만 것이다.

다윗이 예루살렘에서 도망하다(삼하 15:13-31)

해설

압살롬이 모반을 꾀하고 있다는 소식이 다윗의 귀에 들어갔다. 즉 이스라엘 백성의 마음이 압살롬에게로 쏠리고 있다는 것이었다. 사태가 심각함을 알아차린 다윗은 예루살렘에 그냥 있어서는 안 되겠다고 판단했다. 그리하여 예루살렘에서 자기와 같이 있던 모든 신하들에게

독촉했다. "여기 그냥 있으면 압살롬에게 붙들릴 수밖에 없으니 어서
달아납시다! 압살롬이 곧 들이닥칠 것이고, 우리에게 재난이 임할 것
이오. 압살롬이 이 도시를 검으로 공격할 것이오." 신하들은 "임금님이
결정하시는 대로 할 용의가 있습니다."라고 대답했다. 그래서 다윗은
예루살렘을 떠나고, 그의 가족이 그를 따랐다. 다윗의 후궁 열 사람만
남겨두며 왕궁을 지키라고 했다. 다윗과 모든 백성이 도성을 빠져나가
다가 마지막 집28)에서 멈추었다. 거기에 있는 동안 그의 모든 신하들
이 지나가고, 다윗이 갓*에 있을 때부터 그를 따랐던 케렛 사람*들과
펠렛 사람*들과 600명이나 되는 갓* 지방 사람들이 지나갔다.

　다윗이 자기 앞을 지나서 가는 갓* 지방 사람들 중에서 잇타이*을
불러서 물었다. "어째서 우리와 같이 가려 하시오? 당신은 외국인이고
당신의 집에서 망명해 온 사람이니, 당신 식구들을 다 데리고 돌아가서
당신의 왕과 같이 사시오. 당신이 바로 어제 여기에 와서 나그네 생활
을 하는데, 내가 지금 어디로 갈지 모른 판국에 당신을 우리와 함께 떠
돌이 신세를 만들어야 하겠소? 하나님께서 당신에게 자비와 성실을 베
푸실 것을 빕니다." 그러나 이타이*는 죽든 살든 다윗의 종이 되겠다고
하며, 어디까지나 같이 가겠다고 우겼다. 그래서 다윗을 허락했다. 이
렇게 다윗과 그의 부하들이 예루살렘을 빠져나갈 때, 온 땅이 울음바다
가 되었다. 왕이 기드론 시내를 건넜고, 온 백성이 광야를 향하여 이동
했다.

　제사장 아비아달과 사독도 하나님의 언약궤를 메고 나타났다. 백성
이 다 예루살렘을 빠져나갈 때까지는 그들이 하나님의 언약궤를 내려
놓고 있었다. 백성이 다 나가자 다윗은 사독에게 다음과 같이 말했다.
"하나님의 궤를 성 안으로 다시 운반하시오! 만일 내가 야훼의 눈에

---

28) 개역성경 사무엘하 15장 17절에서는 히브리 낱말의 발음을 따라 '벧메르
　학'으로 옮겼다.

총애를 입는다면, 그가 나를 다시 돌아오게 하실 것이고, 나로 하여금 이 궤와 그것을 두었던 곳을 보게 하실 것입니다. 그러나 만일 야훼께서 '나는 너를 좋아하지 않는다.'라고 하신다면, 야훼께서 좋으실 대로 하시기를 바랄 따름이오. 어서 당신은 아비아달과 함께, 또 당신의 아들 아히마아츠*와 아비아달의 아들 요나단을 데리고 성 안으로 평안히 들어가시오! 나는 광야 나루터들에 머물며 당신들이 나에게 보내는 소식을 기다리고 있겠소." 그래서 사독과 아비아달은 하나님의 언약궤를 다시 예루살렘으로 운반하였고, 거기에 남아 있었다.

다윗은 올리브 산29) 언덕을 울면서 올라갔다. 머리를 수건으로 가리고 맨발로 걸었다. 그와 동행하는 백성도 머리를 가리고 울면서 걸었다. 다윗은 아히토펠*이 압살롬과 함께 모반하는 사람들 가운데 있더라는 말을 전해 들었다. 그러자 다윗은 하나님께 기도했다. "오 야훼여, 아히토펠*의 책략이 어리석은 것이 되게 해 주십시오!"

교훈

1. 임금이 수도와 왕궁을 버리고 떠나야 한다는 것이 얼마나 참담할 일인가! 예루살렘을 점령하여 수도로 정하고 왕궁을 지을 때 다윗은 백년대계 아니 천년대계로 그리 했을 텐데, 그것이 사람의 마음대로 되지 않는 것이다. 인간 세상은 사람들의 욕심과 죄로 말미암아 걷잡을 수 없고, 음모와 술수, 약육강식의 다툼으로 말미암아 결코 안정을 얻을 수 없다. 예루살렘은 평화의 도시가 되기를 원하지만, 진정한 〈샬롬〉은 하나님이 주셔야 얻을 수 있다. 하나님이 임금이 되시는 때에야 참 평화가 올 것이다.

2. 세상이 그렇게도 악하여 부자(父子) 사이에서도 서로 믿을 수 없

---

29) 개역성경 사무엘하 15장 30절에서는 '감람 산'으로 옮겼다.

는 판국인데 잇타이*라는 갓* 사람은 이방인이면서도 죽도록 충성하겠다고 다윗에게 맹세하였다. 우리가 과연 하나님께, 또 진리 앞에 그만한 충성심을 가지고 있는가?

3. 다윗은 자기가 망명하는 마당에 하나님의 언약궤도 같이 모시고 간다는 것이 마음에 내키지 않았다. 하나님을 상징하는 언약궤에 대하여 두려운 마음을 가지고 있는 다윗으로서, 잘못이 있다면 자기에게 있는데, 어째서 그 거룩한 것을 망명의 험한 길에 모시고 가겠는가 생각했을 것이고, 언약궤를 이처럼 존중하는 자기에게 혹시나 하나님이 은총을 베푸시지 않을까 하는 기대와 희망도 품고 있었을 것이다. 이는 잘 한 일이었다. 오히려 다윗에게는 언약궤를 모시고 다니는 것이 매우 거추장스러울 수도 있고 위험할 수도 있었을 것이다. 어쨌든 다윗은 하나님의 존재와 그를 두려워하는 마음을 그대로 품고 있는 것이 사실이었다. 그리하여 언약궤를 함부로 다루려 하지 않았다.

4. 자기의 고문관이던 아히토펠*이 돌변하여 압살롬의 모사가 된 사실을 알았을 때 다윗의 허탈감이 얼마나 컸을까! 아히토펠*의 자문은 귀하고 필요한 것이었는데, 그의 지혜로운 책략이 원수에게 도움이 되리라는 사실을 생각할 때, 또 다윗 편의 정보를 다 아는 사람이 반대편이 되었다는 사실을 생각할 때, 다윗은 매우 당황하고 안타까웠을 것이다. 그러나 그것은 자기가 저지른 죄의 대가였으니 어찌할 것인가? 하나님 앞에서 결백하고 죄가 없는 것이 가장 안전한 삶을 살 수 있는 길이다.

후사이*가 다윗의 정탐꾼이 되다(삼하 15:32-37)

해설

다윗이 아히토펠*의 책략이 헛되게 해 달라고 기도했고(15:31) 하나님이 그 기도를 들어주셔서 그런지 몰라도 후사이*라는 사람이 다윗에게 나타났다.

다윗이 기드론 시내를 건너 올리브 산정에 이르렀을 때, 우선 피신한 것을 감사하는 마음으로 하나님께 예배했다. 한편 압살롬은 남쪽에서 북진하여 예루살렘으로 들어가려는 차였다. 후사이*는 찢어진 옷을 입고 머리에 흙이 묻은 채 다윗 앞에 나타났다. 알아보니 그는 벤야민*과 에브라임 사이에 있는 아렉 부족 사람이었다. 즉 사울과 관계가 있는 사람이었다. 아마도 피난길에 같이 데리고 가 달라고 청원하려고 나타난 듯 했다. 다윗은 그를 이용할 생각으로 그에게 말했다. "당신이 나와 같이 가면 나에게 짐이 될 것입니다. 그러나 성내로 돌아가서 압살롬더러 '임금님, 제가 임금님의 종이 되겠습니다. 과거에는 제가 선왕이신 임금님의 어르신의 종이었으나 지금은 임금님의 종이 되겠습니다.'라고 하시오. 그렇게 해서 당신이 그의 신하가 되어 아히토펠*의 책략을 무너뜨리는 역할을 하여 나를 도와주십시오! 제사장 사독과 아비아달이 거기서 당신에게 협력할 것입니다. 당신이 압살롬의 궁내에서 듣는 것을 무엇이든이 사독과 아비아달에게 전해 주시오! 거기에 같이 있는 그 두 제사장의 아들들 곧 아히마아츠*와 요나단을 통해 나에게 그 모든 것을 전해 주십시오!"

이렇게 다윗의 친구가 된 후사이*는 압살롬이 예루살렘으로 입성하고 있는 그 시간에 그 성안으로 침투했다.

교훈

옛날이나 오늘이나 첩보전이 있게 마련이다. 다윗은 후사이*라는 사람을 정탐으로 사용하여 압살롬의 내막을 정탐하려고 했다. 이미 제사장 사독과 아비아달 제사장에게도 제 편이 되어 달라고 은밀히 부탁하여 약속을 받아냈던 것으로 보인다. 그리고 그 제사장들의 아들들 역시 매수해 놓은 상태였다. 다윗은 그런 능수능란한 경험과 책략을 가지고 아들 압살롬과 맞서고 있었다. 전쟁을 할 바에는 이겨야 하는 것이기에 최선을 다해서 승리의 방법을 찾아야 할 것이다. 하나님은 과연 누구의 편이 되셔서 어떻게 처리하실 것인가?

다윗의 적수(敵手)들(삼하 16:1-4)

해설

다윗 일행이 올리브 산을 넘어서 조금 더 갔을 때, 므피보셋*의 종 치바*가 두 마리 나귀에다 안장을 얹고, 빵 200덩이와 건포도 100송이와 여름 과일 100개와 포도주 한 자루를 싣고 다윗 앞에 나타났다. 다윗은 치바*더러 어째서 그것들을 가져왔느냐고 물었다. 나귀들은 임금의 가족이 타시고, 빵과 여름 과일은 젊은이들을 먹이시고, 포도주는 광야에서 기진한 사람들이 마시게 하시도록 가져왔다는 것이 치바*의 대답이었다. "그러면 네 주인의 아들을 어디 있느냐?"라고 다윗이 물었다. 즉 므피보셋*이 어디 있느냐고 물은 것이다. 치바*는 "그는 예루살렘에 남아 있습니다. 그가 말하기를 '오늘 이스라엘 가문이 내 할아버지의 왕국을 내게 돌려 줄 겁니다!'라고 했습니다."라고 하면서 므피보셋*이 압살롬 편이 된 것으로 보고했다. 다윗은 치바*에게 말했다.

"므피보셋*에게 속했던 모든 것이 이제는 다 네 것이다." 치바*는 절을 하면서 제발 좋게 보아 달라고 애걸했다. 다윗은 앞으로 자기의 운명이 불투명하지만, 법적으로는 아직 자기가 국왕이고 권세가 그에게 있으므로, 므피보셋*에게 주기로 했던 것을 치바*에게 하사한다고 단언한 것이다.

교훈

다윗의 은덕을 입어 할아버지 사울의 소유를 하사받은 므피보셋*은 마땅히 다윗을 따라나섰어야 했는데, 몸이 불편해서였는지 다윗 편에 승산이 없다고 보였기 때문인지 몰라도 치바*의 권유를 뿌리치고 자기는 예루살렘에 남겠다고 하면서 치바*더러 떠날 테면 떠나라고 한 모양이다. 상전에게 충성된 종 치바*이지만, 경험이 많은 치바*는 자기 상전에게 은덕을 입힌 다윗 편에 붙어야 좋을 것을 깨닫고 다윗 앞에 선물을 가지고 나타났던 것이다. 판단하기 어려운 상황에서 치바*는 다윗에게 온 것이다. 누구 편을 들어야 하나? 정말 어려운 판단을 하고 다윗에게 온 치바*의 운명을 어떻게 될 것인가? 어느 것이 옳은 길이었을까? 우리도 그런 어려운 기로를 만나게 될 것이다. 하나님의 뜻을 알아차리기가 결코 쉽지 않다.

시므이가 다윗을 저주하다(삼하 16:5-14)

해설

다윗이 바후림에 이르렀을 때 사울 집안 사람 시므이가 나타나서 다윗에게 저주를 퍼붓고 다윗과 그의 신하들을 향해 돌을 던졌다. 그 때 많은 사람과 전투원들이 다윗의 좌우에서 왕을 옹립하고 있는데도 그리 한 것이다. 시므이는 소리를 지르면서 다윗에게 "나가라, 살인자요 못된 놈아! 어서 나가라! 네가 사울의 자리를 **빼앗아** 임금이 되어 다스리면서 그 집안사람들의 피를 흘렸는데, 야훼께서 그 피를 갚아주셨다. 야훼께서 그 왕국을 네 아들 압살롬에게 주시지 않았느냐? 보라, 너 피를 흘리는 놈에게 재난이 덮친 것이다."라고 말했다. 시므이가 한 말의 내용은 사실과 다르다. 다윗이 사울의 집안사람을 해치지 않으려고, 즉 그들의 피를 흘리지 않으려고 노력했고, 사울의 신복 압넬*을 죽인 것은 다윗 자신이 아니라 요압이었으며, 사울의 아들 이쉬보셋*을 죽인 것도 이쉬보셋*의 신복이었던 바아나와 레캅*이었기 때문이다.

시므이가 이런 무례를 범하고 있을 때, 다윗의 누나 체루야*의 아들 아비새가 다윗에게 말했다. "어떻게 저 죽은 개새끼가 임금님을 저렇게 저주한다는 말입니까? 제가 가서 그놈의 머리를 잘라오게 해 주십시오!" 그 말에 다윗은 다음과 같이 대답했다. "너희 체루야*의 아들들아! 나와 너희가 무슨 상관이 있느냐? 야훼께서 시므이에게 '다윗을 저주하라!'고 말씀하셔서 그가 나를 저주한 것이라면, 야훼께 '어째서 그렇게 하셨습니까?'라고 말할 사람이 있겠느냐?" 다윗은 아비새와 다른 모든 신하들에게 말했다. "내 아들이 내 목숨을 노리는 판국인데 이 벤야민* 사람이야 그보다 더한 일도 할 수 있지 않겠느냐? 내버려두어라! 야훼께서 그에게 말씀하신 것이니, 저주하게 내버려두어라! 야훼께서 나의 재난을 보시고, 오늘 내가 당하는 이 저주에 대하여 오히려 좋은 것으로 나에게 돌려주실 지도 모르지 않느냐?" 그렇게 말하고는 다윗과 그 일행이 계속 길을 갔고, 시므이는 반대 쪽 산기슭으로 가면서 저주하고 돌을 던지고 흙을 뿌려댔다.

다윗과 그의 동행들은 기진맥진한 상태가 되어서 요단강에 이르렀다. 다윗은 요단강 물을 만나서 기운을 회복했다.

교훈

1. 집권세력에 붙어서 영화를 누리던 사람들은 그 세력이 무너지면 앞길이 막막해진다. 사울이 패망하면서 같이 몰락한 그의 집안사람들은 기가 죽어 있다가 다윗이 자기 아들 압살롬에게 쫓겨 달아나고 있다는 말을 들었을 때, 얼마나 통쾌하고 신이 났겠는가! 그런 사람 가운데 하나로 시므이는 가지각색 억측과 추측을 하면서 다윗은 죄 값으로 그런 재난을 자초했으며 이제는 재기 불능이라고 생각하여 과감하게 다윗에게 저주를 퍼부은 것이었다. 사태를 끝까지 지켜보고 결론을 내려도 될 것인데 시므이라는 사람은 조급하게, 시국이 완전히 바뀐 것으로 속단하고 입을 마구 놀린 것이다.

우리는 사건을 관찰할 때 신중해야 한다. 코앞에 있는 것만 보고 판단해서는 안 된다. 지금 거지라고 영원히 거지가 되는 것이 아니다. 시국은 바뀌는 것이다. 판단과 행동을 언제나 신중하게, 천천히 해야 한다. 남을 저주하고 해롭게 하는 말은 삼가야 한다. 결국 자기의 무덤을 파는 일이 될 수 있기 때문이다.

2. 시므이 한 사람 처치할 정도의 힘은 아직 다윗에게 있었다. 그리하여 신하들은 시므이를 해치우자고도 했다. 다윗의 부하들이 시므이가 임금을 저주하는 말을 듣고도 화내지 않는다면, 그들은 충신일 수 없다. 그런데 다윗은 그들의 격분을 진정시키면서, 역시 야훼 하나님 앞에서 마땅히 취할 태도를 보였다. 오늘 그에게 닥친 재난의 원인이 자기에게 있어 야훼 하나님이 내리신 심판일 수 있다고 판단한 것이다. 사울 집안에 대해서 별로 잘못한 일이 없으므로, 시므이의 행동이 잘못되었다면, 하나님께서 갚으시리라는 생각도 했을 것이다. 결국 선임자 사울에 대한 다윗의 생각과 태도는 시종일관 신중하고 정당했다. 우리도 의로운 사람에게 재난이 닥칠 수 있고, 의를 위해서 겪는 고통을 잘

견디면 의로우신 하나님께서 선으로 갚아주신다는 믿음을 가지고 다윗처럼 기다려야 할 것이다. 우선 다윗의 피난길에도 물이 흐르는 요단강을 만날 수 있었고, 거기서 임시라도 위안과 회복의 기쁨을 맛볼 수 있었다. 하늘을 향해서 걸어가는 성도의 길에도 하나님은 종종 요단강물을 주신다.

아히토펠*의 자문(삼하 16:15-17:4)

해설

압살롬과 이스라엘 군은 다윗이 빠져나간 예루살렘으로 무혈입성(無血入城)했고, 아히토펠*도 같이 들어왔다. 그 때 바로 다윗이 정탐꾼으로 보낸 후사이*가 압살롬 앞에 나타났다. 압살롬에게 만수무강을 빌면서 인사하자, 후사이*가 다윗의 친구인 줄 아는 압살롬은 그에게, "이것이 당신의 친구에게 바치는 충성이오? 어째서 당신 친구 다윗과 함께 가지 않았소?"라고 말하며 빈정댔다. 후사이*는 꾸며 대답하기를, "저는 야훼와 그의 백성과 이스라엘 전체가 택하신 분의 사람이 되렵니다. 저는 그런 분과 함께 남아 있겠습니다. 그리고 제가 누구를 섬기겠습니까? 그분의 아들을 섬겨야 하지 않겠습니까? 제가 임금님의 아버지를 섬긴 것처럼 당신을 섬기겠습니다." 라고 대꾸했다. 이 말에 압살롬은 어리둥절했다. 후사이*의 말을 믿어야 할지 믿지 말아야 할지 알 수 없었기 때문이다.

그래서 그는 이제 어떻게 하는 것이 가장 좋을지 아히토펠*에게 조언을 청했다. 아히토펠*은 압살롬에게 일렀다. "임금님은 이제 부왕이 자기 궁을 지키라고 남기고 떠나신 후궁들을 겁탈하십시오! 그리하면 모든 이스라엘 백성이 임금님의 부친에게 추행을 했다는 사실을 들을 것이고, 임금님 편에 있는 사람들이 힘을 얻을 것입니다." 압살롬은 그 조언을 따르기로 했다. 부하들이 압살롬을 위하여 막을 치고, 그는 만인이 보는 앞에서 다윗의 후궁들을 겁탈했다. 그 때에는 아히토펠*의 조언을 마치 하나님의 말씀처럼 여겼다. 과거에 다윗도 그랬고 지금 압살롬도 그의 조언을 높이 평가했던 것이다.

아히토펠*은 압살롬에게 또 다른 조언을 했다. "12000명을 선발하여 오늘 밤으로 떠나 다윗을 추격하게 하십시오. 다윗이 지치고 낙담하고 있는 때에 들이닥쳐 그를 공포 속에 빠뜨리면, 그와 같이 있는 사람들이 다 도망가고 말 것입니다. 나는 다윗 왕 한 사람만 때려눕힐 것입니다. 그리고 다른 모든 백성을 임금께 다시 끌어다 놓겠습니다. 마치 신부가 자기 신랑 집에 오듯이 말입니다. 임금님은 지금 오직 한 사람의 목숨을 노리고 있습니다. (다윗만 죽으면) 그 다음에는 모든 백성이 평안할 것입니다." 아히토펠*의 조언은 압살롬과 기타 모든 원로들의 마음에 들었다.

교훈

1. 예루살렘에 무혈입성한 압살롬에게는 이제부터 어떻게 해야 하는가가 문제였다. 이제 그 앞에 모사가 두 사람 나타났다. 한 사람은 다윗이 보낸 정탐꾼이고, 다른 한 사람은 자기에게 충성을 맹세했을 뿐만 아니라 모두가 알아주는 유명한 고문관 아히토펠*이었다. 아히토펠*은 압살롬이 그의 아버지 다윗의 정권을 보다 신속하고 효과적으로 장악하는 방법을 제시했다. 그 하나는 아버지의 후궁들을 완전히 자기 사람으로 만들라는 것이었다. 다윗이 남기고 간 여자들의 심신을 자기의 것으로 만들어 자기편이 되게 함으로써 이적행위를 못 하게 할 뿐만 아니라 온 백성도 그 사건을 보면서 압살롬의 위력을 시인하게 만들어야 한다는 것이다. 이 조언은 당장에 실천에 옮겨졌다. 인간의 도리를 벗

어난 일들이 정치판에서는 다반사로 행해지고 있는 것이다. 권세를 얻기 위해서는 천륜도 인륜도 다 무시되는 것이 인간 사회의 현실이다.

2. 아히토펠*의 둘째 조언은 더더욱 설득력이 있고 타당한 제안이었다. 그것은 그리 어려운 발상이 아니었다. 실천만 하면 넉넉히 큰 효과를 거둘 수 있는 안이었다. 압살롬과 그의 원로들이 다 수긍하는 안이었다. 그러나 역사에는 승산이 보이는 훌륭한 안도 실천되지 못하는 수가 있다. "일을 꾸미는 것은 사람에게 있으나 일을 이루는 것은 하늘에 달렸다."라는 말이 맞다. 인간이 아무리 훌륭한 생각을 해내고 잘 계획해도 그저 계획 단계에서 끝나는 일이 비일비재하다. 일이 이루어지는 것은 하나님께 달려 있기 때문이다.

후사이*의 조언(삼하 17:5-14)

해설

아히토펠*의 조언을 들은 압살롬은 후사이*의 조언도 듣고 싶어서 그를 부르라고 했다. 후사이*가 나타나자, 압살롬은 아히토펠*이 한 조언을 그에게 들려주면서 그 조언대로 하면 되겠는가를 묻고, 더 좋은 안이 있다면 말해보라고 했다. 그러자 후사이*는 다음과 같이 말했다. "이번에는 아히토펠*의 조언이 좋지 않습니다. 임금님의 아버지와 그의 부하들은 용사들이고, 들에서 새끼를 빼앗긴 곰처럼 잔뜩 성이 나 있다는 것을 임금님은 알고 계십니다. 그뿐만 아니라 임금님의 아버지는 전쟁에 이골이 난 사람이라 부대와 함께 밤을 지내지 않고 지금쯤은 벌써 어떤 구덩이나 다른 곳에 숨어있을 것입니다. 우리 부대의 일부가 첫 공격에 실패하고, 누구든지 그 소식을 듣는다면, '압살롬을 따르는 군대 가운데서 살육이 벌어졌다!'고 말할 것입니다. 그렇게 되면 사자의 심장 같은 심장을 가진 용감한 투사들도 두려움에 사로잡힐 것입니다. 그것은 임금님의 아버지가 용사이고 그의 부하들도 용맹스러운 투사라는 것을 백성이 다 알고 있기 때문입니다. 그래서 제 의견은, 단에서 브엘세바*에 이르기까지 모든 백성을 임금님 주위에 모이게 하시라는 것입니다. 그 수가 바다의 모래처럼 많지 않겠습니까? 그리고 임금께서 친히 전투에 나서시라는 것입니다. 임금님의 아버지를 어디서 발견하든지 우리가 그리고 갈 것이고, 이슬이 땅에 골고루 내리듯이 그가 있는 곳을 밝혀낼 것입니다. 그러면 그는 살아남지 못하고 그와 같이 있는 자들 역시 하나도 남지 못 할 것입니다. 만일 그가 성안으로 잠입한다면, 이스라엘 사람 전체가 밧줄을 가지고 성으로 들어갈 것이고, 우리가 그 성을 끌어다가 계곡으로 내려갈 것이니, 성안에는 자갈 하나도 눈에 띄지 않을 것입니다." 압살롬과 이스라엘 사람 전원은 후사이*의 조언이 아히토펠*의 것보다 낫다고 하였다. 야훼께서는 압살롬을 파멸하려고 아히토펠*의 좋은 조언을 묵살하게 만드신 것이었다.

교훈

1. 사람의 마음을 아는 것과 미래를 내다보는 것은 사람의 역량 한계를 넘는 것이다. 사람은 그저 짐작하고 무작정 점을 치는 것뿐이다. 세상사를 많이 경험하여 사리에 맞게 잘 판단하는 능력이 있는 사람들이 그렇지 못한 사람보다 조금 낫게 판단하고 조언할 수 있지만, 그런 판단과 조언이 수학의 방정식처럼 꼭 들어맞을 수는 없다. 역사의 주인이신 하나님의 뜻에 맞는 방향으로 사태가 달라져 마무리되는 것이다. 아히토펠*의 조언이 훌륭하고 사리에 맞아 보인 반면에 후사이*의 조언에는 거짓이 섞인 것이 확실하지만, 하나님은 다윗의 편을 드시고 압살롬을 패망시키시려고 계획하셔서 압살롬이 후사이*의 조언을 선택

하게 하신 것이다. 유명하다는 점쟁이를 찾아가는 사람들이 많지만, 성사(成事)는 언제나 하나님의 뜻에 달려 있다. 사람이 좋다고 하는 것이 하나님에게는 어리석은 것이 되기도 한다.

2. 압살롬과 다윗의 차이는 그들이 하나님을 대하는 태도에서 나타난다. 압살롬은 자기와 자기 고문관의 의견을 토대로 해서 판단하고 행동하려 한 반면 다윗은 가능한 한 하나님의 법을 따르려 하고, 순리를 따르려 한 것이다. 하나님 편에 서느냐 아니냐가 성패의 관건이다.

후사이*가 다윗에게 도망을 권하다(삼하 17:15-29)

해설

후사이*는 압살롬에게서 아히토펠*의 모략을 듣자, 다윗을 도우려고 예루살렘에 들어와 있는 제사장 사독과 아비아달과 내통했다. 그리고 자기가 압살롬에게 한 조언도 그들에게 들려주었다. 그러면서 빨리 다윗에게 사람을 보내어 광야 여울목에서 오늘 밤을 지내지 말고 무슨 수를 써서라도 강을 건너야 한다는 말을 전하게 했다. 그렇지 않으면 다윗과 그 일행이 압살롬에게 잡히고 말 것이라고 일렀다. 그 두 제사장의 아들들 요나단과 아히마아츠*는 사람의 눈이 무서워서 그들이 직접 예루살렘에 드나들지 못하고 엔로겔*에서 대기하고 있다가, 여종 하나가 예루살렘에서 그들에게 소식을 알려주면, 그 소식을 다시 다윗에게 전해주곤 했다. 그런데 어떤 소년이 엔로겔*에서 그 둘을 보고는 암살롬에게 밀고했다. 그래서 이 두 사람은 급히 달아나 바후림에 있는 어떤 사람의 집으로 들어갔다. 그 집 마당에는 우물이 있었다. 그 두 사람이 그 우물에 들어간 다음에 그 집 주인의 부인이 보자기로 우물 아귀를 덮고는 그 위에 곡식을 깔았다. 압살롬의 부하들이 그 집에 와서 그 여인더러 아히마아츠*과 요나단이 어디 있느냐고 물었다. 그 여인은 그들이 방금 강을 건너갔다고 하자, 그들이 수색을 하였지만 찾을 수 없어 결국은 예루살렘으로 돌아가고 말았다.

수색대가 가버린 후에 그 둘은 우물에서 나와 다윗에게로 가서 보고했다. 즉 아히토펠*이 다윗 임금에 대해서 꾸민 계략을 말해주면서, 어서 시내를 건너라고 일러드렸다. 그래서 다윗과 그 일행은 출발하여 요단강을 건넜고, 아침에는 한 사람 남김없이 다 요단 동쪽에 이르렀다.

아히토펠*은 자기의 조언이 받아들여지지 않은 것을 보자, 나귀를 타고 자기 고향 성읍으로 가서 자기 집을 정돈한 다음에 스스로 목매어 죽었다. 사람들이 그를 그의 아버지 무덤에 매장했다.

다윗은 길르앗에 있는 마하나임에 이르렀고, 압살롬은 온 이스라엘 사람과 함께 요단강을 건넜다. 압살롬은 요압 대신에 아마사를 군대 사령관으로 세웠다. 아마사는 이스마엘 족속30)에 속하는 이트라*라는 사람의 아들인데, 이트라*는 요압의 어머니 체루야*의 여동생이자 나하쉬*의 딸인 아비갈과 결혼한 사람이었다. 그러니까 아마사는 다윗의 조카사위에 해당한다. 이스라엘 사람들과 압살롬은 진군하여 길르앗에 포진을 했다.

다윗이 마하나임에 이르렀을 때, 다윗이 전에 봉신으로 삼았던 요단강 동쪽의 왕들 곧 암몬 사람 쇼비*와 로데발 사람 마키르와 로겔림 사람 바르질라이*가 침대와 대야와 옹기와 아울러 밀과 보리와 밀가루와 볶은 음식과 콩과 팥과 꿀과 버터와 양과 치즈를 다윗과 그의 동행들이 먹으라고 가져왔다. 광야에서 그 군대가 굶주리고 목이 말랐기 때문이었다.

---

30) 히브리어 본문에는 '이스라엘 족속'으로 되어 있지만, 역대상 2장 17절을 따라 '이스마엘 족속'으로 고쳐 읽었다.

교훈

1. 다윗은 첩보전에서 승리했다. 다윗이 배치한 정보원들이 성실하게 책임을 수행하였기 때문이다. 다윗이 베푼 후덕과 그의 신실한 인품이 사람들로 하여금 그를 신뢰하고 존경하게 만든 것이다. 바후림에 있는 평민의 아내가 위기 상황에 빠진 다윗의 정보원들을 숨겨준 것은 다윗을 존경하고 있었기 때문이 아니었을까? 사람은 성실해야 하고 코앞에 있는 실리만 탐해서는 안 된다는 진리를 보여준다.

2. 아히토펠*의 조언을 들었더라면 압살롬이 다윗을 덮쳤을 것인데, 압살롬이 그리하지 못하고 원님 행차 후 나팔을 부는 격으로 뒤늦게 다윗을 뒤쫓아야만 했던 것은, 이미 위에서 말한 대로, 야훼 하나님께서 간섭하셨기 때문이다. 하나님은 사람이 의로운 일을 도모하고 거기에 열중할 때 도우시지, 악을 도모할 사람은 도우시지 않는다. 이 진리를 우리는 깨달아야 한다.

3. 후사이*가 아히토펠*의 모략을 다윗에게 알려준 덕택에 다윗은 피신하여 목숨을 건졌다. 결국 아히토펠*의 조언은 거짓말이고 효과 없는 것이 되어버렸으니, 압살롬 앞에 설 면목이 없었다. 그래서 고향으로 돌아가 목매어 자살하고 말았다. 아히토펠*은 다윗에게 복수할 마음을 가지고 음모를 꾸몄지만 통하지 않았다. 결국 제 꾀에 자기 자신이 걸리고 만 것이다. 그리고 이제는 어느 쪽에도 붙어 있을 수 없음을 깨달았기에 자살을 택한 것이다. 진퇴양난이라는 것이 이런 경우일 것이다. 남에게 해를 끼치는 말이나 일은 하지 않고 살면 될 터인데, 좋은 머리를 가지고 남을 해하는 계략이나 만들어 낸다면 오히려 죽어 없어지는 것이 낫다고 보아야 하지 않을까?

4. 요단강 동쪽의 왕들이 쫓기는 다윗에게 식량을 가져다 바친 것은 심사숙고한 끝에 한 행동일 것이다. 압살롬의 반역 사건이 어떻게 전개될지를 저울질해 보니 다윗을 돕는 편이 낫겠다는 판단이 섰기 때문에 어느 정도 위험을 느끼면서 한 일일 것이다. 다윗이 지금은 밀리는 것처럼 보이지만 결국은 승리하리라고 내다보았기 때문일 것이다. 사람들은 이렇게 기회주의자들이다. 자기에게 유익한 길을 택한다. 눈치만 보면서 가만히 있어도 되는 판국인데, 누울 자리도 없고 먹을 것도 없는 다윗에게 원조물자를 가져다줌으로써 위기를 모면하게 한 것은, 대세를 점치는 기략이 있었기 때문이기도 했겠지만, 하나님이 그들의 마음을 움직이셨기 때문일 것이다. 그들이 돕지 않았다면 다윗과 그 많은 사람이 굶어죽을 수도 있었기 때문이다. 하나님은 그의 택하신 자를 모든 위기에서 건져주신다.

압살롬이 패전하고 죽다(삼하 18:1-18)

해설

다윗은 어쩔 수 없이 아들과 전쟁을 벌이게 되었다. 백성들을 소집하여 대오를 정비하여 천부장들과 백부장들을 세워서 지휘하게 했다. 그들을 세 부분으로 나누고, 그 첫째는 요압에게, 둘째는 아비새에게, 셋째는 잇타이*에게 맡겼다. 잇타이*는 다윗에게 충성하기로 맹세한 외국 사람이다(15:19-22). 이렇게 나눈 다음에 다윗은 자기도 전투에 동참하겠다고 말했다. 그러자 백성은 그러지 말라고 만류했다. 만일의 경우 자기들이 패주한다면, 압살롬은 임금님을 군인 10000명과 대등하게 생각하고, 또는 다른 군인들 절반이 죽어도 아랑곳하지 않고, 임금님만 노릴 것이니, 그저 성안에 계시다가 응원군이나 보내달라고 했

다.다윗은 그들이 원하는 대로 하겠다고 하고, 100명씩 1000명씩 전선
으로 진군하는 백성을 성문에서 지켜보면서 그 세 장군에게 "나를 봐
서라도 압살롬을 너무 심하게 대하지 말게!"라고 당부했다. 압살롬을
두고서 그 지휘관들에게 임금이 하는 말을 군인들은 다 들었다. 다윗이
여러 번 애타게 간절하게 말하는 소리를 많은 사람이 들을 수 있었던
것으로 보인다. 전투는 에브라임 삼림 속에서 벌어졌다. 결국 압살롬이
거느린 이스라엘 군이 패하고, 그 전투에서 압살롬 편의 군인 20000명
이 살해됐다. 그 싸움은 전국으로 번졌다. 그러나 검에 죽은 자보다 삼
림에서 나무 가지에 찔려 죽은 자들이 더 많았다.

　압살롬이 우연히 다윗의 부하들과 마주쳤다. 압살롬은 노새를 타고
달아나고 있었는데, 그 노새가 가지가 무성한 큰 상수리나무 밑을 지나
가는 바람에 압살롬의 머리가 상수리나무에 걸리고, 노새는 빠져 나갔
다. 이리하여 압살롬은 공중에 매달려 있게 됐다. 그러자 이를 본 한 병
사가 요압에게, "압살롬이 상수리나무에 매달려 있는 것을 제가 보았
습니다."라고 보고했다. 그러자 요압은, "뭐라고? 네가 그놈을 보았다
고? 어째서 그 놈을 쳐서 땅에 떨어뜨리지 않았느냐? 그렇게 했더라면
내가 네게 은 10개와 띠 하나를 상급으로 줄 수 있었는데!"라고 했다.
그러자 그 부하가 말했다. "은 1000개가 내 손에 들어오는 기쁨을 느낀
다 하더라도, 왕자님에게 손댈 수는 없습니다. 저희는, 임금님이 세 지
휘관들에게 '나를 봐서 압살롬을 보호해 다오!'라고 명령하시는 것을
들었기 때문입니다. 만일 제가 왕자님을 처참하게 해치웠다하더라도,
임금님에게는 비밀이 없을 것이고, 요압 장군님도 제게 등을 돌리시지
않았겠습니까?" 여기까지 말을 들은 요압은 이렇게 시간을 낭비하고
있을 때가 아니라고 하면서, 달려가 투창 세 자루를 아직 상수리나무에
매달려 살아있는 압살롬의 심장을 향하여 던졌다. 그것도 모자라 요압
의 무기를 들어주는 부하 열 사람이 압살롬을 둘러서서 그를 쳐 죽였다.

그리고는 요압은 나팔을 불어 더는 압살롬의 잔당을 추격하지 말라고 명령하고 그 둘레에 전군을 모이게 했다. 그들이 압살롬의 시체를 그 삼림 속에 있는 큰 구덩이에 던져 넣고 그 위에 큰 돌무더기를 쌓았다. 그러는 동안에 이스라엘 백성은 다 자기 집으로 돌아갔다.

압살롬이 "임금의 계곡"에다가 자기를 기념하는 기둥 하나를 가져다 세운 적이 있었다. "나의 이름을 기억해 줄 아들이 없다."고 하면서 그 기둥을 세우고는 "압살롬 기념물"이라고 불렀다.

교훈

1. 아버지 다윗이 그 생애의 후반기에 영화를 누리며 많은 황후와 후궁을 두고 사는 모습을 본 압살롬은 여러 가지 느낌을 받았을 것이다. 이복형제들이 많이 생기는 가운데 세력 다툼을 하면서 이복 맏형 암논을 제거하였고, 젊은 기분에 권세를 탐하는 마음도 생기고, 부왕을 비난하고 멸시하는 마음도 있었을 것이다. 그러나 다윗은 백전 용사요 지금까지 백성들에게 덕을 쌓아온 왕으로 그의 인기와 세력은 그대로 남아 있는 상태였을 텐데, 압살롬이 반역할 마음을 가지고 거사를 한 것은 젊은이의 만용이었고, 경솔한 오판에서 나온 실수였다. 급습하는 압살롬과 그의 군대 때문에 다윗이 일시 피신을 하고 수도를 내 주기는 했지만, 다윗의 남은 세력과 그의 지략은 압살롬을 제압하고도 남았다. 또 하나님은 다윗에게 약점이 있는데도 그의 편이 되어 주셨으니, 어찌 압살롬이 다윗을 이겨낼 수 있었겠는가? 사람의 관록과 경험과 치적이라는 것은 무시할 수 없다. 세상 물정을 바로 판단할 줄 알아야 하는데, 압살롬은 경솔했고 어리석었다. 결국 계란으로 바위를 치는 격이었다.

2. 다윗은 공은 공이고 사는 사여서, 내란을 진압해야 하는 공무를 무시할 도리가 없었다. 그래서 대오를 정비하여 반란군을 소탕하는 전

쟁을 할 수밖에 없었지만, 사적으로는 적장이 다름 아닌 사랑하는 아들 압살롬이 아닌가? 사사롭게는 그 아들이 불쌍하여 그를 아껴 그의 몸이 다칠까 염려하는 심정이 어찌 없었겠는가? 거기에 인간의 모순이 있다. 없애야 하기도 하지만 없애서는 안 된다는 생각도 하는 등 모순 투성이의 인생을 살고 있는 우리들이다. 다윗은 사령관들에게 압살롬을 죽이지 말라고 애원했지만, 공은 공이어서 압살롬을 죽음으로 몰고 갈 수밖에 없었다.

그런데 그 문제는 하나님이 지으신 자연 세계를 통해 풀렸다. 상수리나무 숲과 그 나무 가지들이 압살롬에게 심판을 내린 것이다. 그냥 그를 내버려두면 나무 가지에 찔리고 매달린 채 말라죽었을 것이다. 압살롬은 결국 자기가 자기를 죽인 셈이고, 또는 하나님의 자연의 법칙이 그들 죽게 했다. 노새가 달리는 속도와 그 타성이 압살롬으로 하여금 나뭇가지에 걸려 매달리게 한 것이다.

3. 압살롬의 상태를 보고 받은 요압은 잔인하고 명예욕도 강한 사람이었다. 내버려두면 결국 죽을 사람을 창으로 찌르고, 부하들을 시켜 압살롬의 남은 맥을 완전히 꺼버리게 하고서야 만족스러워 했다. 자기 공을 세우기 위해서였다. 따지고 보면 압살롬은 요압의 사촌 형제인데, 그런 만행을 꼭 저질렀어야 했을까? 요압은 자기 이익을 위해서는 부모고 형제고 아랑곳하지 않은 악한 집안사람이다. 세상의 전쟁이란 결국 집안사람들의 싸움이 아닌가?

4. 압살롬은 왕자로 태어났고, 잘 생기기로 말하면 절세 미남이었는데, 그는 결국 자손 하나 남기지 못하고 처참하게 죽고 말았다. 그가 세상에 태어난 보람이 무엇인가? 사람이 세상에 태어나서 어떻게 살다가 무엇을 남기고 가야 하는 것일까? 압살롬의 죽음은 우리의 반성을 촉구하는 사건이다.

다윗이 비보(悲報)를 듣다(삼하 18:19-32)

해설

요압과 함께 있던 아히마아츠* 곧 제사장 사독의 아들은 이번 전투에서 정보원 노릇을 잘 하여 세운 공이 크다고 생각하고 이제 더 뽐낼 생각을 하면서 요압에게 말했다. "제가 달려가서 임금님께 소식을 전하겠습니다. 야훼께서 임금님을 원수들의 세력으로부터 건지셨다고 말입니다." 요압은 그러지 말라고 말리며, 왕자가 죽었으니 오늘 당장에 소식을 전하지 말고 다른 날 가라고 했다. 그러고는 요압이 부하 중에 구스(에디오피아) 사람 하나를 불러, "네가 본 것을 임금께 가서 전하여라!"고 명령했다. 그래서 그 구스 사람이 다윗에게로 달려갔다.

아히마아츠*가 요압에게 "무슨 일이 있든지, 제가 저 구스 사람을 뒤따라가게 해 주십시오!"라고 다시 청원하자, 요압은 "네가 가서 소식을 전해도 상 받지 못할 것을 알면서 어째서 달려가겠다는 거냐?"라고 말하며 또 말렸다. 그래도 아히마마츠*가 어쨌든 가겠다고 우기므로 요압은 갈 테면 가라고 허락했다. 아히마아츠*는 평지 길을 달려 그 구스 사람을 앞질러 갔다.

다윗는 전투 성과가 궁금해서 안절부절못하고 있었을 것이다. 특히 압살롬의 생사가 궁금했을 것이다. 그는 두 성문 한 가운데 앉아서 기다리고 있었다. 그런데 보초병이 성벽 옆에 있는 성문 지붕에 올라가 내다보니, 어떤 사람이 혼자서 달려오고 있는 모습이 보였다. 보초가 임금에게 큰 소리로 그 사실을 보고했다. 임금은 "그가 혼자라면, 그가 소식을 가지고 올 텐데."라고 말했다. 그 사람은 점점 가까이 오고 있었다. 그런데 보초병이 보니 또 한 사람이 뛰어오고 있었다. 보초가 성문지기에게 소리쳤다. "보시오. 또 다른 사람이 혼자서 오고 있지요?" 임금은 그 소리를 듣고, "그 사람도 소식을 가지고 오고 있을 것이다."라고 말했다. 보초병이 임금에게 "앞서 오는 사람의 뛰어오는 모습을 보니 사독의 아들 아히마아츠* 같습니다."라고 보고했다. 다윗은 "그 사람은 좋은 사람이다. 그는 좋은 소식을 가지고 온다."고 말했다.

아히마아츠*는 임금 앞에 엎드려 큰 소리로, "모든 것이 잘 되어 갑니다. 임금님을 대항하여 손을 들었던 자들을 야훼께서 해치우셨습니다. 임금님의 하나님 야훼를 찬양합니다!"라고 아뢰었다. 그러나 다윗은 "젊은이 압살롬은 잘 있느냐?"라고 다그쳤다. 아히마아츠*는, "요압이 저를 이리로 보낼 때, 큰 소란이 있는 것을 제가 보았는데, 무슨 일인지 모르겠습니다."라고 대답했다. 다윗이 그에게, "비껴나 여기 서 있거라!"라고 하므로, 그는 비껴나서 잠잠히 서 있었다. 그러자 구스 사람이 이르러 보고했다. "나의 주 임금님께 기쁜 소식이 있습니다. 오늘 야훼께서 임금님의 원수를 갚아주셨습니다. 즉 임금님을 거슬러 들고 일어났던 모든 사람의 세력으로부터 임금님을 구출하셨습니다."

다윗이 구스 사람에게 "젊은이 압살롬은 잘 있느냐?"라고 묻자, 그는 "나의 주 임금님의 원수들과, 임금님을 해하려고 일어났던 모든 사람이 그 젊은이와 같이 되기를 기원합니다!"라고 대답했다. 즉 압살롬이 죽은 것처럼 죽었으면 좋겠다고 말한 것이다.

교훈

임금님께 전황을 누구보다도 먼저 보고해서 총애와 신임을 더 받고 싶은 아히마아츠*가 있는데, 요압은 자기 사람을 임금에게 보내어 보고함으로 자기가 위신을 세우려는 생각을 하고, 자기 부하 구스 사람을 보냈다. 그러나 아히마아츠*가 한사코 가겠다고 하므로 허락을 했지만, 구스 사람이 먼저 갔으니 아히마아츠*는 헛수고 하리라 생각했다. 그러나 늦게 떠난 아히마아츠*가 지름길로 가서 구스 사람보다 먼저 임금님 앞에 나타났다. 그의 보고 내용은 임금님이 승리하셨다는 것이었고, 그렇게 해 주신 야훼를 찬양하는 것이었다. 다윗의 귀에는 그런 말이 마이동풍이었다. 아들 압살롬의 생사 소식만이 다윗의 관심사였는데 아히마아츠*가 모호하게 대답을 얼버무리는 바람에 확실한 상황을 알 수 없었다. 구스 사람이 뒤따라와서 하는 보고도 결국 같은 것이었고, 다윗은 역시 압살롬의 생사에 관심이 있었다. 아들의 안부를 다그쳐 묻자, 구스 사람은 왕자가 죽었음을 에둘러 말할 수밖에 없었다. 마침내 다윗은 압살롬이 죽은 것을 알게 되었다.

반역한 아들 압살롬을 염려하는 다윗의 심정을 다른 사람들은 이해하지 못했다. 보통 사람들은 자신의 이해득실에만 관심이 있다. 여기서 우리는 보통 사람 이상의 생각과 정을 가진 다윗에게서, 희미하게나마 하나님의 사랑, 그리스도의 사랑을 짐작해 볼 수 있다. 다윗은 결국 원수를 사랑한 셈이다. 압살롬은 자기의 원수였지만 아들이었기에 사랑이 간 것이다. 하나님은 당신께 반역한 아담들 곧 그의 아들딸들을 사랑하고 염려하시는 것이다.

다윗이 압살롬의 죽음을 애도하다(삼하 18:33-19:8a)

해설

다윗은 구스 사람의 말을 알아듣고 크게 충격을 받아 성문 위에 있는 자기 방으로 들어가 울었다. 그리고 그 구스 사람이 떠난 후에 다윗은 독백을 했다. "오 나의 아들 압살롬아! 내 아들, 내 아들 압살롬아! 너 대신 내가 죽었더라면 좋았을 것을! 오 압살롬, 내 아들, 내 아들아!"

다윗이 압살롬의 일로 울고 애통해 한다는 말이 요압에게 보고되었다. 그 소식이 군대 전체에게도 퍼졌다. 그러니 그 승전의 날이 전군에게 애도의 날이 되고 말았다. 다윗은 얼굴을 가리고 계속 죽은 아들의 이름을 불러대며 대성통곡하는 것이었다. 요압이 임금께 나아가 간했다. "임금님의 장교들이 오늘 임금님의 목숨과 아들들과 딸들의 목숨과 왕후들과 후궁들의 목숨을 살렸는데, 임금님은 폐하를 미워하는 사람을 사랑하고 폐하를 사랑하는 사람들은 미워하시니, 결국 장교들의 얼굴에 부끄러움을 덮어씌우셨습니다. 폐하께서는 오늘 사령관들과 장교들이 폐하께 아무 것도 아니라는 것을 밝히 보여주셨습니다. 만일 오늘 압살롬이 살아남고 우리 모두가 죽었더라면 폐하는 기뻐하셨을 것이라고 생각되기에 드리는 말씀입니다. 그러니 어서 일어나셔서 폐하의 신하들에게 상냥하게 말씀해주십시오. 야훼를 걸고 맹세합니다만, 폐하께서 거동하시지 않으시면, 오늘 밤에 한 사람도 폐하와 같이 있지 않을 것입니다. 그렇게 되면 폐하의 젊은 시절로부터 오늘까지 폐하가 경험한 어떤 재난보다 더 큰 재난이 생길 것입니다." 이 말을 들은 다윗은 일어나서 성문에 있는 자기 자리에 나가 앉았다. 그 소식이 전군에게 알려졌다. 결국 전군이 다윗 앞에 모였다.

교훈

1. 임금도 감정을 가진 인간이기에 사사로운 일에 자기의 느낌을 드러낼 수밖에 없다. 압살롬이 정치적으로 국가 반역의 죄를 짓고 인류도 무시한 불효를 저지른 자식이었지만, 아들 압살롬의 목숨을 아끼는 마음, 또 그가 죽었다고 하니 그 죽음을 슬퍼하는 마음이 솟구치는 것을 다윗인들 어찌할 것인가? 그러나 임금은 공인(公人)으로 국가와 민족을 생각하고 다스리는 처지에 있으므로, 사사로운 일에 매어 있을 수는 없다. 다윗은 요압의 조리 있는 충언을 듣고 곧 사사로운 감정과 행동을 멈추고 공무에 귀환하는 용단을 내렸다. 공과 사를 구별하는 슬기를 보여준 것이다. 공인이라 할지라도 인간의 정을 품을 수 있다. 그렇지만, 대를 위하여 소를 희생하는 용단과 슬기가 있어야 지도자 자격이 있다.

2. 요압은 신하로서 임금을 보필하는 일에 슬기와 용단을 내린 사람으로서 칭찬받을 만하다. 내란이 진압되어 백성이 다 기뻐하고 앞으로 해야 할 일이 산적한 마당에 임금이 사사로운 일로 국정을 돌보지 않을 때, 요압의 성실한 충언은 큰 효과를 거두어 국사(國事)가 제자리로 돌아갈 수 있었다.

예루살렘으로 환도한 다윗(삼하 19:8b-18a)

해설

압살롬의 회유로 그의 편이 되었던 이스라엘의 모든 지파 사람들은 내란이 터지자 제각기 자기 집으로 도망가서 사태를 관망하고 있었다. 결국 압살롬은 죽고 다윗이 일시 예루살렘을 내주고 피신을 했지만 건재한 사실을 알자, 민심은 다시 다윗 쪽으로 기울었다. 다윗의 공적을 다 알고 있으므로, 다윗을 다시 내세워야 하지 않는가 하는 여론이 돌았다.

한편 다윗은 피신하여 있는 요단강 동쪽 임시 거처에서, 예루살렘에 남아 있는 제사장 사독과 아비아달에게 지령을 내렸다. 다윗의 원 본거지이며 압살롬이 잠시 점령하고 있던 유다 지방(남부 지방)의 장로들에게 전하라는 것이었다. 그 내용은 두 가지였다. 하나는 북쪽 이스라엘 사람들의 의견, 즉 임금을 예루살렘으로 모셔야 한다는 의견이 임금에게 이미 전달되었는데, 임금을 왕궁으로 모시는 일에 임금과 한 집안이요 같은 혈육인 유다 지파 사람들이 누구보다도 앞장을 서야 하지 않겠느냐 하는 내용이었다. 둘째는 압살롬의 군 최고 사령관이었던 아마사를 요압 대신에 그 책임을 맡게 하라는 것이었다. 아마사에게 "너는 내 뼈요 살이다. 지금 이후로 네가 요압 대신에 나의 군대 장관이 되어야 하겠다. 네가 반대해도 하나님이 나를 위하여 그렇게 해 주시기를 빈다."라고 말하라는 것이었다. 아마사는 요압의 사촌으로서 압살롬의 군사령관이었으니 이를테면 적군의 수뇌의 한 사람이지만, 다윗은 그를 이용하여 압살롬 편에 들었던 사람들을 회유하려고 했을 것이다.

아마사는 유다 지방 사람들의 마음을 하나로 묶고 임금에게, 임금님과 모든 신하들은 어서 돌아오라고 기별했다. 그래서 다윗은 요단강 쪽으로 이동했고, 유다 지파 사람들은 임금을 모시러 길갈에 와서 임금이 요단강을 건너도록 준비했다. 그런가 하면 북쪽 지파 사람 시므이 곧 다윗을 저주하던 사람도 바후림으로부터 다윗 임금을 만나러 유다인들을 데리고 서둘러 내려왔다. 같이 온 것은 벤야민* 사람 1000명이었다. 동시에 사울 집안의 종인 치바*가 그의 아들 15명과 종 20명을 거느리고, 임금을 환영하려고 임금이 도강하기 전에 서둘러 내려왔다. 다윗 일행은 요단강을 건너, 이제는 그의 뜻대로 할 수 있게 되었다.

교훈

1. 민주 교육을 받지 못한 민중, 판단 훈련을 받지 못한 무식한 민중은 결국 바람 부는 대로 쏠리고 밀려다닐 수밖에 없다. 압살롬의 감언이설에 끌려갔던 사람들이 이제는 다윗에게로 다시 돌아오고 있었다. 힘의 균형이 어디로 기울어지느냐에 따라서 민심도 기울어지게 되어 있다. 다윗은 통치 경험이 많은 사람으로서 자기에게 유리한 방향으로 기를 돌렸다. 인력배치를 현명하게 함으로써 유리한 방향으로 대세를 몰아갔다. 결국 정의가 이기고 참된 지혜가 필요하며 경험과 관록은 무시할 수 없다는 것을 여기서 알 수 있다. 하나님은 그런 사람을 선택하여 뜻을 이루시므로, 하나님의 뜻에 맞는 자가 되도록 노력해야 할 것이다.

2. 옛날의 대중은 무식하고 어리석었기 때문에 통치자에게 끌려갈 수밖에 없었다. 선한 독재자가 그 시대를 통치할 때에는 백성이 평안하고 행복할 수 있지만, 악한 통치자 밑에서는 자연히 고통을 당하고 불행한 생활을 하게 되었던 것이다. 하나님은 이스라엘 백성에게 선한 통치자를 세워 그 밑에서 행복하게 살게 해 주시려 했지만, 통치자들이 별로 하나님의 뜻을 바로 깨닫지 못하고 바르게 통치하지 못함으로써, 선민 이스라엘도 갈팡질팡하고 고생을 많이 했다. 그런 과정에서 참된 통치자를 동경하고, 참된 통치 체제가 어떤 것인가를 배워가는 것이다. 하나님이 왕이 되시는 그 상태를 구하라는 예수님의 말씀이 지당하다. 우리가 구할 것은 하나님이 왕으로 다스리는 상태이다. 다윗도 그 이상에서는 멀리 있었다. 오늘의 교회도 아직 그 이상을 100% 이루지 못하고 있다. 진심으로든 가식으로든 다윗을 왕으로 모시고 예루살렘으로 환도하려는 노력은 잘한 일이었다. 우리는 거룩한 하늘의 예루살렘을 향하여 그리스도를 왕으로 모시고 진군하는 성도들이 되어야 한다.

다윗이 시므이에게 자비를 베풀다(삼하 19:18b-23)

해설

다윗을 저주했던 시므이가(16:5-8) 벤야민* 지파 사람 1000명을 데리고 요단강 가에 와서 다윗 일행이 강을 건너오는 것을 기다리다가, 다윗이 강을 거의 다 건넜을 때, 다윗 앞에 엎드려 아뢰었다. "임금께서 예루살렘을 떠나시던 날에 이 종이 저지른 허물과 잘못을 나무라지 말고 마음에 두지 마시기 바랍니다. 이 종이 죄 지은 것을 알고 있습니다. 그래서 보시는 바와 같이 요셉 가문에서는 이렇게 오늘 제일 먼저 임금님을 만나 뵈러 내려왔습니다." 다윗의 생질 아비새가 다윗에게 "이자가 하나님께 기름부음 받은 임금님을 저주하더니, 이제 와서 이런다고 죽이지 않을 것입니까?"라고 말했다. 다윗이 그를 막아서며 "너희 체루야*의 아들들아! 너희가 무슨 상관이 있다고, 오늘 너희가 내 원수가 되어야 하느냐? 이런 날 이스라엘 사람 가운데 누구라도 죽어서야 되겠느냐? 나 자신이 오늘 정말 이스라엘의 왕인지 알고나 있는 것이냐?"라 하고, 시므이에게는 맹세코 너는 죽지 않으리라고 단언했다.

교훈

1. 사람은 한치 앞을 모른다. 시므이가 이렇게 빨리 다윗 앞에 나와 자복하고 용서를 빌어야 할 줄을 어떻게 알았겠는가? 그럴 줄 알았더라면 저주도 하지 않았을 것이 아닌가? 우선 남에게 좋지 않은 일을 하지 않는 것이 상책이다. 입이 있다고 마구 놀려서 자기 무덤을 파는 어리석은 일은 하지 않아야 한다. 다윗의 마음이 관대하지 않았다면 시므이는 죽었을 것이 아닌가?

2. 다윗은 역시 사려 깊고 신중하며 정치적인 도량이 넓은 사람이다. 시므이의 한 짓이 어찌 밉지 않겠는가마는, 그를 사면하는 것이 몇 배나 더 자기에게 이득이 될 것이기에 그를 사면한 것이다. 시므이와 그의 측근을 품었으니 그만큼 다윗은 힘을 얻은 것이 아닌가? 시므이를 죽이는 것과 살리는 것, 그 둘 가운데 어느 것이 나을지 곰곰이 생각해 보지 않았겠는가? 생명을 살리는 것은 천륜을 살리는 것인 동시에, 다윗의 정치 생명을 윤택하게 한 용단이요 묘책이었다.

3. 하나님이 기름 부은 자를 저주하거나 해롭게 하는 것은 하나님께 죄를 짓는 것이다. 다윗도 그 법을 준수하느라고 애써온 사람이다. 시므이가 그 죄를 범했지만 그에게 벌을 내리는 것은 하나님이 하실 일이

므로 하나님께 맡김으로써 다윗 자신은 사랑과 자비의 법으로 오히려 백성에게서 인심을 사고 신뢰를 얻을 수 있었다. 우리도 원수 갚는 것은 하나님께 맡기고 원수라도 사랑하라 하신 그리스도의 법을 따라야 할 것이다.

다윗이 므피보셋*을 다시 만나다(삼하 19:24-30)

해설

압살롬이 쳐들어온다는 소식을 듣고 예루살렘을 황겁히 빠져나가던 다윗은 다리를 못 쓰는 므피보셋*까지 챙길 경황이 없었을 것이다. 사울의 손자인 므피보셋*은 다윗이 크게 베푼 후의를 입어 다윗의 식탁에서 왕자들과 함께 먹으면서 살았는데, 이제 다윗과 그의 식구가 다 달아나고 혼자 버려진 상황에서 그런 대로 죽지 않고 예루살렘에서 간신히 목숨을 부지하고 있었던 것으로 보인다. 다윗이 떠난 이래 아무도 그를 돌보지 않아서 므피보셋*은 장애 있는 발을 더러운 채로, 수염은 자랄 대로 자란 채로, 옷은 빨지 않아 꾀죄죄한 채로 천신만고를 겪고 다윗을 맞으러 요단강 가까지 내려온 것이다. 그를 본 다윗은, "므피보셋*, 어째서 나와 함께 가지 않았나?"하고 물었다. 그러자 그가 대답했다. "오 주, 임금이시여! 제 종이 저를 속였습니다. 제가 다리를 못 쓰므로 그 종에게, 제가 임금님과 함께 가려고 하니 나귀를 대령하라고 했습지요. 그런데 그가 저를 임금님께 모함했습니다. 그러나 어쨌든 임금님은 하나님의 천사와 같으신 분이십니다. 이렇게 돌아오셨으니, 임금님 좋으실 대로 저를 처분하십시오! 임금님 앞에는 저의 모든 집안이 죽어 마땅한 사람들인데, 임금님은 이 종을 임금님의 식탁에서 먹게 하셨습니다. 제가 무슨 권리가 있다고 임금님께 호소하겠습니까?"

거기까지 들은 다윗은 "네 이야기를 더는 하지 말라. 나는 이미 결정을 내렸다. 너와 치바*가 그 땅을 절반씩 나누어 가져라!"고 명령을 내렸다. 그러자 므비보셋*은, "임금께서 오늘 이렇게 안전하게 돌아오셨으니, 됐습니다. 땅은 그 종이 다 가지게 하십시오!"라고 대답했다.

교훈

1. 므비보셋*을 돌봐야 하는 종 치바*는 난이 터지자 혼자서 달아나서 고향에 가 있다가 다윗이 돌아온다니까 자기 아들들과 종들을 거느리고 다윗을 맞으러 요단 강가로 내려왔다. 므비보셋*은 예루살렘에 내버려져 있다가 간신히 살아서 이제 다윗 앞에 나타났다.

난이 터지자, 사람들은 우선 자기가 살아야 한다는 이기적인 생각으로 자기 길을 갔지만, 사태가 바뀌니까, 또 다른 방도로 자기들의 앞길을 개척하려고 안간힘을 쓴다. 그것이 인간의 모습니다. 따지고 보면 다윗도 그런 군상(群像) 중의 하나이다.

2. 다윗은 여기서 치바*의 잘잘못을 따지거나 책망하지 않았지만, 원래 사울 왕의 유산 전체를 치바*에게 주었다가 이제 그 절반을 환수하여 므비보셋*에게 주기로 결정했다. 결국 치바*는 스스로 자기 무덤을 판 격이 됐다. 그 좋은 재산의 절반을 빼앗겼기 때문이다.

인간은 기회주의자들이다. 비단 치바*만 아니라, 우리 속에도 그런 얄팍한 생각이 떠오르는 것이 사실이다. 성실하신 하나님 앞에서 좀 더 성실해야 하는데, 하나님은 성실하지 않은 자에게서 그 소유를 빼앗으실 것이다.

3. 다윗은 그 복잡하고 혼란한 상황 중에 그 두 사람의 일을 오래 생각할 처지가 아니었지만, 선왕 사울에 대한 예의와 도리를 지키기 위해

서 므피보셋*을 두둔했다. 하나님께 기름 부음을 받은 왕을 마구 대하
면 안 된다는 신앙적인 사고가 다윗의 마음을 사로잡고 있었기 때문이
다. 다윗이 어디까지나 야훼 하나님을 앞세우며 생각하고 행동하려고
노력하는 것을 우리도 배워야 할 것이다.

4. 므피보셋*은 자기를 돌보던 종 치바*가 배신했을지라도, 과거의
정과 공로를 생각하여 그 종의 죄과를 따지지 않고 오히려 관대한 처분
을 바라는 아량을 나타냈다. 우리가 그런 자리에 있었다면, 그런 아량
을 보일 수 있을까? 므피보셋*의 따스한 마음과 관대함이 우리에게도
있어야 하겠다.

다윗이 바르질라이*에게 친절을 베풀다(삼하 19:31-43)

해설

사무엘하 17장 27-28절에 의하면, 망명길에 오른 다윗이 요단강 동
쪽 마하나임에 이르렀을 때 다윗의 봉신(封臣)으로 있던 영주들이 다
윗과 그의 군인들이 먹을 음식을 제공한 일이 있었는데, 그들 가운데
한 사람이 길르앗 사람 바르질라이*이다.

다윗이 이제 환도하기 위하여 요단강을 건널 때 바르질라이*가 다
시 나타나 다윗을 호위하였다. 바르질라이*는 80세나 되는 노인이고
큰 부자였다. 다윗은 바르질라이*의 후의를 고맙게 여겨 그에게, 자기
측근에서 살게 해 줄 터이니 예루살렘으로 같이 가자*고 하면서 호의
를 베풀려고 했다. 그러나 바르질라이*는 사양하면서 그 까닭을 다음
과 같이 밝혔다. 자기가 살면 얼마나 더 살겠다고 예루살렘으로 가겠는
가? 지금 벌써 나이가 80이어서 임금 곁에서 사리를 분간하며 살 힘이

없고 왕궁에서 풍악을 즐길 수도 없어서 오히려 임금께 짐이나 될 것이
다. 그리고는 요단을 건너 조금만 더 호위해 드리겠다고 하며 어떤 보
상도 받지 않겠다고 했다. 자기는 고향으로 돌아가 죽어 조상들과 함께
묻히게 해달라고 하고, (아마도 자기의 아들인 것으로 보이는) 킴함*
을 데리고 가서 좋으실 대로 해 달라고 부탁했다. 다윗은 그의 말대로
킴함*을 데리고 갈 것이고, 바르질라이*가 원하는 대로 해 주겠다고
약속했다. 다윗 일행이 요단강을 다 건넌 후에 다윗은 바르질라이*와
입맞추고 그를 축복을 해 주었다. 바르질라이*는 자기 집으로 돌아가
고, 다윗은 킴함*을 데리고 갔고, 유대 지파 사람들은 물론 북쪽의 이
스라엘 사람들도 다윗의 환도 행보를 거들었다.

　　다윗이 환도한 후 북쪽의 이스라엘 사람들이 다윗 앞에 와서 볼멘소
리를 했다. "어째서 우리의 피붙이인 유다 백성이 임금님을 가로채가
지고 임금님의 가족과 신하들을 데리고 요단강을 건너갔습니까?" 이
말을 들은 유다 지파 사람들은 그 말에 대꾸했다. "임금님은 우리에게
더 가까운 혈친이어서 그리한 것인데 당신들이 어째서 이 일에 대하여
화를 내는 것이요? 우리가 임금님이 내리시는 음식이라도 먹고, 어떤
선물이라도 받은 줄 압니까?" 그러자 북쪽 사람들이 따지고 들었다.
"우리는 임금님에 대하여 열 몫을 가지고 있소, 임금께 대한 우리의 마
음은 당신들보다 더 극진하다오. 그런데 어째서 당신들은 우리를 멸시
합니까? 임금님의 환궁을 우리가 먼저 제안한 것이 아니요?" 그러나
유다 지파 사람들의 말은 이스라엘 사람들의 말보다 더 거칠었다.

　교훈

　　1. 길르앗 지방의 봉신 바르질라이*는 그 근방의 다른 봉신들과는
달리 다윗의 환도를 돕는 일에 적극적이었다. 봉신의 성의와 충성을 끝
까지 나타낸 셈이다. 다윗은 그 은공을 잊을 사람이 아니었다. 그래서

그 은공에 부응하는 혜택을 바르질라이*에게 베풀려고 했으나, 바르질라이*는 보통 사람이 품는 욕심을 다 버리고 임금의 후의를 사양하고 고향으로 돌아가서 조상들과 같이 묻히겠다고 했다. 바르질라이*는 물욕과 명예 등을 초월한 훌륭한 인물이었다. 따라서 그가 다윗에게 아뢴 한 가지 요청, 즉 (자기 아들) 킴함*을 맡아달라는 것을 임금에게 허락을 받았다. 이렇게 은공을 베풀고 그 은공을 알아주고 또 갚는 아름다운 관계는 우리도 흠모할 만하다.

2. 다윗 왕의 출신 지역인 유다 지방 사람들과 북쪽 열 지파 사람들 사이에는 자연히 장벽이 있고 갈등이 있었다. 인간 사회에 그런 혈연관계와 지방색으로 말미암아 대립이 있는 것은 어쩔 수 없다. 저마다 다윗 임금을 가운데 두고 유리한 고지를 점령하려고 하는 갈등은 계속 나타나고 마침내 국가 분열의 상태에까지 이른다.

이처럼 한 민족 가운데도 분열이 있고 다툼이 있다면, 국가와 국가, 민족과 민족이 서로 다투는 것을 어떻게 막을 수 있겠는가? 이는 전능자 하나님만이 하실 수 있는 일이고, 하나님과 그리스도의 사랑과 성령의 능력으로만 가능한 일이다. 즉 그리스도의 교회 곧 공교회(catholic church)를 믿는다고 (사도신경으로) 고백하는 그리스도인들이 그 일에 모범이 되어야 한다.

셰바*의 반역(삼하 20:1-25)

해설

다윗의 환도를 환영한다고 하면서 모였던 벤야민* 지파 사람 중에 셰바*라는 불한당 하나가 있었다. 셰바*는 다윗을 반대하고 반역할 심산으로 나팔을 불어대며 선동을 했다. "우리는 다윗과 상관이 없소. 이 새의 아들과는 같이 할 수 없소. 이스라엘 사람들이여, 다들 집으로 돌아가시오!" 이 말을 들은 이스라엘 사람들 곧 북쪽 지방 사람들이 모두 다윗을 떠나서 셰바*를 따랐다. 그러나 유다 지파 사람들은 꾸준히 다윗을 좇아 요단강에서 예루살렘으로 진군하였다.

다윗은 환궁한 다음에 우선, 예루살렘을 지키라고 하면서 남겨 두었던 후궁 열 사람, 곧 압살롬에게 겁탈 당한 그들을 가두어 두고 죽을 때까지 과부로 살게 하고 그들과는 접촉하지 않았다. 다윗은 그들에게 대한 책임을 느꼈을 것이다. 그러나 자기 아들에게 겁탈당한 여인들과 다시 접촉할 수는 없는 일이었고, 그들을 예우하여 죽을 때까지 그들을 먹여 살리기로 한 것이다.

다윗은 그가 요압 대신에 임명한 군대사령관 아마사에게 사흘 안으로 유다 지파 사람들을 다 불러 모으라고 하였고, 아마사도 같이 나오라고 명했다. 그래서 아마사가 유다 지파 사람들을 부르러 갔다. 그러나 자기는 지정한 날에 나타나지 못했다. 그래서 다윗은 요압의 동생인 아비새에게 명령을 내렸다. 셰바*가 압살롬보다도 더 큰 화를 우리에게 가져올 것이니, 친위대 군인들을 데리고, 그가 요새(要塞)들을 얻어 우리에게서 빠져나가기 전에 그를 추격하라고 했다. 그러자 요압이 흑심을 품고 그의 정예 부대를 이끌고 셰바* 추격에 가담하였다. 요압은 일반 군사로 가장을 하고 허리에 단검을 차고 있었다. 기브온에 이르렀을 때, 아마사가 요압을 만나자, 자기를 도우러 온 줄 알고 인사하려고 나섰다. 요압은 사촌 아마사를 반기는 척 입맞추면서, 단검으로 아마사의 배를 깊이 찔러 그를 죽여 버렸다. 그리고는 요압과 아비새가 셰바*를 계속 추격했다. 그 때 죽어가는 아마사 옆에 요압의 부하 한 사람이 나타나 "요압을 좋아하고 다윗을 좋아 하는 사람은 요압을 따르시오!"라고 소리 질렀다. 아마사를 따르던 사람들이 지금 피범벅 속에서 죽어가는 아마사를 보고는 발걸음을 멈추었다. 그 요압의 부하가 큰 길에 있는 아마사의 시체를 들판으로 옮겨놓고 옷으로 덮어 버렸다. 그랬더니 모든 사람들이 요압을 따랐고 세바* 추격이 계속되었다.

세바*는 이스라엘 모든 지파를 거쳐서 최북단의 아벨이라는 곳에 이르렀고 그의 가문인 비크리* 사람들은 모두 속으로 그를 따랐다.[31] 요압의 군대가 아벨에서 세바*를 포위하고 그 성벽을 부수며 공격하였다. 그 때 그 성안에 있던 한 여인이 소리를 지르며 요압과 대화를 하겠다고 청했다. 그 여자의 현명한 교섭에 의하여, 세바*를 잡아 넘긴다는 조건으로 그 성 전체를 파괴하는 일을 막을 수 있었다. 즉 그 여인은 꾀를 써서 세바*를 잡아 그의 목을 베어 가지고 성벽에서 요압에게 던져 주었다. 그러자 요압이 나팔을 불어 정쟁의 종식(終熄)을 알리고, 군인들은 다 집으로 돌아갔다. 그래서 요압은 예루살렘으로 즉 다윗에게로 돌아왔다. 결국 요압은 다시 이스라엘 전군 사령관이 되었다. 여호야다의 아들 브나야는 특전대 대장이 되었고, 아도람은 강제노동부장이 되고, 여호샤팟*은 서기장이 되었으며, 스와는 비서, 사독과 아비아달은 제사장이 되었다. 야이르* 사람 이라 역시 제사장이 되었다. 다윗은 환도하여 종전대로 틀을 잡고, 다시 정부의 모양새를 갖추게 됐다.

교훈

1. 언제 어디에나 상황 판단을 바로 하지 못하고 과대망상에 빠져 날뛰는 사람이 있게 마련이다. 세바*가 그런 사람이었다. 그는 스스로 자기 무덤을 판 사람이다. 대세가 다윗에게 기울고 있는 상황인데, 그것을 모르고 반란을 일으켜서 결국은 자멸을 초래한 것이다. 그런 어리석고 한심한 사람이 되지 않아야 할 것이다.

---

31) 개역성경 사무엘하 20장 14절에서는 히브리어 마소라 본문을 따라 '베림 온 땅'으로 옮겼는데, 여기서는 NRSV를 따랐다.

2. 요압은 야심만만한 사람으로 사촌 아마사가 득세하는 꼴을 배가 아파서 보고만 있을 수 없었다. 결국 자기 혈육을 비정하게도 자기 손으로 죽이고 자기가 군대 장관의 자리를 되찾았다. 구하는 자가 얻는 법이기는 하지만, 권력이 무엇이기에 사람을 죽이고, 아니 형제를 죽이고 자기가 더 높아져야만 하는가? 그런 악랄한 사람이 권좌에 있을 때 자기와 그 주변이 과연 평안할 것인가?

3. 아벨 성에 있던 한 여인의 현명하고 용감한 행동을 통하여 그 성이 전멸될 위기에서 구출되었다. 한 사람의 지혜와 용기가 많은 사람을 살릴 수 있는 것이다. 그 일에 여성과 남성의 차이가 없다. 지혜와 진리는 만민의 소유이다. 특히 남을 위하고 다수를 위하여 위험을 무릅쓰고 묘책을 강구하는 지혜를 가진다는 것은 참으로 귀한 일이다. 그 여자가 자기의 머리에서 그 지혜를 짜낸 것일까? 지혜의 근본은 하나님이시다. 그녀는 하나님의 사람이었을 것이다. 솔로몬이 지혜를 사모한 것처럼 하나님의 지혜를 받아 자기와 남을 살릴 수 있다면 그 이상 다행한 일이 어디 있겠는가? 지혜를 사모하는 자들에게 하나님은 지혜를 주시고, 그것을 통하여 많은 사람이 행복해지기를 원하신다.

4. 다윗은 자기 아들에게 겁탈당한 후궁 열 사람을 내쫓지 않고 특별히 대우하여 계속 자기의 보호 아래서 평생을 살게 해 주었다. 그 후궁들에게 잘못이 있는 것이 아니고 그 책임이 다윗 자신에게 있으므로, 마땅히 그만큼 배려해 주어야 했을 것이다. 여기서 우리는 다윗의 온정과 의리를 엿볼 수 있다. 사람은 보통 권좌에 오르면 그런 인간적 관심을 버리고 자기의 생각을 법으로 삼기 쉽다. 그러나 다윗은 하나님의 법에 입각하여, 돌보아야 할 자들을 돌보았다. 다윗의 그 행동에서 선한 군주의 모범을 다시 엿볼 수 있다.

기브온 사람들의 원수를 갚아주다(삼하 21:1-14)

해설

다윗이 망명길에서 돌아와 남쪽 유다와 북쪽 이스라엘이 다 그에게 순응하는 때였다. 그러나 가나안 땅에 3년이나 연거푸 기근이 들어서 어려움이 닥쳤다. 다윗은 야훼께 나아가 그 한발의 까닭을 물었다.

야훼의 대답은 사울이 무고한 기브온 사람들을 죽였기 때문에 사울과 그 집안의 피 값으로 인한 것이라고 하셨다. 그래서 다윗은 기브온 사람들을 불렀다. (사울에게 살해된 기브온 사람들은 이스라엘 사람들이 아니라 아모리 원주민들이었다. 이스라엘 사람들은 그들과 같이 살기로 약속했는데, 사울이 정치적 야심을 가지고 그들을 말살하는 정책을 썼던 것이다.) 다윗이 기브온 사람들에게 어떻게 해주기를 바라느냐고 물었다. 기브온 사람들의 원한으로 인해서 야훼께서 주신 땅에 가뭄이 들었으니, 어떻게 해 주어야 다시 하나님께 복을 받겠는가 하면서, 요구조건을 말하라고 했다. 기브온 사람들은 다윗에게 "우리와 사울 혹은 그의 가문 사이의 문제는 금전의 문제가 아닙니다. 또는 이스라엘 사람 어느 누구를 죽이면 되는 문제도 아닙니다."라고 대답했다.

다윗은, 그러면 어떻게 해달라는 것인지 기브온 사람들에게 다시 물었다. 그들의 대답은 다음과 같았다. "우리를 말살하고, 우리를 멸망시키려고 계획한 사람이 있습니다. 우리가 이스라엘 땅 어디에서도 살지 못하게 한 사람이 있습니다. 그의 아들 일곱을 저희에게 넘겨주십시오! 그러면 그들을 기브온 야훼의 산32)에서 야훼 어전에서 말뚝으로 박아 죽이겠습니다.33)" 다윗은 사울과 맺은 서약을(삼상 24:21-22)

---

32) 칠십인역 사무엘하 21장 6절을 따라 고쳐 읽은 NRSV를 따랐다. 히브리어 마소라 본문을 따른 개역한글판에서는 '여호와의 빼신'으로, 개역개정판에서는 '여호와의 택하신'으로 옮겼다.

어기고 그들의 요구를 들어주기로 했다.

다윗은 그의 절친한 친구 요나단의 아들 므피보셋*은 제쳐놓았다. 야훼께 약속했고 요나단과 서약한 바가 있었기 때문이다. 다윗은 사울의 후궁 리츠파*를 통하여 낳은 아들 아르모니*와 므피보셋*과, 사울의 딸 미갈의 다섯 아들을 기브온 사람들에게 내주었다. 기브온 사람들은 산에 올라가 야훼 어전에서 그들을 말뚝을 박아 죽였다. 그것은 보리 가을을 하는 첫 날의 일이었다.

두 아들을 내준 리츠파*는 상복을 가지고 그것을 바위 위에 펴고, 그 아들이 죽는 그 날부터 하늘에서 비가 내릴 때까지 낮에는 새들이 와서 그 시체를 쪼아 먹지 못하게, 밤에는 야수들이 와서 뜯어먹지 못하게 지키고 있었다. 다윗은 그 보고를 받았다. 그리고 야베쉬길앗* 사람들에게 가서 사울과 요나단의 유해를 달라고 해서, 말뚝에 박혀 죽은 일곱 구의 시신들과 합하여 첼라*에 있는 벤야민* 지파 땅에, 사울의 아버지 키쉬*의 무덤에 같이 묻었다.

이것은 다윗의 명령에 의하여 이루어진 일이다. 이 일이 있은 후에 하나님은 비를 내려 그 지방 사람들의 탄원을 들어주셨다.

교훈

1. 한 나라의 임금은 백성의 어버이로서 만사에 책임을 느껴야 한다. 임금은 하나님께 기름 부음을 받은 자로서 하나님과 인민 사이에서 제사장과 같은 책임을 의식해야 한다. 다윗은 긴 한발을 겪으면서 책임의식을 가지고 하나님께 호소한 것이다. 마땅한 일이다. 도덕적인 하나님이신 야훼께서는 한발을 통하여 이스라엘 백성의 죄를 물으신 것이다. 거룩하신 하나님의 백성 이스라엘이 죄를 그대로 가지고 있어서는 안 될 일이다. 그래서 다윗은 한발의 원인을 규명하고, 하나님의 뜻을 따

---

33) 개역성경 사무엘하 21장 6절과 9절에서는 '목 매어 달다'로 옮겼다.

라 심판자의 역할을 한 셈이다. 범죄의 대가를 적당하게 받아야 하는 것이 공의가 아니겠는가? 다윗이 자기 손으로 선왕 사울을 해하는 일은 하지 않았지만, 누구의 손을 통해서든지 죄 값을 받아내는 것은 하나님의 공의로운 처사라고 할 수 있다.

2. 사울의 죄를 그의 자식들의 대에서 물었으니, 후손된 자들은 억울한 일을 당한 셈이다. 자기들이 지은 죄도 아닌데, 조상 때문에 자기들이 희생당해야 했기 때문이다. 죄 값을 삼사대 후손에게까지 묻겠다는 것이 하나님의 뜻이므로, 우리도 후손의 안녕을 위해서라도 나의 대에 죄를 짓지 않아야 하겠다는 결단을 해야 할 것이다.

희생당하는 후손은 자신의 희생을 통해서 하나님과 백성의 관계가 회복된다는 것을 알고, 그 억울함을 달래야 할 것이다. 결국 자신의 희생이 무의미한 것이 아니고, 백성과 하나님의 관계를 정상화하는 공효를 낳는다는 자부심을 가지고 그 희생을 감수해야 할 것이다.

3. 다윗은 기브온 사람들의 소원을 들어주기 위하여 사울의 유족 일곱 사람을 제물로 내주었지만, 제왕으로서 한 쪽 백성의 탄원만을 들어줄 수는 없었다. 온 백성의 어버이로서 형평을 유지해야 하므로, 사울을 비롯한 왕가의 유해들을 정중히 가족 묘지에 안장하게 함으로써 가급적 많은 사람의 안녕을 도모하는 슬기를 나타냈다.

백성이 다 같이 평안히 살게 해 주는 것이 참된 군주의 책임이며, 참된 목자의 태도이다. 순천(順天)자에게 행복이 오고 하늘의 복이 임하는 법이다. 순천(順天)하는 백성에게 하나님이 비를 내려 그들의 목마름을 해결해 주시지 않았는가?

다윗의 용사들의 공훈(삼하 21:15-22)

해설

다윗 생애의 초기도 블레셋 사람들과 이스라엘 사이에 벌어진 전쟁 이야기가 수를 놓았는데, 이제 그의 생애 끝도 역시 블레셋과 벌인 전쟁 이야기로 장식되었다. 블레셋 전쟁은 다윗의 생애 동안 계속 나타나고 있다.

그의 말기에 블레셋과 전쟁할 때 다윗은 부하들과 함께 전투에 나섰다. 다윗은 노령으로 이제 힘을 쓸 수가 없었다. 블레셋 군인 가운데 거인 후손으로 이쉬비베놉*이라는 사람이, 300세겔 무게의 놋쇠 창을 들고, 신형 무기들을 갖추고 나타나 다윗을 죽이겠다고 대들었다. 그 때 아비새가 나타나 그 장수를 공격하여 죽였다. 그 위기를 모면한 후 다윗의 부하들은 다윗에게 더는 전투에 나오시지 말라고 진언했다. 이스라엘의 등불이 꺼져서는 안 된다고 하면서 다윗의 참전을 말렸다. 그 후에 곱이라는 곳에서 또 삽이라는 거인 장수를 앞세우고 블레셋 군이 싸움을 걸어왔을 때, 후샤*사람 십브카이*가 그를 죽였다. 또 다시 곱에서 블레셋과 싸울 때, 베틀 목만한 창 자루를 들고 달려드는 골리앗을 베들레헴 사람 엘하난이 죽였다. 그 후에 다시 갓*에서 전쟁이 벌어졌을 때, 손가락 발가락이 각각 여섯 개인 거인 장수가 나타나서 이스라엘 사람들을 겁주었을 때, 다윗의 형 시므이의 아들 요나단이 그를 죽였다. 이렇게 해서 블레셋의 거인들을 다윗과 그의 부하들이 죽였다.

교훈

1. 다윗은 용맹스러웠고 그의 부하들도 그랬다. 블레셋 군대에 거인 장수들이 많이 있었고, 신무기와 거대한 무기도 있었지만, 블레셋 장수

들은 다 다윗과 그의 장수들에게 살해되었다. 그것은 이스라엘 사람들의 신체 조건이나 무기가 나았기 때문이 아니라, 그들에게 용맹과 지략이 있었는데다가 하나님이 도우셨기 때문이다. 야훼 하나님이 같이 하시는 싸움이었기 때문에 이스라엘이 승리할 수 있었던 것이다.

2. 훌륭한 장수에게 훌륭한 부하들이 금상첨화로 같이 있었다는 것은 하나님이 주신 복이라고 볼 수 있다. 동시에 훌륭한 부하를 둔다는 것은, 그들을 거느리는 장수의 인격과 사랑과 부하를 아끼고 높여주는 마음과 관계있었을 것이다. 부하를 아끼는 다윗의 인품과 지휘자로서의 인격을 거기서 엿볼 수 있다.

다윗의 감사 노래(삼하 22:1-51)

해설

다윗의 이 감사 노래는 시편 18편에도 거의 같은 내용으로 나타나 있다. 다윗이 지은 이 노래가 민간에서나 예배에서 먼저 사용되다가, 사무엘상하를 쓴 예언자들에 의해서 다시 여기에 인용된 것으로 보인다. 다윗은 많은 원수들과 싸워야만 했고 특히 사울 왕의 질시를 받아 끈질긴 추적을 당하며 공격의 대상이 되었는데, 그 많은 원수들의 손에서 구출되었다. 다윗은 그것이 자기의 힘이나 재간으로 된 것이 아니라 야훼 하나님이 그렇게 해 주셨다고 믿기에 그 하나님께 감사의 노래를 부른 것이다.

다윗은 우선 2-4절에서, 야훼께서 다윗 자신에게 어떤 존재였는가를 밝힌다. 야훼께서는 나의 반석, 나의 요새, 나를 구출하신 분, 나의 하나님, 나의 피난처, 나의 방패, 내 구원의 뿔(능력), 나의 강력한 진지(陣地), 나의 구주, 나를 폭행에서 구원하신 분, 나를 원수들에게서 구원하신 분이시므로 찬양을 받으실 만하고, 따라서 나는 그에게 부르짖는다는 것이다.

4-6절에서는 다윗 자신이 겪은 여러 위기를 묘사한다. 죽음이 파도처럼 나를 에워싸고 밀려오고 또 밀려왔다. 멸망의 거센 물결이 공격해왔다. 스올의 올가미가 끈질기게 나를 얽어매었다. 죽음의 올무가 사방에서 나를 덮치려고 했다.

7-19절에서는 그런 위기에 있을 때 하나님이 다윗 자신에게 해 주신 일을 묘사한다. 그런 위기에 처했을 때 내가 야훼 하나님께 부르짖었더니, 하나님은 그의 성전에서 나의 음성을 들어 주셨다. 하나님이 나의 간청에 응답하여 원수들에게 노를 발하셨다. 하나님이 진노하심으로 땅이 요동하였고, 하늘의 기초가 떨 지경이었다. 하나님이 화가 나 콧김을 불 때, 연기가 치솟았고, 그의 입에서는 불이 뿜어졌고, 달아오른 숯불 불꽃이 그에게서 터져 나왔다. 하나님은 하늘을 휘어잡고 강림하셨으며, 칠흑 같은 구름을 밟고 서서 세상을 캄캄하게 만드셨다. 하나님은 천사를 타고 날고, 바람 날개를 타고 나타나시기도 하셨다. 하나님은 당신 주변을 암흑으로 채우고, 빽빽한 구름을 일으키고, 물을 한 곳에 모으기도 하셨다. 하나님 앞에 있는 광채가 숯불처럼 작열하였고, 하늘의 천둥으로 굉음을 발하시고, 화살처럼 번개를 보내어 원수들을 쫓아내시기도 하셨다. 야훼께서 호령하시면 바다 밑바닥도 드러나고, 세상의 기초도 정체를 보인다. 하나님은 높은 곳에서 내려오셔서 나를 붙들어 강력한 홍수에서 건져주셨고, 나로서는 당해낼 수 없는 원수들과 나를 미워하는 강자들에게서 나를 구원하셨다. 원수들이 내 재난의 날에 달려들었지만, 하나님은 나의 튼튼한 기둥이 되어주셨다. 이런 것을 다 겪은 다윗이 어찌 하나님을 찬미하지 않을 수 있겠는가?

20-30절에서 다윗은 과거의 경험에 비추어 하나님을 찬미한다. 하나님은 나를 어여삐 보셔서 궁지에서 건져 넓은 세상으로 끌어내셨다. 나는 하나님 앞에 의롭게 살려고, 결백하려고, 야훼께서 지시하시는 길로 가려고 애쓰며 하나님을 떠나 악한 길을 가지 않고 그의 법도를 벗어나지 않으려고 했다. 야훼께서는 그런 나에게 보상하셨다. 야훼께 충성할 때 하나님도 그런 사람에게 성실하시고, 결백한 자에게 하나님도 결백을 나타내시고, 순결한 자에게 순결을 보여주시며, 마음이 굽은 자에게는 하나님도 삐딱하게 대하신다. 하나님은 겸손한 자를 구원하시고, 교만한 자는 끌어내리신다. 그런 하나님 야훼께서 나의 등불이 되어 어둠 속에 있는 나를 밝혀주셨다. 그러므로 나는 큰 무리를 이겨낼 수 있었고, 그 하나님의 힘으로 높은 담을 뛰어넘을 수 있었다.

31-45절에서 다윗은 그런 하나님께 감사의 노래를 부른다. 하나님의 길은 완전합니다. 야훼의 약속은 참됩니다. 하나님을 피난처로 삼는 자에게 하나님은 방패가 되십니다. 야훼 외에 누가 하나님일 수 있겠는가? 그 하나님만이 반석이시다. 하나님은 내게 능력으로 띠를 띠워주셨다. 내 막힌 길을 열어주셨다. 내 발을 사슴의 다리처럼 가볍게 해 주셨다. 높은 곳에 안전하게 세워주셨다. 전쟁에 승리하도록 내 손을 훈련하여 주셨고, 놋쇠 활을 굽힐 수 있는 팔을 주셨다. 야훼께서는 내게 구원의 방패를 주셨다. 나를 도우셔서 위대하게 해주셨다. 내가 활보하게 하시고, 실족하지 않게 하셨다. 원수들을 추격하여 그들을 파멸하게 하셨고, 그들이 전멸하기 전에는 돌아오지 않게 하셨다. 원수들이 파멸하여 그들을 짓밟아 고개를 들지 못하게 하였다. 그것은 야훼께서 전쟁을 위하여 내게 힘을 주셨기 때문이고, 원수들이 내 앞에 굴복하게 하셨기 때문이다. 내 원수들과 나를 미워하는 자들이 뺑소니를 치고, 내가 그들을 멸할 수 있었던 것은 하나님의 덕택이었다. 원수들이 야훼께 부르짖었지만, 야훼께서는 그들에게 대답하시지 않았다. 내가 원수

들을 땅의 먼지처럼 부수었고, 그들을 짓밟아 거리의 진흙처럼 만들었다. 백성들이 다투는 중에서도 하나님은 나를 건지시고, 나라들의 우두머리가 되게 하셨다. 이방 나라들이 나를 섬기기에 이르렀다. 이방인들도 떨면서 내 앞에 굴복하며 복종하고 굽실거린다. 이런 모든 일을 다윗은 감사하는 마음으로 낱낱이 노래로 말한 것이다.

이제 끝으로 47-50절에서 다윗은 감사 찬미를 마무리한다. 야훼께서는 살아계신다. 나의 반석이신 야훼께서는 찬양을 받으소서! 나의 하나님, 내 구원의 반석, 나의 원수에게 복수하신 하나님, 백성을 다스리는 권세를 주신 하나님, 원수들에게서 구출하시고 그 대적들 위에 높이 서게 하시고, 포악한 자들에게서 구출해 주신 하나님께 다윗은 찬미 드리며, 기름 부어 세우신 자를 꾸준한 사랑으로 사랑하시는 그 하나님께 찬양 드린다.

교훈

1. 사람은 보통 어떤 사물을 직관적으로 보고 듣고 느끼고 지나가 버리는 수가 많다. 사물의 표면을 보고 느끼면 그만이라고 생각한다. 그러나 우리는 사색의 능력을 가지고 있는 인간이므로, 사물의 현상만 보지 않고 그 사건의 전후 맥락과 인과관계를 따져 그 의미를 알아보아야 한다. 다윗은 육감의 사람이 아니고, 그가 경험하고 스쳐온 모든 것 배후에 야훼 하나님이 계신 것과, 그로 말미암아 이루어지고 있는 놀라운 것들을 느끼고 깨닫고 기억하며, 거기서 하나님의 뜻을 찾아내어 감사하며 그것들을 기록으로 남기거나 후대에게 전하여 교훈을 삼게 하였다. 그런 사람들의 노력과 증언이 아니고는 후대인이 하나님을 알거나 믿을 수 없다. 다윗과 같은 믿음의 선배들에게서 우리는 많은 것을 배우고, 특히 그의 고상한 인격과 신앙과 인간미를 배울 수 있다.

2. 다윗이 이 감사 노래에서 묘사한 하나님의 다양한 모습을 보면서 우리도 하나님에 대한 개념을 넓혀가야 할 것이다. 다윗이 다양한 상황에서 경험한 하나님, 다윗의 다양한 상황에 간섭해 오신 하나님의 다양한 모습을 보면서, 우리의 신관을 넓혀가야 할 것이다.

3. 다윗은 양심적으로 자기의 의와 결백과 순결을 주장한다. 물론 상대적인 것들이겠지만, 의롭고 순결하고 거룩하신 하나님을 닮으려고 노력한 다윗의 모습을 여기서 볼 수 있다.

우리도 의롭고 거룩하신 하나님을 모셔야 하는 사람들이므로 하나님을 닮아 의롭고 순결하고 무흠한 자들이 되려고 애써야 할 것이다. 하나님이 다윗을 승리하게 하신 것은 다윗의 의로움 때문이었다. 의인은 산다는 것이 하나님의 철칙이다. 우리의 의는 물론 믿음을 통하여 얻어지는 것이지만, 비록 상대적인 의라고 해도 다윗이 남들보다 더 의로웠으므로, 하나님이 그의 편이 되어주신 것이 아니겠는가?

4. 다윗은 모든 영광을 하나님께 돌리며, 하나님의 꾸준한 사랑(〈헤세드〉 חֶסֶד)을 찬미한다. 하나님의 사랑이 아니고서는 자신이 있을 수 없음을 느끼면서, 그 사랑으로 자신을 구원하신 하나님을 노래하고 있다. 그것은 다윗에게만 해당되는 것이 아니다. 하나님의 〈헤세드〉가 아니고서 누가 구원을 얻겠는가?

다윗이 남긴 마지막 말(삼하 23:1-7)

해설

22장에는 다윗의 감사 노래가 길게 나왔는데, 뒤이어 23장 1-7절에는 다윗의 마지막 시가 적혀 있다. 그 첫머리에서, 이 시는 다윗의 말 (〈다바르〉 רָבָד)이면서 그의 신탁(神託, 〈느움〉 אַמ, oracle)[34]이라고 소개한다. 다윗은 여기서 처음으로 예언자 역할을 하는 것으로 나타난다. 다윗은 하나님이 높이 들어 올리신 사람이요, 야곱의 하나님이 기름 부으신 자요, 이스라엘의 강력하신 하나님께 총애를 받는 자로 자처하면서 영감(靈感)어린 말을 토로한다. 다윗은 여기서 자기의 말을 하는 것이 아니라, 그를 통하여 야훼의 영이 말씀하신다고 한다. 하나님께서 당신의 말씀을 다윗의 입을 통하여 말씀하신다. 그러니까 결국 다윗의 말이 하나님의 말씀이라는 뜻이다. 이스라엘의 하나님, 반석이신 하나님이 다윗에게 말씀하신다는 것이다.

　다윗은 백성을 정의로 다스리고, 하나님을 두려워하는 마음으로 다스린다고 한다. 그래서 그는 구름 없이 맑은 아침에 떠오르는 태양과 같으며, 비가 내린 후에 풀밭에 영롱하게 반짝이는 빛과 같다. 하나님은 다윗과 영원한 언약을 맺고 모든 일을 명하여 안전하게 하셨으므로, 다윗뿐만 아니라 그의 온 집안이 태양처럼 빛난다. 하나님은 다윗이 남을 돕는 일과 그가 소원하는 것을 모두 번성하게 하실 것이다. 다윗은 이런 것을 하나님의 영으로 내다보면서 그것을 예고하고 있다. 그러나 다윗이 영감을 통해 보는 다른 측면이 있다. 경건하지 못한 자 곧 하나님을 모르는 자들은 누구를 막론하고 버려진 가시나무 같다는 것이다. 사람들은 가시에 찔릴까봐 그것을 손으로는 만지지 못한다. 그것을 만지려면 쇠막대기가 필요하고, 창자루가 필요하다. 그렇게 사람들이 경원하는 존재가 되어 결국은 당장에 불살라버려지게 된다. 다윗은 이렇게 자신과 그의 집안에게 하나님이 베푸시는 복을 예견하고, 반대로 경건하지 못한 자의 비참한 말로를 예언한 것이다.

---

34) 사무엘하 24장 1절 히브리어 본문에 두 번 나오는 이 낱말을 개역성경에서는 한 번은 '말함'으로 옮기고, 다른 한 번은 '말하도다'로 풀어 옮겼다.

교훈

1. 다윗은 언제나 하나님과 동행하였다. 다윗은 남달리 영적인 차원 곧 높은 차원의 세계를 보고 느끼고 경험하면서 살았다. 하나님이 존재하시고 그의 영적인 세계가 존재하는데, 사람들은 하나님도 그의 존재 영역도 느끼거나 깨닫지 못하고 산다. 다윗은 신령하신 하나님을 의식하면서 그를 두려워하고 그에게 복종하면서 살았을 뿐 아니라, 마침내는 하나님의 영에 사로잡혀 하나님의 영이 자기 입에 담아주시는 말씀을 토하는 예언 활동도 한 셈이다. 이는 초대교회의 사도들이 예언자 역할도 한 것과 같다. 하나님을 가까이 모시고 사는 사람들을 하나님은 도구로 사용하셔서, 당신의 말씀을 사람들에게 전하신다. 즉 그들로 하여금 하나님의 대변인 역할을 하게 하신다. 그것은 다윗에게만 주신 특권이 아니다. 오늘 우리도 하나님과 가까이 살 때, 예언의 능을 받을 수 있다.

2. 다윗의 마지막 말처럼 하나님을 두려워하며 의롭게 행하는 자는 아침 햇빛처럼 광명하게 빛날 수 있다. 그런 사람은 누가 보아도 아름답고 찬란한 모습을 지니게 되고, 하나님과 사람 앞에서 칭송을 받게 된다. 다윗과 그의 가문이 그 좋은 보기였다.

3. 반대로 하나님을 공경하지 않고 마구 사는 사람들은 가시나무와 같은 존재이다. 모두가 싫어한다. 이들은 쇠막대기나 커다란 창 자루를 가지고야 겨우 다룰 수 있는 거추장스러운 존재로서, 결국은 불살라 없어질 수밖에 없는 운명에 처하게 된다. 이것은 진리이다. 사람의 말이 아니다. 하나님이 다윗에게 영감을 통하여 가르쳐주신 진리이다. 경건한 자와 경건하지 못한 자의 운명은 이처럼 아주 대조적이다.

다윗이 거느린 용사들(삼하 23:8-39)

해설

다윗 자신이 명장이었지만 홀로 그의 나라를 이룰 수 있었던 것은 아니다. 그 휘하에는 적어도 30여명의 맹장이 있었고, 그들의 협력을 힘입어 다윗이 성공한 것이었다. 물론 하나님의 도우심이 절대적이었지만, 겉보기로는 그런 용사들의 활약을 간과할 수 없다. 다윗은 우선 세 사람의 장수를 정점에 두었는데, 그 세 사람의 우두머리는 타흐케몬* 사람 요셉밧셰베트*였고, 그는 창으로 단번에 적군 800명을 죽인 장수였다. 둘째는 도도의 아들 엘아잘*인데, 그는 다윗의 군대와 블레셋군의 싸움에서 다윗의 군대가 밀릴 때, 그만은 후퇴하지 않고 홀로 남아 기진할 때까지 적군을 무찌른 사람이다. 결국 야훼께서 승리를 주셨고, 달아났던 사람들이 돌아와서 죽은 적군의 복장과 무기를 거두어갔다. 셋째는 아게의 아들 샴마*인데, 레히에 있는 넓은 렌즈 콩밭에서 블레셋과 싸울 때 역시 이스라엘 군이 도주하였으나 그는 홀로 그 밭 한 가운데서 싸워 그 땅을 사수하여 적군을 때려 눕혔다. 물론 야훼 하나님의 도우심으로 이루어진 일이었다.

다윗에게는 그 세 장수 외에 30명으로 조직된 특수부대가 있었다. 다윗이 아둘람 굴에 갇혀 있고 블레셋 군은 르파임* 계곡에 진을 치고 있을 때였는데, 그 30명 중 세 사람이 용감하게 위험을 무릅쓰고 다윗이 숨어있는 곳을 찾아온 적이 있었다. 그리고 다윗이 성채 안에 있고 블레셋 군은 베들레헴에 있을 때, 그 성채에는 물이 없어서 고통을 당하고 있는 형편이었다. 다윗은 베들레헴 성문 가에 있는 우물물을 마셨으면 얼마나 좋을까, 누가 그 물을 길어다 줄 사람이 없을까 하고 중얼거렸다. 그랬더니 그 세 사람이 삼엄한 블레셋 군의 경계망을 뚫고 베들레헴 성문 가에 있는 우물에서 물을 길어다가 다윗에게 바쳤다. 다윗

은, 어떻게 부하들이 목숨을 내걸고 길어온 물, 부하의 피와도 같은 물
을 마실 수 있겠는가, 피는 마시면 안 되는 것이 아닌가 하면서 그 물을
마시지 않고 야훼께 쏟아 바쳤다.

30명 특수부대의 우두머리는 다윗 누나의 아들 곧 생질인 아비새였
다. 아비새는 그의 창으로 적군 300명을 죽인 사람으로 다윗의 장수 가
운데서 넷째 가는 사람이었다. 그 다음은 브나야후*인데, 그는 모압의
아리엘의 아들 둘을 죽이고 눈 오는 날 사자 굴에서 사자를 죽인 사람
이요, 막대기를 가지고 창을 든 애굽 사람과 맞서 싸우다가 창을 빼앗
아 그를 죽인 사람으로 명성을 떨쳤다. 그래서 다윗의 호위대 대장으로
임명된 자였다. 다윗의 30인 특수부대원 중에는 밧셰바*의 남편 우리
야*도 있었다. 다윗의 용사는 그의 군대 총사령관이었던 요압까지 해
서 도합 37명이었다.

교훈

1. 적군을 물리치거나 반항 세력을 진압하는 데 무력이 필요하였기
때문에 결국 다윗의 나라는 군벌체제였던 것이 틀림없다. 따라서 그의
부하들이 거의 다 용맹을 떨치는 장수들이었다. 다윗 자신이 훌륭한 용
사였고, 그 휘하에 훌륭한 장수들을 거느릴 수 있는 행운아이기도 했
다. 하나님은 그 시대에 적합하게 훌륭한 맹장들을 다윗에게 몰아주신
것이다. 훌륭한 부하는 역시 훌륭한 지휘관 아래 모이기 때문이기도 하
다. 여기서 다윗의 지도력과 부하들을 통솔할만한 인격과 권위가 있었
던 것을 알 수 있고 그 점을 높이 평가해야 할 것이다.

2. 이 기사 중에는 사람의 용맹을 말하고 있으면서도, 그들의 힘으
로만 된 일이 아니라 야훼 하나님이 배후에 계셔서 그 장수들이 승리할
수 있었다는 사실을 상기시키고 있다(23:10, 12).

3. 다윗은 부하들이 목숨을 걸고 길어온 물을 하나님께 바치고 자기는 마시지 않았다. 그 물을 부하들의 피로 간주하고, 생명인 피를 먹으면 안 된다는 율법을 지켜 하나님 앞에서 죄 짓지 않으려고 했다. 부하를 사랑하는 마음, 하나님의 법을 어기지 않으려는 마음, 부하들과 함께 고난에 동참하는 마음은 다윗의 높은 지도력을 말해준다. 우리는 거기서 다윗의 다윗다움을 볼 수 있다.

다윗이 유다와 이스라엘의 인구를 조사하다(삼하 24:1-9)

해설

사무엘하 21장 1절에 이미 하나님께서 이스라엘에게 진노하셔서 3년간의 가뭄을 주신 사건이 있었다. 여기서 다시 하나님이 진노하시는 사건이 나온다. 이번에는 다윗이 자기 국력을 재기 위해서 인구조사를 한 사건 때문에 하나님의 진노가 임했다. 하나님께서 다윗에게 "가서 이스라엘과 유다의 인구를 조사하라!"는 말씀을 주신 것이다. 그 말씀이 마음에 들려올 때 다윗은 그것을 거절하고 야훼 하나님께 "저는 주님만 믿습니다. 군인의 수가 많아서 이긴 것이 아니라 주님의 도우심과 능력으로 승리하였고, 또 앞으로도 승리할 수 있습니다."라고 말했어야 했다. 그러나 다윗은 군대장관 요압을 보내어 인구조사를 했다. 역대기상 21장 1절에 의하면 사탄이 다윗의 마음을 부추겼다고 한다.

다윗이 인구조사를 명했을 때 요압은 임금 다윗에게 간하여 말하기를, 야훼께서 백성의 수를 100배나 증가하게 해 주실 터인데 어째서 인구조사를 하느냐고 하며 만류했다. 그런데도 다윗은 그 충고를 묵살하고 인구조사를 단행한 것이다. 요단 동쪽에서 시작하여 북쪽 지방과 남쪽까지 군인으로 징발할 수 있는 장정의 수를 세어본 것이다. 인구조사원들이 9개월 20일에 걸쳐서 조사하고 예루살렘으로 돌아왔다. 요압의 보고에 의하면 이스라엘에 80만 명, 유다에 50만 명이 있다는 것이었다.

교훈

1. 다윗은 하나님의 은혜와 능력으로 권좌에 올랐다. 그러나 그 동안 그가 겪은 우여곡절은 그 기복이 심했다. 그는 앞날을 생각했을 것이다. 군인이 얼마나 있어야 앞으로도 통치가 순탄할까 하는 생각을 어찌 하지 않았겠는가? 거기서 우선 그는 북쪽 사람들(이스라엘)과 남쪽 사람들(유다)이 한 덩어리가 된 마당에 그 힘을 다 합하면 그 수가 얼마나 되고, 그 정도의 병력이면 능히 자기 이상을 이룰 수 있을까 궁리했을 것이다. 그래서 인구조사를 하기로 한 것이다. 그러나 다윗은 지금 자기 생애에서 야훼 하나님의 위치가 어떻다는 것을 잊은 상태에 빠진 것이다. 즉 다윗은 언제나 약세였지만 야훼께서 도우셔서 강적을 물리친 사실을 잊어버린 것이다. 그리고 오히려 야훼 하나님이 자기에게 인구조사를 시킨다고 착각한 것이다. 사람은 자기의 생각을 하나님의 뜻이라고 생각하기 쉽다. 그러나 불신앙의 사고 속에서 궁리한 것을 하나님의 뜻이라고 망상하는 경우가 있다. 다윗도 그런 경우에 빠졌던 것이다.

2. 요압의 간언을 뿌리치고 인구조사를 단행한 다윗의 고집은 결국 화를 자초하기에 이르렀다. 부하의 간언을 경청하는 상사가 되어야 하는데, 다윗은 그 시점에서 실수를 한 셈이다. 남의 말을 경솔하게 맹신해서도 안 되지만, 믿음직한 부하들의 충고를 귀담아 듣는 지혜와 아량이 지도자들에게는 필요하다. 요압의 말을 들었더라면 다윗과 국민이 큰 화를 입지 않았을 것 아닌가?

다윗의 죄에 대한 하나님의 심판(삼하 24:10-17)

해설

현명한 다윗은 자신이 저지른 죄를 곧 깨달았다. 하나님을 믿지 않고 자기의 힘과 군사력에 의지하려 했던 잘못과 어리석음을 깨달은 다윗은 하나님께 큰 죄를 지은 것을 깨닫고 그 허물을 씻을 수 있기를 탄원하였다.

야훼의 응답이 예언자 갇*을 통하여 왔다. 죄를 속상(贖償)하기 위한 벌 세 가지 중에 하나를 택하라는 것이었다. 곧 7년 동안 이스라엘 땅에 기근이 임하는 것, 3개월 동안 다윗이 원수들에게 쫓겨 다니는 것, 3일간 이스라엘 온 땅이 괴질로 고통당하는 것, 이 세 가지 가운데 하나를 택하라는 것이었다. 다윗은 예언자 갇*을 통하여 하나님께 대답했다. 사람의 손에 들어가 고생하는 것보다는 야훼 하나님의 손에서 어떤 고난이라도 받겠다고 한 것이다. 그래서 야훼는 그 아침에 시작하여 사흘 동안 이스라엘 사람들에게 괴질을 보내어 7만 명이 죽게 하셨다. 북쪽의 단에서 시작하여 남쪽 브엘세바*에 이르기까지 온 땅에서 사람들이 죽었다. 하나님의 사자가 사람들을 치면서 돌아가는데 그의 손이 예루살렘을 치러 그리로 향할 때, 하나님은 그런 심한 심판의 손을 늦추시고 더는 파멸하지 말라고 천사에게 이르셨다. 야훼의 천사가 여부스의 아라우나라는 사람의 타작마당에서 활약할 때, 야훼의 금령이 내린 것이다. 그러니까 예루살렘에서 사람들이 죽어나가는 현장을 다윗이 목격한 것이다. 그것을 본 다윗은 "제가 혼자 죄를 지었고, 저 혼자 악하였습니다. 이 양들이 무슨 잘못이 있습니까? 제발 저와 제 집안에 손을 대어 벌하소서!"라고 하며 하나님께 호소하였다.

교훈

1. 자기의 죄와 허물을 스스로 깨닫는 것은 매우 어려운 일인데, 다윗은 역시 현명한 사람이어서, 자신의 불신앙과 자만의 죄를 깨달았다. 그리고 죄의 값은 반드시 치러야 한다는 사실을 알고 있었다. 사람들은 보통 죄가 무엇인지를 깨닫지 못하고, 동시에 죄 값을 받아내시고야 마는 하나님의 공의를 무시하거나 알지 못한다. 다윗은 그 진리를 알기에 그 죄에 대한 대가를 받기로 각오한 것이다.

2. 다윗은 하나님의 사람 예언자 갓*을 통하여 하나님과 대화했다. 권력의 자리에 있는 사람들이 자신을 신격화하고 하나님과 예언자를 무시하기 쉽다. 그러나 다윗은 예언자를 존중하였다. 그것은 하나님을 존중하는 마음에서 나온 것이다.

3. 다윗은 자신의 긴 과거의 환난을 회상하면서, 사람에게 시달리는 재난이 얼마나 어렵다는 것을 뼈저리게 체험하였으므로 다시 망명 생활을 하는 아픔을 마다하였다. 하나님은 자비로우신 분이심을 알기 때문에 하나님의 손에서 고통당하는 것이 낫겠다고 생각한 것이다.

4. 하나님은 다윗의 염원을 들어주셔서 3일간의 괴질 재앙을 온 이스라엘에게 내려 다윗의 죄 값으로 7만 명의 사람 목숨을 거두셨다. 하나님을 무시하고 믿지 않는 죄가 그토록 무섭다는 것을 보여주신 것이다. 나라의 임금이 하나님을 얕잡아 보면 그 나라 백성의 장래는 암담하므로, 지나치다고 할 정도로 벌을 내리셨다. 자기 눈앞에서 백성이 죽어가는 것을 본 다윗은 자기의 죄를 더욱더 심각하게 뉘우칠 수 있었다. 자기의 죄 때문에 자기 백성이 억울하게 죽어가는 것을 본 다윗은 충심으로 하나님께 회개하여, 자기와 자기 집안에다 그 벌을 내려달라

고 탄원했다. 그렇게도 많은 백성이 희생당한 후에야 다윗이 진실로 자기의 잘못을 깨달았으니, 회개가 얼마나 어려운 일이라는 것을 알 수 있다.

다윗이 타작마당에 제단을 쌓다 (삼하 24:18-25)

해설

다윗이 원래 성을 쌓고 왕궁을 지은 곳은 오펠*이라는 구릉(丘陵)으로 지금의 예루살렘 성전이 있는 구릉 아래의 낮은 부분이다. 다윗이 거기서 위쪽으로 보이는 곳에 아라우나의 타작마당이 있었던 것으로 보인다. 그 곳은 지금의 예루살렘 성전이 있는 자리이고, 위치로 보아 훨씬 좋은 곳이다. 다윗의 호소를 들으신 하나님은 예언자 간*을 다윗에게 보내어 "여부스 사람 아라우나의 타작마당으로 올라가서 거기에 야훼를 위한 제단을 쌓으라!"는 명령을 내리셨다.

다윗은 간*의 지시에 따라 야훼의 명령대로 그 타작마당으로 올라갔다. 아라우나가 다윗 일행이 올라오는 것을 보고 나가서 다윗 앞에 부복하고 어찌된 영문인가 라고 물었다. 다윗은 아라우나에게서 타작마당을 사서 야훼께 제단을 쌓아, 백성으로부터 재난이 물러가도록 하련다고 했다. 그러나 아라우나는 거저 그 땅을 드릴 테니 임금님 좋으실 대로 사용하라고 하였고, 번제에 필요한 황소와 화목으로 쓸 나무로 타작용 도구와 멍에가 있으니 마음대로 쓰라고 했다. 그렇게 해서 임금이 드리는 제사로 말미암아 임금이 야훼 하나님의 은총을 얻기를 바란다고 하였다. 그러나 다윗은 아라우나의 후의를 거절하고 모든 것을 제 값에 사겠다고 고집하며, 아무 값도 치르지 않고 야훼 하나님께 번제를 드리는 일은 하지 않겠다고 하였다. 다윗은 그 땅과 황소 값으로 은 30

세겔을 지불하고, 거기에 제단을 쌓아 번제와 화목제를 드렸다. 그리하여 이스라엘에서 그 재난이 물러나게 되었다.

교훈

1. 다윗은 하나님의 명령을 따랐다. 아라우나의 타작마당에 제단을 쌓고 하나님께 번제와 화목제를 드렸다. 그리하여 백성에게 임했던 급성 병마를 물리쳤다. 여기서 우리는, 하나님이 죄를 묵과하시지 않고 죄 값을 받아내시는 엄위하신 분임을 알 수 있다. 다윗은 하나님의 뜻을 바로 알고 그 뜻을 따르는 충성된 하나님의 일꾼이었다.

2. 다윗은 선견지명이 있었다. 아라우나의 타작마당은 지금의 예루살렘 성전 자리이므로, 거기에 하나님의 제단을 쌓는 것이 뜻이 있음을 예견한 셈이다. 정식으로 예루살렘에 성전이 지어지기 이전에 이미 다윗은 거기에 제단을 쌓고 하나님을 예배한 것이다.

3. 일국의 임금이면, 국민이 성의를 가지고 바치는 땅이나 물품을 받을 만도 하고, 때로는 필요한 땅과 물자를 징수할 권한도 있을 법한데, 다윗은 민폐를 끼치지 않으려고 했다. 다윗은 공짜를 좋아하지 않는 정직한 왕이었다. 참된 제사를 받아주시는 하나님께서 다윗의 올바른 제사를 흠향하시고 그에게 내리신 벌을 거두셨다. 진실과 성실이 하나님의 마음을 움직인 것이다.

다윗은 이스라엘 백성의 목자라는 사실을 의식하고, 자기가 맡은 양들의 운명에 책임을 깊이 느낀 선한 목자였다.

구약에서 듣는 하나님의 말씀 5
사무엘상하

2009. 3. 30. 초판 1쇄 발행
저　자　박창환
발행인　이두경
발행처　비블리카 아카데미아
　　　　등록　1997년 8월 8일, 제10-1477호
　　　　주소　서울시 광진구 광장동 114번지
　　　　　　　크레스코 빌딩 102호
　　　　전화　(02) 456-3123
　　　　팩스　(02) 456-3174
　　　　홈페이지 www.biblica.net
　　　　전자우편 biblica@biblica.net

값은 표지에 기재되어 있음
ISBN : 978-89-88015-12-4 94230 세트
ISBN : 978-89-88015-19-3 94230